Goldmann
STERN-Bücher

Herausgeber der Originalausgabe:
Victor Schuller

Redaktion der Originalausgabe:
Nicolaus Neumann

Zitate aus Konstantin Simonows Werk »Der Aufbruch«
mit freundlicher Genehmigung
der Röderberg-Verlags GmbH, Frankfurt/Main

Bildteil I: Antmann, Samuel privat; Foto Friedel; Rieckhoff, Jan; **Bildteil II:** Bildarchiv Preußischer Kulturbesitz; Camera-Press; Deutsche Presseagentur; Majdanek Museum Polen; Pawlak, Zacheusz; STERN-Archiv; Süddeutscher Verlag Bilderdienst; **Bildteil III:** Deutsche Presseagentur; Ebeler, Werner Jansen; Jüliger, Werner Peterhofen, Herbert; Süddeutscher Verlag Bilderdienst

Made in Germany · 2/84 · 1. Auflage · 116
Genehmigte Taschenbuchausgabe

Umschlaggestaltung: Design Team München
Umschlagfoto: Antmann, Samuel privat
Druck: Pressedruck, Augsburg
Verlagsnummer: 11527
Lektorat: E. R. · Herstellung: Peter Papenbrok
ISBN 3-442-11527-2

Günther Schwarberg

Der Juwelie
von Majdan

Geschichte eines Konzentrationslagers

Wilhelm Goldmann Verlag

STERN-Bücher im Goldmann-Verlag: Heinrich Jaenecke: Die weißen Herren. *300 Jahre Gewalt in Südafrika.* (11230) ● Peter Koch/Reimar Oltmanns: Die Würde des Menschen. *Folter in unserer Zeit.* (11231) ● Henri Nannen (Hrsg.): Schreib das auf. *Beste deutsche Reportagen.* (11233) ● Jürgen Petschull: Mit dem Wind nach Westen. (11501) ● Eva Windmöller/Thomas Höpker: Leben in der DDR. (11502) ● Peter Koch/Reimar Oltmanns: SOS. *Sicherheit – Ordnung – Staatsgewalt.* (11503) ● Henri Nannen (Hrsg.): Die himmlischen Verführer. *Sekten in Deutschland.* (11504) ● Heiko Gebhardt: Du armer Hund. (11505) ● Michael Jürgs/Tassilo Trost: Die Insel. *Bilder von Sylt – Geschichten über Sylt – Menschen auf Sylt.* (11506) ● Leo Sievers: Juden in Deutschland. (11510) ● Sebastian Haffner: Preußen ohne Legende. (Vollständige Ausgabe) (11511) ● Sebastian Haffner: Preußen ohne Legende. (Textausgabe) (11512) ● Wolfgang Barthel/Heinrich Jaenecke/Peter Thomsen: Der unsichtbare Tod. *Die Angst des Bürgers vorm Atom.* (11513) ● Paula Almqvist: Eine Klasse für sich. *Adel in Deutschland.* (11514) ● Emanuel Eckardt/Sebastian Knauer: Kein schöner Land... *Ein deutscher Umweltatlas.* (11515) ● Hagen Rudolph: Die verpaßten Chancen. *Die vergessene Geschichte der Bundesrepublik.* (11516) ● Günther Schwarberg: Der SS-Arzt und die Kinder. *Bericht über den Mord vom Bullenhuser Damm.* (11508) ● Paul-Heinz Koesters: Deutschland deine Denker. *Geschichten von Philosophen und Ideen, die unsere Welt bewegen* (11509) ● Wolf Perdelwitz: Wollen die Russen Krieg? *Ein Porträt der Roten Armee – die militärische Stärke der Sowjetunion* (11507) ● Ingrid Kolb: Das Kreuz mit der Liebe. *Der Mythos von der sexuellen Befreiung.* (11517) ● Erich Follath: Das Auge Davids. *Die geheimen Kommando-Unternehmen der Israelis.* (11518) ● Günter Karweina: Der Megawattclan. *Geschäfte mit der Energie von morgen.* (11519) ● Leo Sievers: Deutsche und Russen. *Tausend Jahre gemeinsame Geschichte.* (11520) ● Ulrich Pramann: Fußballfans. *Betrachtungen einer Subkultur.* (11521) ● Uta König: Gewalt über Frauen. *Abtreibung – ungelöstes Problem unserer Gesellschaft.* (11522) ● Peter Koch: Wahnsinn Rüstung. *Das Bomben-Geschäft mit der Angst.* (11528) ● Heinrich Jaenecke: Es lebe der Tod. *Die Tragödie des spanischen Bürgerkriegs.* (11525) ● Benno Kroll: Nachtasyl. *Begegnungen auf dem heißen Pflaster einer Großstadt.* (11526)

INHALT

KAPITEL I

Samuel Antmann – Zeuge der blutigen Zeit

DIE REISE ZU ADOLF HITLER

Samuel Antmann hat in seinem Leben viele Reisen gemacht, gute und schlechte. Aber daß er die eine Reise lebend überstanden hat, die seiner Mutter, seinem Vater und seinen zwei Brüdern das Leben gekostet hat und 330 000* anderen Menschen auch, das ist ein Glück gewesen, wie es eben nur einer unter 330000 haben kann. Es war die Reise nach Majdanek. Von ihr erzählt dieses Buch.

Mit dem Reisen hat Samuel Antmann früh begonnen. Er stammt aus einem wohlhabenden Hause. Sein Vater hatte ein Juweliergeschäft in der kleinen Stadt Nitra, und die gehörte damals zum großen Land Österreich-Ungarn und lag in der Nähe von Preßburg, in der Nähe von Wien, in der Nähe von Budapest, also mitten in Europa. Heute noch besitzt Samuel Antmann eine schöne alte Geschäftskarte seines Vaters, in ungarisch und in deutsch: „Antmann Adolf, Órás és Ékszerész, Uhrmacher & Juwelier, Nyitra, Bottyán-utca 17, alapittatott 1904, gegründet 1904".

Die Antmanns hatten fünf Filialen, zwei Weinberge und zwei Häuser, so groß und schön, daß die Leute aus Nitra sie Villen nannten.

Die feinen Leute sagten nicht Nitra. Sie sagten Neutra, denn die feinen Leute sprachen Deutsch, und die Antmanns waren feine Leute. Sie gehörten zu den ersten, die in Nitra ein Auto besaßen: einen großen Skoda. Mit dem fuhren sie nach Wien ins Theater und ins Kurbad Sliač oder nach Bad Reichenhall. Natürlich sprachen sie auch Slowakisch und Ungarisch, und der Vater Adolf Antmann sprach auch Polnisch, denn er war ein gebürtiger Pole aus Przemysl. Allerdings hatte er sich noch vor dem Ersten Weltkrieg naturalisieren lassen, als er in der österreichischen Armee Soldat wurde, und so war er also Österreicher. Er heiratete dann die Bertha Schenk aus Budapest, eine Ungarin.

* Wieviele Menschen in Majdanek ermordet worden sind, läßt sich nicht feststellen. Viele große Transporte wurden direkt zur Vergasung in die Gaskammern geleitet, ohne daß die Menschen registriert wurden. Möglicherweise waren es viel mehr als die 330 000, von denen polnische Historiker heute als Mindestzahl ausgehen. Das Schwurgericht Düsseldorf nahm an, daß die Ermordung von 250 000 Menschen nachweisbar ist.

Eine internationale Familie waren die Antmanns. Aber das war damals in Städten wie Nitra üblich. In jeder Familie gab es Ausländer. Man empfand sie nicht einmal als Fremde.

Eine Gemeinsamkeit einte eine Familie wie die Antmanns mit ihren polnischen und ihren ungarischen Vorfahren: Sie waren Juden. Keine strenggläubigen Juden, nicht einmal der Sabbat wurde immer geheiligt, aber sie hatten wie die anderen jüdischen Familien in Nitra das jüdische Zusammengehörigkeitsgefühl. Das entsteht allein schon aus der jahrhundertelangen Verfolgung der Juden.

Aber wer dachte damals in Nitra an Verfolgungen, und gar in einer solch wohlhabenden und gesicherten Familie wie der des Juweliers Antmann? Damals, das heißt in der Zeit nach dem Ersten Weltkrieg, den viele im europäischen Bürgertum für den letzten hielten. 1908 war Samuel Antmann geboren worden. Zehn Jahre war er alt gewesen, als der Krieg vorbei war und die tschechoslowakische Republik entstand. Sechs Brüder waren sie gewesen, wenn man auch den jüngsten, Benjamin, mitzählt, der 1923 kurz nach seiner Geburt gestorben ist. Samuel war der zweite nach Ignaz und vor Alexander, Ferdinand und Eugen.

Sie lebten koscher. Aber augenzwinkernd sagt Samuel Antmann heute von seinem Vater: „Er hat immer etwas nebenbei gemacht mit Essen und mit Frauen." Und einen Bart hat er schon gar nicht getragen, wie ihn die frommen Juden in seiner polnischen Heimat tragen mußten und woran sie später von den Deutschen so einfach erkannt wurden.

Ein Goldschmied und Juwelier ist eben kein armer Jude mehr, auch wenn er aus einer armen Familie gekommen ist und bei seiner Geburt auf den frommen Namen Abraham getauft wurde. Aber mit dem Abraham und dem Polnischen hatte Samuel Antmanns Vater auch die Armut und die Frömmigkeit abgelegt. Als Adolf Antmann war er einer der angesehenen Reichen von Nitra, saß im Stadtrat und wählte die Nationalsozialistische Partei Eduard Beneschs*.

* Eduard Benesch, Professor in Prag, war seit Dezember 1935 Staatspräsident der ČSR, unterwarf sich im Oktober 1938 dem „Münchner Abkommen" Hitlers, in dem die Westmächte England und Frankreich den versprochenen Schutz der Tschechoslowakei verrieten und das Land den Nazis als Beute überließen.

Es war auch klar, wer von den fünf Söhnen eines Tages das Geschäft des Vaters übernehmen sollte: Samuel. Denn der älteste Sohn Ignaz hatte mehr am Textilgeschäft der Großeltern Schenk in Karlsbad Interesse und ging dort in die Lehre.

Samuel begann zu lernen, erst auf der Schule, da hatten sie einen strengen Mathematiklehrer, der war Jesuitenpriester, hieß Josef Tiso und gehörte zu den slowakischen Nationalisten. Anschließend lernte Samuel Antmann in einer großen Uhrenfirma in Prag, und dann begann seine Reisezeit. Überall hin, wo es in Europa schöne Uhren und Schmuck einzukaufen gab, fuhr der fesche junge Mann. Nach Schaffhausen und Genf und nach Chaux-de-Fonds, nach Pforzheim und Gablonz, nach Paris und nach Biel.

Ein Schnurrbärtchen auf der Oberlippe, immer nach der letzten Mode gekleidet, dunkle Augen voll Schwärmerei, ein Liebling vieler Menschen, vor allem der Frauen.

Heiter und unbeschwert wie er war, nahm er keine Notiz von der Gefahr, die sich im Nachbarland Deutschland für ihn zusammenbraute. Im Gegenteil, Adolf Hitler belustigte ihn. Und als er, 1932, wieder einmal unterwegs war und nach München kam, besichtigte er nicht nur die Feldherrnhalle und die Pinakothek, sondern auch Hitler. Der hatte sich auf Plakaten für eine Großkundgebung im Zirkus Krone ankündigen lassen, allerdings dabei gedroht: „Für Juden verboten!" Aber Samuel Antmann, der sich gar nicht als Jude fühlte, störte das nicht, und er hatte auch keine Ahnung, daß es vielleicht für ihn gefährlich werden könnte. Er ging hinein in den Zirkus Krone und war sehr enttäuscht, denn Adolf Hitler war nicht da. „Ein anderer hatte einen Vortrag gehalten. Es war sehr langweilig, und ich hab' ihm gar nicht so sehr zugehört."

Das war ein Fehler. Er hätte zuhören sollen. Alle Juden hätten zuhören sollen. Alle anständigen Menschen hätten zuhören sollen. Dann hätten sie gewußt, daß es nicht langweilig, sondern gefährlich war und daß am Ende Auschwitz und Majdanek kommen würden, wenn sie sich nicht wehrten und Hitler und seine Partei gewähren ließen.

DIE BRÜDER WANDERN AUS

Ganz anders als Samuel Antmann waren seine beiden Brüder, der ältere Ignaz und der jüngere Ferdinand. Sie sahen, was da kam. Sie hatten beobachtet, wie am 11. Oktober 1931 in Bad Harzburg sich eine gefährliche Front gegen den Frieden und gegen die Juden gebildet hatte: Emil Strauß, der Chef der Deutschen Bank, und Wilhelm Poensgen, der Chef der Vereinigten Stahlwerke, versprachen Hitler Millionen für seinen Wahlkampf. Die Söhne des deutschen Kaisers, Eitel-Friedrich und August Wilhelm, riefen den deutschen Adel zum Kampf gegen Kommunismus und Sozialdemokratie und zur Einheitsfront mit Hitler auf. General Hans von Seeckt führte ihm das deutsche Heer zu. Und der Herr der deutschen Presse, Alfred Hugenberg, gab den Nationalsozialisten die Macht der Zeitungen.

Die beiden Brüder Ignaz und Ferdinand Antmann trafen sich mit anderen Juden aus Nitra auf dem Berg Sobor im Weingarten ihres Vaters. Sie gründeten ein Komitee der Kämpfer für den Staat Israel. Solche Komitees gab es damals viele in der Slowakei. Und ihre Mitglieder beschlossen, illegal nach Palästina auszuwandern und dort den lang ersehnten jüdischen Staat zu gründen.

Hitler kam in Deutschland an die Macht. Die Juden wurden verfolgt. Kommunisten kamen in Konzentrationslager. Wer sich nach Prag retten konnte, war fürs erste in Sicherheit. Aber nur fürs erste. Die Nazis besetzten Österreich. Sie fielen in die Tschechoslowakei ein und eroberten das Sudetenland. Sie und ihr Krieg kamen immer näher. Im Herbst 1938 wanderten Ignaz und Ferdinand nach Palästina aus.

Samuel glaubte immer noch, ihm werde nichts geschehen. Aber dann kamen die Deutschen auch nach Prag. Sie brachen die Tschechoslowakei auseinander. Der eine Teil wurde ihre Kolonie. Böhmen und Mähren, ein Reichsprotektorat mit einem Naziprotektor auf der Prager Burg. Der andere Teil wurde ihr Satellit. Die Slowakei, ein Nazistaat unter Samuel Antmanns Mathematiklehrer Jozef Tiso. Der war inzwischen nur noch Politiker und als Nachfolger des slowakischen Faschisten Andrej Hlinka Vorsitzender der Slowakischen Volkspartei geworden und zugleich Kommandierender der uniformierten Hlinka-Garden. Das war die slowakische SA, gedrillt und ideologisch ausgerichtet wie ihr faschistisches Vorbild in Nazideutschland.

Samuel Antmann blieb in Prag. Er sah die deutsche Wehrmacht einrücken. Erlebte die ersten Verfolgungen und Verhaftungen und Erschießungen. Nun bekam auch er Angst. Im Mai 1939 ging er illegal über die Grenze nach Polen. Sein Vater hatte ihm genug Geld mitgegeben, um einige Zeit gut leben zu können. Und er lebte gut. Wohnte in Krakau im besten Hotel und machte sich auch im „Exil" weiter Illusionen.

Aus dieser Zeit gibt es ein schönes Foto von ihm. Ein eleganter junger Mann blickt mit schönen großen Augen melancholisch in die Kamera. Das Bild schickte er als Postkarte an seinen Vater: „Pan Adolf Antmann, Nitra (Slovensko), Riázusova 17". Natürlich schrieb er deutsch: „Ich glaube an Gott und hoffe an eine bessere Zukunft." Unter dem Bild stand: „In der Emigration, Kraków, Mai 1939". Er war damals 30 Jahre alt. Der Glaube an eine bessere Zukunft überwand bald wieder die Furcht. Das Heimweh kam hinzu, und Samuel kehrte heim. Zuerst ging er nach Prag. Die Gendarmen verhafteten ihn. Aber diesmal ging noch alles gut, denn Samuel Antmann war ja kein Tscheche, sondern ein Slowake, Bürger eines mit Hitlerdeutschland befreundeten Staates. Eine Woche saß er in Prag im Gefängnis. Dann kam der slowakische Konsul, der war auch aus Nitra und kannte Samuel Antmann gut und brachte ihm einen slowakischen Paß. Noch hatten auch Juden Menschenrechte, wenigstens wenn sie aus fremden Ländern stammten.

Samuel Antmann durfte in die Slowakei ausreisen. Wieder fühlte er sich sicher. SeinVater war ja noch immer ein angesehener Mann mit einem großen Geschäft. Juwelen und Gold gab es zwar nicht mehr zu kaufen, aber Uhren gab es genug zu reparieren. Und sie hatten die Häuser, sie hatten die beiden Weinberge, sie konnten gut leben. Von Ignaz, der sich nun Izhak nannte, und von Ferdinand hatten sie Lebenszeichen aus Palästina. Alle waren sie gesund, die Eltern, die nun schon 35 Jahre verheiratet waren, und die drei Antmann-Brüder Samuel, Alexander und Eugen. Bis sie Eugen zum Militär holten. Obwohl er Jude war. Er mußte mit den slowakischen Tiso-Soldaten nach Polen einmarschieren, denn auf Befehl aus Berlin überfielen sie den Nachbarstaat von Süden her, während die deutsche Wehrmacht von Westen gegen Warschau zog.

Erst als der deutsche Krieg gegen Dänemark und Norwegen, gegen Holland, Belgien, Luxemburg und Frankreich weiterging, da stießen sie die Juden aus der slowakischen Armee aus. Eugen Antmann wurde demobilisiert und kam nach Hause. Man ahnte schon weshalb. Denn auch in der Slowakei, die doch immer noch ein selbständiger Staat war, begannen die Judenverfolgungen. Und das Schlimmste waren die Gerüchte und Nachrichten aus Polen. Überall wurden Juden erschlagen und erschossen. Den Namen Auschwitz hörte man flüstern. Aber man wußte nichts, und das, was man hörte, konnte man nicht glauben.

Dann überfielen die Deutschen am 22. Juni 1941 auch die Sowjetunion, und die Antmanns waren froh, daß Eugen nicht mit den slowakischen Truppen marschieren mußte. Wieder kamen furchtbare Nachrichten von Judenermordungen in der Ukraine. Das Furchtbarste geschah in der Schlucht von Babi Yar bei Kiew. Man erzählte sich, die Deutschen hätten dort 100000 Menschen erschossen. Aber auch das konnte man nicht glauben. Bis man immer Genaueres hörte, von einzelnen Schreckenstaten und davon, daß die Deutschen nun auch bald die Juden aus der Slowakei holen und umsiedeln würden. Umsiedeln, so schrecklich das Wort war, so hieß es doch etwas anderes als Ermorden. Denn das wollte damals in Nitra keiner glauben, daß die Deutschen etwa ganze Züge voll Juden direkt in die Gaskammern und die Krematorien brachten.

DIE VERGEBLICHE FLUCHT

Das Frühjahr 1942 kam. Und nun hieß es in den Gerüchten, ganz sicher sollten die Juden aus der Slowakei demnächst ausgesiedelt werden. Es war März, und Samuel Antmann versuchte noch einmal dem Schicksal der Juden zu entfliehen. Er wollte heimlich über die Grenze nach Ungarn. Denn man erzählte sich, von dort werden noch keine Juden deportiert.

Fast wäre er hinübergekommen. Er war schon über die Grenze, da faßten ihn die ungarischen Zöllner, übergaben ihn den slowakischen Grenzbeamten, und die brachten ihn nach Nitra zurück, ins Gefängnis. Samuel Antmann erzählt:

„Da mußte ich einen Tag und eine Nacht bleiben. Und dort habe ich erfahren, daß sich alle Juden melden müssen auf einem bestimmten Platz. Man hat ihnen gesagt, daß sie nach Polen kommen. Sie sollen alles mitnehmen, ihren Schmuck, ihr Geld, ihr Handwerkszeug, denn in Polen könnten sie so weiterleben wie bisher. Die Juden haben alles geglaubt und haben sich freiwillig gemeldet und hatten alles mit. Dann hat man auch mich zum Bahnhof gebracht in einen Waggon, der für Pferde ist, sechs Pferde und zehn Menschen. Dort hat man uns zu 60 bis 80 Leuten hineingestoßen, ohne Essen, ohne alles. Drei Tage sind wir gefahren worden. Als man die Wagentüren geöffnet hat, waren zehn bis zwölf Menschen tot. Alles war beschmiert und stinkig, weil alle Leute in den drei Tagen den Wagen als Toilette benutzt haben. Nun waren wir in Lublin. Wir mußten zu Fuß ungefähr vier Kilometer bis nach Majdanek gehen. Keiner von uns hat den Namen gehört. Keiner hat geahnt, wohin wir kommen, weil man uns doch gesagt hatte, wir werden umgesetzt nach Polen, wo wir alles gut unternehmen können in jeder Hinsicht. Aber in Majdanek gab es nur ein paar Baracken, nur Holz, darauf mußten wir schlafen. In den ersten zwei Tagen sind viele, viele Menschen gestorben, die Siebzig-, Achtzigjährigen vor allem. Wir haben keine Toilette gehabt, wir haben nichts gehabt. Man hat uns ausgezogen und Häftlingskleider gegeben. Das war der Anfang des Konzentrationslagers Majdanek, und das war im April 1942. Es war alles so primitiv, daß man es gar nicht sagen kann. Die SS-Leute, die litauischen und ukrainischen Freiwilligen, haben viele von uns erschossen. Die Toilette war fünfzig Meter außerhalb der Baracken, die durfte nur tagsüber benutzt werden. Wer nachts dorthin ging, wurde von den Türmen aus erschossen.

Nach zwei Tagen sind auch mein Vater, meine Mutter und meine Brüder gekommen. Der älteste Bruder, Alexander, hat nicht gewußt, daß man nicht zum Zaun gehen darf, und da ist er zwei Tage später erschossen worden. Ich habe ihn tot dort liegen sehen. Dann wurde er weggebracht, wahrscheinlich ins Krematorium."

DAS LEBEN IN MAJDAN TATARSKI

Aus der Anklageschrift der Staatsanwaltschaft Düsseldorf in der Strafsache gegen Hackmann und andere:

„Aufgrund eines Befehls Himmlers vom 21.7.1941 wurde im Spätsommer 1941 mit der Errichtung des Lagers Lublin/Majdanek begonnen. Die SS-Führung hatte zu diesem Zweck ein im wesentlichen unbebautes Gelände östlich der Stadt Lublin in der Nähe des Lubliner Stadtbezirks Majdan Tatarski, volkstümlich auch Majdanek genannt, ausgewählt. Zur Durchführung der hierfür erforderlichen Arbeiten bediente man sich sowohl polnischer Zivilarbeiter als auch Kriegsgefangener, die in einem bereits in Lublin, Lipowastraße, befindlichen Lager für polnische und russische Kriegsgefangene jüdischer Abstammung inhaftiert waren.

Nach Errichtung der ersten Sicherungsanlagen wurden mehrere hundert russische Kriegsgefangene als ständige Arbeitskräfte in das neue Lager verlegt. Der Bestand an sowjetischen Kriegsgefangenen im Lager wurde bis zur Jahreswende 1941/1942 laufend ergänzt beziehungsweise aufgestockt. Im Spätherbst 1941 sollen bis zu 5000 sowjetische Kriegsgefangene im Lager inhaftiert gewesen sein. Infolge der schlechten Lebensbedingungen, insbesondere durch das im Lager grassierende Fleckfieber, ging die Zahl der Kriegsgefangenen jedoch innerhalb weniger Monate auf 150–200 zurück. An ihre Stelle traten andere Häftlingsgruppen: Häftlinge aus Konzentrationslagern im Reichsgebiet, die Ende 1941 in Lublin eintrafen und denen die in Konzentrationslagern typischen Funktionen als Blockälteste und Kapos übertragen wurden, polnische Intellektuelle und Bauern aus der Umgebung, die die Ablieferungskontingente nicht erfüllt hatten, sowie kleine Gruppen von Juden, vorwiegend Facharbeiter.

Im Frühjahr 1942 trafen die ersten größeren Judentransporte im Lager ein, und zwar Ende März/Anfang April 1942 zehntausend Juden aus der Slowakei, denen ab Anfang 1943 jüdische Häftlinge aus allen Teilen des besetzten Europas folgten.

Während dieser Zeit wurde der Ausbau des Lagers weiter fortgetrieben. Die ersten Pläne sahen ein Lager für 25000–50000 Personen vor, wurden jedoch bald auf ein Fassungsvermögen von mindestens 150000 Häftlingen erweitert.

Infolge der ungünstigen Veränderung der Frontlage und der zunehmenden Verknappung von Baumaterialien gelangten diese Pläne jedoch nur zu einem geringen Teil zur Ausführung. Die Höchstzahl der im Lager inhaftierten Personen betrug ca. 35000–40000. Am 22.7.1944 wurde das Lager aufgegeben und die letzten im Lager befindlichen Häftlinge evakuiert, nachdem angesichts der heranrückenden Front bereits seit April 1944 Häftlinge in andere Lager verlegt worden waren.

Die offizielle Bezeichnung des Lagers lautete bis Februar 1943 ‚Kriegsgefangenenlager der Waffen-SS Lublin' (KGL Lublin). Mit Verfügung des Reichsführers-SS vom 16.2.1943 wurde das KGL Lublin offiziell in ein Konzentrationslager mit der Benennung ‚Konzentrationslager Lublin' (KL Lublin) umgewandelt und in die Lagerstufe I und II* gegliedert. Die Bezeichnung ‚Kriegsgefangenenlager' dürfte jedoch von vornherein eine beabsichtigte Täuschung anderer Dienststellen gewesen sein. Hierfür sprechen eine Vielzahl von Verfügungen und Erlassen der vorgesetzten SS-Stellen aus dem Jahre 1942. In einem undatierten Aktenvermerk des Leiters der Zentralbauleitung Lublin, Naumann, der Vorgänger vom 14./15.7.1942 betrifft, heißt es u.a.:

‚Die Bezeichnung Kriegsgefangenenlager mußte aus Tarnungsgründen gewählt werden, da mit einer Baufreigabe für ein K.L. seitens des Generalgouverneurs nicht zu rechnen war.'

In Anlehnung an den nahegelegenen, ‚Majdanek' genannten Ortsteil wurde das Lager von den Häftlingen und der polnischen Zivilbevölkerung ‚KL Majdanek' genannt. Nach Kriegsende fand dieser Name allgemeine Verwendung.

* Lager der Stufe I: Für alle wenig belasteten und unbedingt besserungsfähigen Schutzhäftlinge.
Lager der Stufe II: Für schwer belastete, jedoch noch erziehungs- und besserungsfähige Schutzhäftlinge.

Der Lagerbereich umfaßte ein Gelände von 270 Hektar, das sich über ca. 1,8 km an der von Lublin aus gesehen rechten Seite der Straße Lublin–Chelm entlang erstreckte und eine Tiefe von etwa 700–1300 m hatte. Das Gelände war zum größten Teil mit einem Stacheldrahtzaun umgeben. Lediglich die südöstliche Seite des Lagerbereichs war offen. Hier befanden sich acht getrennte Bunker, die ständig mit Posten besetzt waren. Den Kern des Lagergeländes bildete das in mehrere Felder unterteilte Schutzhaftlager, das mit einem doppelten Stacheldrahtzaun umgeben war, der ab Sommer 1942 mit einer Starkstromleitung zusätzlich gesichert wurde. An der Lublin zugewandten Seite des Schutzhaftlagers entlang verlief die provisorische Lagerstraße, an deren Seiten je eine Reihe von Werkstatt- beziehungsweise Magazinbaracken lagen. Unmittelbar an der Straße Lublin–Chelm war ein Bauhof eingerichtet, in dem Baumaterialien gelagert wurden. Zwischen der nordöstlichen Ecke des Schutzhaftlagers und der Straße Lublin–Chelm befand sich auf einem Areal von ca. 400×300 m der Kommandanturbereich. Hier waren die Kommandantur, Verwaltungsbüros sowie die Unterkünfte der SS-Wachmannschaften.

Die Einrichtung des Kommandanturbereichs erfolgte entsprechend dem nur langsam fortschreitenden Ausbau des Lagers stufenweise. Bis Ende 1942 waren die Wachmannschaften in der Bernhardinska-Straße in Lublin untergebracht. Die Kommandantur selbst hatte bis Anfang 1943 ihren Sitz in der Gartenstraße in Lublin, ehe sie in den Lagerbereich verlegt wurde.

Im Lagergelände befanden sich darüber hinaus das Lagergut, landwirtschaftliche Gebäude, Hundezwinger sowie zwei Wohnhäuser, in denen der Kommandant und der Schutzhaftlagerführer (letzterer im sogenannten ‚Weißen Haus') wohnten, sowie hinter Feld V ein im Herbst 1943 fertiggestelltes Krematorium.

Das Schutzhaftlager wurde aus insgesamt fünf Feldern und zwei Zwischenfeldern gebildet. Diese Felder und Zwischenfelder lagen, hintereinander gestaffelt, parallel zur Straße Lublin –Chelm. Die Felder hatten eine Länge von 320 m und eine Breite von 150 m. Zwischen Feld I und Feld II sowie zwischen

Feld IV und Feld V lag jeweils ein sogenanntes Zwischenfeld mit einer Breite von 50 m. Felder und Zwischenfelder waren durch doppelte Stacheldrahtzäune voneinander getrennt. Sie verfügten jeweils über einen Eingang zur Lagerstraße hin.

Auf den Feldern II bis V waren jeweils 22 Unterkunftsbaracken für Häftlinge, eine Waschbaracke sowie eine Abort- und eine Küchenbaracke in T-Form errichtet. Feld I verfügte lediglich über 20 Unterkunftsbaracken. Die Baracken waren in zwei Reihen senkrecht zur Umzäunung des Feldes aufgestellt. Der dazwischen liegende unbebaute Teil des Feldes diente als Appellplatz, auf dem sich die Häftlinge morgens und abends aufzustellen hatten. Auf jedem Appellplatz befanden sich in der Mitte ein hölzerner Galgen und in der Nähe des Eingangs ein Wasserbassin. Unmittelbar am Eingang der Felder lagen Wachstuben, in denen sich die Blockführer aufhielten.

Um die Felder waren insgesamt 18 Wachtürme errichtet, 16 an den Ecken der jeweiligen Felder und je einer an der oberen Längsseite des ersten Feldes und an der unteren Längsseite des 5. Feldes. Am Zaun entlang war ein vier Meter breiter Streifen mit weißem Steinschlag ausgestreut. An den Zaunpflöcken waren Lampen angebracht, die den Zaun und die sogenannte Todeszone, ein mit einem Stolperdraht versehener Streifen vom Zaun zu den Wohnbaracken hin, beleuchteten. Auf dem Zwischenfeld zwischen Feld I und Feld II lagen das sogenannte ‚Alte Krematorium' und die Wäschereibaracke, auf dem Zwischenfeld zwischen Feld IV und Feld V wurden Kohlen gelagert. Ab Anfang 1944 wurde auch das neben Feld V liegende Feld IV in Betrieb genommen, auf dem jedoch keine Häftlinge untergebracht, sondern lediglich Werkstätten und Magazine eingerichtet waren.

Die Unterkunftsbaracken der Häftlinge bestanden aus sogenannten Pferdebaracken, von denen die meisten keine Fenster, sondern nur Luken hatten. Die Baracken (Blocks) hatten eine Größe von 40,80×9,60×2,65 m. Anfangs schliefen die Häftlinge auf Stroh, das in dünner Schicht direkt auf der nackten Erde lag. Später, als die Baracken Fußböden bekamen, verteilte man an die Häftlinge Papierstrohsäcke mit ein wenig Spänen oder Stroh. Im Jahre 1943 wurden dann die Baracken mit jeweils 250 dreifach übereinanderliegenden Pritschen und

Barren versehen. Ungeachtet der Anzahl der Pritschen wurden die Blocks jedoch häufig mit 500–1000 Personen belegt.

Die ärztliche Betreuung der Häftlinge erfolgte in einem Häftlingskrankenrevier, das Anfang 1942 auf Feld I eingerichtet wurde und 80–100 Patienten Platz bot, einem Ambulatorium auf Feld III, einem Frauenspital auf Feld V und seit Anfang 1943 in einem zusätzlichen Revierblock auf Feld II. Im September 1943 wurden das Krankenrevier für männliche Häftlinge von Feld I auf Feld V und das Frauenspital von Feld V auf Feld I verlegt. Darüber hinaus gab es auf jedem Feld einen sogenannten ‚Gammelblock', in den die Häftlinge, die für eine medizinische Versorgung nicht mehr geeignet erschienen, verbracht und ihrem Schicksal überlassen wurden."

DIE RETTUNG DES SAMUEL ANTMANN

Nach drei Tagen Majdanek begann das unglaubliche Glück des Juweliers Samuel Antmann. Ein SS-Mann fragte in seiner Baracke, ob da nicht ein Uhrmacher sei.

„Ich habe gesagt, jaja, ich bin Uhrmacher, und da hat er mir seine Uhr gezeigt, an der das Glas zerbrochen war", erinnert sich Samuel Antmann. „Dann habe ich mir die Uhr angesehen, sie aufgemacht und untersucht und ihm gesagt, da sind auch noch andere Fehler in der Uhr, die müßte ich reparieren."

Der SS-Mann war einverstanden. Er ist zu seinen Vorgesetzten gegangen, die auch alle einen Uhrmacher brauchten, und bald darauf wiedergekommen mit einem Befehl: Der Häftling Antmann habe sich in der Baracke 1 an der Lagerstraße einzufinden, um dort Uhren zu reparieren. Die Baracke 1 lag unmittelbar am Lagertor, direkt neben der Gaskammer.

Antmann berichtet: „So habe ich mir eine Werkstätte einrichten können. Ich bekam alles Werkzeug, was ich wollte, denn all die vielen tausend Juden, die jeden Tag gekommen sind, die haben doch alle ihr Werkzeug mitgebracht, weil sie doch dachten, daß sie hier in Polen in Frieden gelassen werden und weiter arbeiten können wie früher zu Haus. Aber nun brauchten sie es nicht mehr, und ich konnte mir aussuchen, was ich haben wollte. Es war in der ganzen Welt kein Uhrmacher und keine große Werkstätte, die jemals so viel Werkzeuge gehabt hätte wie ich in Majdanek. Denn Uhrmacher war damals ein typisch jüdischer Beruf in der Slowakei, in Ungarn und in Polen. Und alle haben sie geglaubt, was man ihnen gesagt hat, daß sie all ihr Werkzeug mitnehmen sollen, denn davon können sie sich in Polen ernähren. Und keiner hat geglaubt, daß er ins Gas kommt oder daß er erschossen wird, und so habe ich frei auswählen können unter all dem übriggebliebenen Werkzeug."

Die erste reparierte Uhr fand Gefallen bei der SS. Nun kamen sie alle zu ihm mit ihren Uhren, und die SS-Leute hatten viele Uhren. Samuel Antmann hatte nach kurzer Zeit so viele Aufträge aus dem Lager Majdanek, daß er Hilfe brauchte.

„So durfte ich auch zwei andere Uhrmacher zu mir nehmen, meinen Vater hab' ich genommen, Adolf Antmann, und unseren ehemaligen Angestellten aus dem Uhrengeschäft in Nitra, den Weiß, der war natürlich auch nach Majdanek gekommen. Seinen Vornamen hab' ich vergessen. Allmählich hab' ich bei all den SS-Leuten einen guten Namen gehabt. Sie sind oft gekommen zu mir und haben mich besucht und bei der Arbeit zugesehen. Ärzte und verschiedene höhere Offiziere. Die einfachen SS-Soldaten durften ja nicht hinter meinen Schalter, wo ich die Reparaturen ausgegeben habe. Ich hab' mir die Werkstatt selbst einrichten dürfen, und die SS-Leute haben Respekt vor mir gehabt, weil sie gesehen haben, was ich tue und wie ich es tue. Ich hab' mir aus schwarzem Brokat eine Tafel gemacht, Drähte hinein, und daran hab' ich die Uhrenreparaturen aufgehängt. Es sah sehr gut aus. Selbst aus Lublin wurden mir 20 Uhren gesandt durch SS-Leute, auch die mußte ich reparieren. Und dann hab' ich einmal von einem SS-Mann aus Karlsbad Besuch bekommen, den ich schon von früher her kannte, als er noch nicht SS gewesen, sondern mit meiner Schwägerin befreundet war. Der hat mir gesagt, wie die SS nur gute Sachen über mich redet, weil ich so gute Reparaturen mache und weil doch draußen alle Uhrmacher beim Militär gewesen sind und kaum noch einer da war, der Uhren reparieren konnte. Sie haben sich gemeldet bei mir, stellen Sie sich vor, bei dem Juden Antmann haben sie sich gemeldet mit ‚Heil Hitler' und mit ihrem Namen und mit dem Dienstrang, denn ich mußte das ja alles in mein kleines Buch einschreiben, in dem die Reparaturen standen. Durch den Schalter hindurch haben sie mit mir geredet, nur die Offiziere sind hereingekommen zu mir in die Werkstatt, haben sich gesetzt, und dann haben wir uns unterhalten über allgemeine Sachen.

Eines Tages hat es geheißen, der Antmann soll zum Kommandanten in die Wohnung kommen. Ich habe mein Werkzeug genommen und bin gegangen. Es haben mich natürlich zwei SS-Leute mit Waffen begleitet. Wir sind in die Straße gekommen, wo der Koch gewohnt hat*, und dort habe ich auch seine Frau Ilse** gesehen. Sie hat mir die Junghans-Uhr gezeigt, das Aufzugsrad war kaputt, ich hab' es gerichtet, und die Uhr ist sehr gut gelaufen. Der Herr Koch hat sich bedankt, auch seine Frau Ilse hat sich bedankt, und ich wurde wieder zurückgebracht nach Majdanek. Von dieser Zeit an hat mich der Herr Koch mit einer gewissen Sympathie behandelt. Einmal ist er gekommen, das war, als mein Vater schon in der Werkstatt gearbeitet hat. Koch hat ihn gesehen, hat mich betrachtet, und dann hat er ganz versonnen gesagt: Vater und Sohn."

DER KOFFER MIT DEN JUWELEN

Es war eine kleine Idylle in einem großen Schlachthaus. Denn während die Offiziere bei dem Uhrmacher Samuel Antmann saßen und ihm zusahen bei der Arbeit und mit ihm plauderten, wurden draußen die Menschentransporte in die Gaskammern gebracht. Es war gar nicht weit, vielleicht nur zehn Meter bis zum Eingang in die Gaskammer. Das Gas selbst stand bei Samuel Antmann in der Werkstatt: „Ich habe das nicht gewußt, daß man damit die Menschen vernichtet, mit diesem Zyklon B***. Jeden zweiten Tag ist ein SS-Mann

* KZ-Kommandant Karl Otto Koch wurde noch in der Nazizeit wegen seiner Unterschlagungen und wegen Mordes an bestimmten KZ-Gefangenen von einem SS-Gericht zum Tode verurteilt und hingerichtet. Sein Rang war SS-Standartenführer.

** Seine Frau Ilse Koch, berüchtigt als die „Kommandeuse von Buchenwald", wurde nach dem Kriege zu lebenslanger Haft verurteilt und beging in der Strafanstalt Aichach Selbstmord.

*** Zyklon B, Schädlingsbekämpfungsmittel, wurde damals und wird heute noch von der „DEGESCH", der Deutschen Gesellschaft für Schädlingsbekämpfung, in Frankfurt am Main hergestellt.

gekommen und hat so eine Dose mitgenommen. Das hat er dann vom Dach in den Waschraum hineingelassen oder vielmehr in den Raum, von dem die Menschen dachten, daß es der Waschraum ist."

Manchmal hatten die SS-Leute sogar ein wenig Herz für ihre Opfer, und einmal hat es einer sogar dem Samuel Antmann gezeigt.

„Das war ein gewisser Herr Resch aus Swinemünde. Er war Elektrotechniker, und in der Werkstatt, die ich mir eingerichtet hatte, gab es auch einige elektrotechnische Geräte, eine Art elektrotechnisches Labor, darin arbeitete der Herr Resch manchmal, und er war gleichzeitig für eine gewisse Zeit mein Chef. Der Herr Resch war ein sehr intelligenter und angenehmer Mensch. Er war sehr vornehm und hat unter dem gelitten, was er gesehen hat. Einmal ist er bei mir gewesen, als wieder ein Transport kam. Es waren Frauen und Kinder, die mußten sich total nackt ausziehen, ungefähr zehn Meter von uns. Es waren auch sehr hübsche Frauen dabei. Sie waren so nervös und so gekränkt, weil sie geahnt haben, was da mit ihnen geschehen soll, und eine junge und sehr schöne Frau hat sich vor unsern Augen erdrosselt. Da sind wir beide am Fenster gestanden und haben hinausgeschaut, und der Herr Resch hat auch hinausgeschaut, und dabei sind ihm einige Tropfen aus den Augen gefallen. Nach dem Kriege habe ich einige Karten an den Herrn Resch geschickt, weil ich viel von ihm gehalten habe, aber er hat mir nicht geantwortet. Er war eigentlich ein ganz normaler Mensch gewesen. Nur in der Hitlerzeit, da mußte er doch etwas unternehmen, weil sie doch alle damals etwas tun mußten und an die Front kamen und ihr Leben riskierten. Er hat das Glück gehabt, nach Majdanek zu kommen, wo er sein Leben nicht riskieren mußte. Nu, ich weiß nicht, ob das ein Glück war, nach Majdanek zu kommen, aber er hat den Menschen nichts getan, mir auch nicht, mit mir ist er sogar befreundet gewesen. Er hat immer das getan, was ich wollte."

Für den Häftling Samuel Antmann, dem sie in Majdanek die Häftlingsnummer 1456 gegeben hatten, blieb es nicht lange bei der Reparatur von Uhren. Die SS-Kommandantur hatte von seinen Kenntnissen in der Juwelierbranche erfahren, und nun wurde aus dem Uhrmacher von Majdanek der Juwelier von Majdanek. Immer, wenn ein neuer Transport angekommen war, erschien in seiner Werkstatt der SS-Hauptsturmführer Heinrich Worster, in der Hand einen großen Koffer. Den Inhalt schüttete er vor Samuel Antmann auf dem Tisch aus: Gold und Juwelen, Ketten und Kettchen, Amulette, Ringe, alles was einmal das Leben der Menschen von Majdanek geschmückt hatte. Bei der Einlieferung ins Lager war ihnen alles abgenommen worden. So wie man auch dem Samuel Antmann alles abgenommen hatte, darunter auch seinen Ring und seine goldene Uhr.

„Ich hatte ja auch alles mitgenommen, wie die anderen alle, weil ich dachte, ich werde es brauchen. Aber als ich dann ins Lager gekommen bin, nach Majdanek, da haben wir alles auf die Erde legen müssen vor uns hin, und ein SS-Mann hat zu mir gesagt, ganz ruhig hat er es gesagt: ‚Du, das wirst du nie mehr brauchen!' Wir waren ja ganz nackt ausgezogen, und alle haben sie was mitgehabt, selbst die ärmsten Juden, wenigstens eine Nickeluhr hat jeder mitgenommen. Ich habe eine schöne und wertvolle Schaffhausener Uhr bei mir gehabt und einen wertvollen Ring. Die hab' ich müssen auf die Erde legen auf ein Tuch. Dann hat man das alles zusammengelegt und in den Block 1 gebracht, wo ich dann später meine Werkstatt hatte und wo mir dann immer solche Gegenstände zum Sortieren gegeben wurden."

Sortieren mußte er, was echt war und was unecht. Unecht hieß dort „Gablonz", nach der böhmischen Stadt Gablonz oder Jablonec, die früher einmal das Weltzentrum der Modeschmuck-Herstellung war. Antmann gab bei jedem Stück an: Echt oder Gablonz, Gold oder Messing, Brillanten oder Straß. Oft hat man von wertvollen Stücken, antiken Uhren zum Beispiel, nur das Gold abgetrennt und den Rest weggeworfen.

Die sortierten Stücke hat der SS-Hauptsturmführer Heinrich Worster wieder abgeholt. Wohin er sie gebracht hat, das erfuhr der Häftling Samuel Antmann damals nicht. „Nur die Zähne, das weiß ich, die kamen nach Dresden".

Mit Zähnen meinte er das Zahngold, die Zähne also, die man den getöteten Häftlingen ausgezogen hat. Dafür gab es im Krematorium von Majdanek einen besonderen Betontisch.

Darauf wurde jede Leiche vor dem Verbrennen gelegt. Ein Häftling mußte mit Haken dem Toten den Mund aufreißen. Dann zog der deutsche Zahnarzt Bruno Horn, der selbst Gefangener war, die Goldzähne aus den Gebissen und entfernte die Goldkappen von den Zähnen. In dieser Form kamen sie zu Samuel Antmann. Der mußte sie säubern, denn an dem Gold hingen noch Zahnreste, Fleischfetzen, manche Zähne waren blutig. Und dann wurden sie in große Fässer gefüllt, und eines Tages hat der Samuel Antmann gehört, wie ein SS-Mann zum anderen gesagt hat: „Die kommen nach Dresden".

Ob das aber wirklich stimmt, weiß er nicht. Denn alles andere ist zur „SS- und Polizeidienststelle Lublin" geschafft worden. Das war zunächst die Sammelstelle für den geraubten Schmuck, ehe er dann nach Berlin weitergeleitet wurde.

Dort wurde dieses „Schieber-, Diebes- und Spekulantengut", das aufgrund der Verordnungen des Wirtschafts-Verwaltungs-Hauptamtes der Waffen-SS beschlagnahmt worden war, von der Reichsbank übernommen. Treuhänderisch für die SS, um weiterverkauft zu werden, zum Teil ins Ausland. So entstand ein riesiges Nazivermögen, und der jüdische Häftling Samuel Antmann wurde zum Zuträger.

EIDESSTATTLICHE VERSICHERUNG VON EMIL PUHL

Anfang des Krieges war Emil Puhl Vizepräsident der Deutschen Reichsbank. Er gab nach dem Kriege eine eidesstattliche Versicherung ab, die im Nürnberger Kriegsverbrecher-Prozeß von der Anklage vorgetragen wurde:

„Im Sommer des Jahres 1942 hatte der Reichsbankpräsident und Reichswirtschaftsminister Walther Funk eine Unterredung mit mir und später mit Herrn Friedrich Wilhelm, einem Mitglied des Reichsbankdirektoriums. Funk sagte mir, daß er eine Vereinbarung mit dem Reichsführer Himmler getroffen habe, Gold und Schmuck für die SS in Verwahrung zu nehmen. Funk gab die Anweisung, daß ich die notwendigen Vereinbarungen mit Pohl treffen solle, der der Leiter der Wirtschaftsabteilung der SS war und dem die Verwaltung der ökonomischen Seite der Konzentrationslager unterstand. Ich fragte Funk nach der Herkunft des Goldes, des Schmuckes, des Geldes und der anderen Gegenstände, die von der SS eingeliefert werden sollten. Funk erwiderte, daß es sich um beschlagnahmten Besitz aus den besetzten Ostgebieten handle und daß ich keine weiteren Fragen stellen solle. Unter den Gegenständen, die von der SS deponiert wurden, befanden sich Schmuck, Uhren, Brillenrahmen, Goldfüllungen und andere Gegenstände in großer Menge, die von der SS Juden, Konzentrationslageropfern und anderen Personen abgenommen worden waren.

Dies gelangte dadurch zu unserer Kenntnis, daß die SS-Leute versuchten, dieses Material in Bargeld umzusetzen und hierzu mit Funks Billigung und Wissen die Hilfe des Reichsbankpersonals in Anspruch nahmen. In der Ausübung meiner Pflichten besuchte ich von Zeit zu Zeit die Safes der Reichsbank und sah, was dort aufbewahrt wurde. Auch Funk besuchte die Safes von Zeit zu Zeit in Ausübung seiner Pflichten. Unter Funks Anweisung errichtete die Golddiskontbank auch einen laufenden Fonds, der schließlich 10 bis 12 Millionen Reichsmark betrug und der der Wirtschaftsabteilung der SS zur Verfügung stand für die Finanzierung der Herstellung von Materialien in SS-geleiteten Fabriken durch Arbeitskräfte aus Konzentrationslagern."

Der SS-Obergruppenführer Oswald Pohl hat als Zeuge vor dem Nürnberger Gericht diese Aussage des Vizepräsidenten der Reichsbank bestätigt.

Im Nürnberger Prozeß ist Hitlers Reichswirtschaftsminister Walter Funk am 1. Oktober 1946 wegen Kriegsverbrechens und Verbrechens gegen die Menschlichkeit zu lebenslanger Haft verurteilt worden. Er war bis 1957 in Haft. Im Urteil des Internationalen Militärgerichtshofes heißt es unter anderem: „Im Jahre 1942 traf Funk mit Himmler ein Abkommen, auf Grund dessen die Reichsbank gewisses Gold, Juwelen und Barmittel von der SS erhalten würde, und gab seinen Untergebenen, die die Einzelheiten auszuarbeiten hatten, die Anweisung, keine unnötigen Fragen zu stellen.

Als Ergebnis dieses Abkommens lieferte die SS an die Reichsbank die persönliche Habe und Wertgegenstände, die den Opfern, die in den Konzentrationslagern umgebracht worden waren, abgenommen waren. Die Reichsbank behielt die Münzen und Banknoten zurück und schickte die Juwelen, Uhren und persönlichen Gegenstände an die städtischen Pfandleihämter in Berlin. Das von Brillen stammende Gold sowie Goldzähne und Plomben wurden in den Gewölben der Reichsbank aufbewahrt. Funk hat den Einwand gemacht, daß er nicht gewußt habe, daß die Reichsbank Gegenstände dieser Art erhalten habe. Der Gerichtshof ist der Ansicht, daß er entweder wußte, welche Gegenstände eingingen, oder daß er bewußt seine Augen demgegenüber verschloß . . . Als Präsident der Reichsbank war Funk auch mittelbar verantwortlich für die Verwendung von Konzentrationslager-Arbeitskräften. Unter seiner Leitung gewährte die Reichsbank der SS einen Dauerkredit von zwölf Millionen Reichsmark für den Bau von Fabriken, zur Verwendung von Konzentrationslager-Arbeitskräften."*

Die Vernichtung der Juden hatte also nicht allein den Grund, die angebliche Gefahr für die germanische Rasse durch Massenmord zu beseitigen, sondern durch diesen Mord auch das jüdische Eigentum zu bekommen. Und als das zu einem großen Teil gelungen war, rechtfertigten die Nazis ihre Mordtaten. Am 18. März 1944 erklärte der Statthalter des „Generalgouvernements", der Jurist Dr. Hans Frank, in einer Rede: „Wenn heute da und dort ein Wehleidiger mit Tränen in den Augen den Juden nachtrauert und sagt, ‚ist das nicht grauenhaft, was mit den Juden gemacht worden ist', dann muß man den Betreffenden fragen, ob er heute noch derselben Meinung ist. Wenn wir heute diese zwei Millionen Juden in voller Aktivität und auf der anderen Seite die wenigen deutschen Männer im Lande hätten, würden wir nicht mehr Herr der Lage sein . . . Die Juden sind eine Rasse, die ausgetilgt werden muß; wo immer wir nur einen erwischen, geht es mit ihm zu Ende."**

Gold und Schmuck und Uhren wurden in allen deutschen Konzentrationslagern den Juden abgenommen, gesammelt oder unter SS-Leuten verteilt. Die größte Beute gab es in

* Zitiert nach Gruchmann, „Das Urteil von Nürnberg" 1946, München 1961, Seite 211 ff.

** Zitiert aus der Erklärung des Hilfsanklägers für die Sowjetunion, Oberjustizrat L. N. Smirnow (aus: Steiniger, „Der Nürnberger Prozeß", Berlin 1957, Seite 378).

Auschwitz. Jenny Spritzer*, Auschwitz-Häftling Nummer 10291, berichtet darüber:

„Was brachten diese Tausende von Menschen nicht alles mit. Man hatte ihnen ja versichert, ruhig mit der ganzen Familie zu kommen. Sie dürften zusammenbleiben, und für die Kinder werde gut gesorgt werden . . . Gold und Schmuck wanderten in die Schatzkammer, Kleider in die Effektenkammer, die Medikamente in die SS-Apotheke und Lebensmittel in die Küche . . . Man kann sich wohl schwerlich einen Begriff machen, welche Schätze und riesigen Mengen an Kleidungsstücken nach Auschwitz kamen. Schließlich sind ja vier Millionen Menschen beraubt und ermordet worden. Jeder von den SS-Leuten hatte irgendwo einen Männerhäftling, der für ihn ‚organisierte', denn alle diese Abteilungen wurden ja nur von Häftlingen geführt. Diesem gab er meistens Essen oder Schnaps und konnte dafür seiner Frau nach Deutschland die schönsten Pakete schicken. Viele SS-Leute in Auschwitz sind auf diese Weise reich geworden . . . So manches Schmuckstück und Gold, das sich der Häftling bei der Einlieferung retten und verstecken konnte, liegt meines Erachtens noch begraben in Auschwitz, denn beim Durchmarschieren von der Arbeit ins Männerlager war oft Kontrolle, und entdeckte Wertstücke bedeuteten für Juden den Tod.

Das Organisieren seitens der SS nahm so überhand, daß Berlin davon erfuhr und eine Kommission nach Auschwitz entsandt wurde. Sie machte in sämtlichen Schränken der SS Kontrolle, und der Fund war wirklich überaus belastend. Alles wurde beschlagnahmt und in die kleine Nebenbaracke von uns gebracht . . . Es sollte ein Verfahren gegen alle eingeleitet werden. So nervös hatte ich unsere Herren wohl noch niemals gesehen. Eines Morgens kamen wir zur Arbeit und fanden die kleine Nebenbaracke vollständig abgebrannt . . . Und alle SS-Leute liefen schmunzelnd herum. Natürlich verlief darauf die Angelegenheit im Sande.

Aber warum sollte sich die SS nicht bereichern, wenn doch der Kommandant Hoess (im Frühjahr 1946 in einem kleinen

* Jenny Spritzer war Schreiberin der Politischen Abteilung im KZ Auschwitz und konnte kurz vor der Evakuierung des Lagers flüchten. Die Zitate stammen aus ihrem Erlebnisbericht „Ich war Nr. 10291", Darmstadt, 2. Auflage 1980, Seiten 76 bis 81.

Dorf in Deutschland als Bauersknecht erkannt und arrestiert) selbst Reichtümer zusammenscharrte? . . . Frau Hoess besaß angeblich den fantastischsten Schmuck . . .

Ich bekam einmal durch Zufall die Gelegenheit, die Schatzkammer zu betreten und glaubte mich in ‚Tausendundeine Nacht' versetzt. Die schönsten Schmucksachen, herrliche antike und moderne Gegenstände und auch Tausende von Füllfedern wurden hier sortiert, um später in Kisten nach Berlin verschickt zu werden. Die Fenster dieses Zimmers waren vergittert, und der Eintritt war jedem, auch SS-Leuten, streng untersagt. An diesem Tage nun herrschte Aufregung, man hatte Auftrag, ein schönes Stück für die Kommandantin auszusuchen, die wieder einmal ein Kind zur Welt gebracht hatte."

Niemand hat bis heute exakt feststellen können, wieviel Gold, welche Menge Juwelen, welcher Schatz an Uhren und Ketten und Armbändern und Geldstücken und -scheinen den Häftlingen der Konzentrationslager geraubt worden ist. Beim Untergang der Naziherrschaft haben die Verantwortlichen ihre Listen zum größten Teil vernichtet. Nur weniges ist erhalten geblieben. Zum Beispiel dies:

Empfangsbestätigung von fünf Kisten Geld und Schmuck vom Judentransport aus dem Konzentrationslager Lublin durch die SS- und Polizeidienststelle in Lublin (ohne Datum).

Empfangsbestätigung vom 30. April 1943 von je einer versiegelten Kiste Geld und Schmuck aus dem Konzentrationslager Majdanek durch die SS- und Polizeidienststelle in Lublin.

Einnahmeschein der Buchungsstelle Lublin vom 20. Mai 1944 für 248166,46 Zloty in Noten.

„Einnahme-Schein" der „Gefangenen-Eigentumsverw. K.L. Lublin" vom 15. Juli 1944 über Banknoten polnischer, deutscher, sowjetischer, slowakischer, amerikanischer, französischer, tschechischer Währung, Geldstücke, Goldstücke, gelbe Ringe und weiße Ringe mit oder ohne Steinen, gelbe Ketten und weiße Ketten, Anhänger, Broschen, Ohrringe und ein weißes Zigarettenetui.*

* Aus dem Archiv des Staatlichen Museums Majdanek, zitiert in Zofia und Edward Gryniowie, Majdanek, Lublin 1978, Seite 91 ff.

In manchen Konzentrationslagern hatten die Baracken, in denen Wertsachen oder Bekleidungsstücke aufbewahrt wurden, besondere Namen. In Auschwitz hießen sie „Kanada", um den Reichtum auszudrücken, der hier gestapelt war. In Lodz, das die Nazis „Litzmannstadt" nannten, nachdem sie es in das Gebiet des Großdeutschen Reiches eingegliedert hatten, herrschte ein Bremer Kaffee-Kaufmann namens Hans Biebow über die „Gettoverwaltung". Dort wurden alle jüdischen Wertgegenstände aus der Stadt Lodz und dem „Warthegau" gesammelt, auch das, was die in dem Vernichtungslager Kulmhof vergasten Juden vor ihrem Tod abgegeben hatten: Kistenweise verschickte Biebow Bruchsilber an die Deutsche Gold- und Silberscheide-Anstalt in Berlin. Am 20. April 1942 versandte er ein Rundschreiben*: „Nach dem Erlaß vom 23. März 1942 des Herrn Reichsstatthalters fallen sämtliche Vermögenswerte wie Geld, Devisen, Hausrat, Waren, die Eigentum umgesiedelter Juden sind, an die Gettoverwaltung in Litzmannstadt. Die Gettoverwaltung in Litzmannstadt kann rein verwaltungsmäßig die Mithilfe der ortsansässigen Behörden bei der Verwertung jüdischen Gutes nicht entbehren, zumal es auch zweckmäßig erscheint, den anfallenden Hausrat an Ort und Stelle einer neuen Verwendung zuzuführen. Was nach der Umsiedlung der Juden unverzüglich zur alleinigen Verfügung der Gettoverwaltung sichergestellt werden muß, ist folgendes:

1. Maschinen aller Art (Nähmaschinen, Schuhmacher- und Kürschnermaschinen, Drehbänke, Tischlerwerkzeug, Bohrmaschinen, Strickmaschinen und sonstige).
2. Deutsche Reichsmark.
3. Devisen bzw. ausländische Zahlungsmittel.
4. Geprägte Gold-, Silber- und sonstige Münzen aller Art.
5. Edelsteine.
6. Textilien, Leder und sonstige Rohmaterialien aller Art."

Es gibt ein unglaubliches Foto: Der Gettoverwalter Biebow hat sich beim Zählen des Raubes fotografieren lassen, in der einen Hand die Zigarre, in der anderen ein Bündel Geldscheine. Vor sich auf dem Tisch des Herrenzimmers die gehäufte Beute, an der Wand das Bild des Führers.

* Zitiert nach Gerda Zorn, „Nach Ostland geht unser Ritt", Berlin/Bonn 1980, S. 88

Er hat als einer der wenigen seine Strafe erhalten. Wegen einer nicht mehr feststellbaren Zahl von Ermordungen wurde Biebow von einem polnischen Gericht zum Tode verurteilt und hingerichtet.

DIE STEHLER UND DIE HEHLER

Klar, daß sich bei einem so gigantischen Diebstahl auch die kleinen Verbrecher am Raub der Großen beteiligten. Und nicht nur die SS, selbst die armen und verhungerten Häftlinge versuchten zu nehmen, was zu nehmen war. Im Auschwitzer „Kanada" haben viele nur deshalb überlebt, weil sie sich von der Beute der toten Juden ernähren und kleiden konnten. Als gegen Ende des Hitlerterrors die Deportationszüge ausblieben und die Lager leer waren, begann auch für die „privilegierten" Kanada-Häftlinge in Auschwitz wieder der Hunger. Die Polin Krystyna Zywulska erinnert sich aus dieser Zeit an ein schreckliches Gespräch*:

„Aus den Krematorien wurde nichts geliefert. Die Essensrationen blieben unverändert. Die Zeit des furchtbaren Hungers begann wieder. Wir verschlangen das Lagerbrot mit Margarine – aber es gab immer zu wenig davon. Irgend jemand erlaubte sich einen makabren Scherz und sagte zu einer Jüdin vom ‚Kanada': Ein Transport ins Gas würde gut tun, was? Das Mädchen wandte das Gesicht ab und biß sich auf die Lippen."

In Majdanek gab es Häftlinge, die suchten schon vor der SS nach Kostbarkeiten, wenn neue Gefangene ins Lager eingeliefert wurden. Auch bei denen, die unmöglich etwas haben konnten, weil sie zum Beispiel aus den Folterkellern der Gestapo nach Majdanek kamen wie der Pole Zacheusz Pawlak. Der hatte sich freiwillig bei der Gestapo in Radom gemeldet, weil seine beiden Brüder Jan und Tadeusz als Geiseln für ihn gefangengenommen worden waren. Nach vier Monaten fürchterlicher Folterungen, als er dem Selbstmord immer näher war, brachten ihn die Deutschen am 8. Januar 1943 nach Majdanek. Zacheusz Pawlak, nun der Gefangene Nummer 8308,

* Krystyna Zywulska, „Wo vorher Birken waren", München 1979, S. 269

beschreibt den Moment der Einlieferung auf Feld III*: „Die SS-Leute gingen weg. Die Funktionshäftlinge, also die mit den langen Knüppeln, redeten auf uns ein, Gold und Geld abzugeben. In gebrochenem Polnisch, Tschechisch und Slowakisch schrien sie: Gebt das Gold ab, holt es rasch heraus! Die Deutschen werden es Euch ohnehin beim Anziehen der Häftlingskleidung wegnehmen. Ihre Forderung nahmen wir mit einem ironischen Lächeln auf. Wer von uns konnte denn Gold, Wertsachen oder Geld besitzen?"

Wer aber Gold oder Brillanten besaß, der konnte dagegen im Lager Zigaretten eintauschen, Eßwaren oder vielleicht sogar sein Leben. Solch einen Fall schildert der jüdische Häftling Wladimir Blumenfeld, der nach der Zerschlagung des Warschauer Gettoaufstandes zuerst nach Majdanek, dann nach Auschwitz gebracht wurde**: „Bald darauf an Krätze, einem harmlosen Hautausschlag, erkrankt, wurde ich selektiert, auf Block 20 gebracht, um am nächsten Tag vergast zu werden. Meine Rettung verdanke ich Jusek Kenner, der sich einen Brillantring zu verschaffen wußte und ihn dem Lagerältesten schenkte. Der holte mich dann nachts aus dem Block."

Die SS-Leute waren praktisch alle in die Diebereien verwikkelt. Schon ehe das Beutegut bei Samuel Antmann in der Wertsachen-Baracke auf den Tisch geschüttet wurde, um sortiert zu werden, fehlte die Hälfte. Der Lagerkommandant Koch wußte davon, drückte beide Augen zu und bestrafte nur dann, wenn er den Skandal nicht vertuschen konnte. Denn er selbst und seine Frau waren die größten Diebe von Majdanek.

Aber wer von den SS-Leuten konnte schon echte und unechte Steine unterscheiden? Wer wußte um den wahren Wert von Uhren? Wer konnte gutes und schlechtes Gold auseinanderhalten? Wer, außer Samuel Antmann?

So kamen sie auch mit ihrer privaten Beute zu ihm, um sich sagen zu lassen, ob sie ein wertloses oder ein wertvolles Stück erwischt hatten. Oder sie bestellten das Diebesgut gleich bei ihm.

„Zum Beispiel habe ich einem Leutnant eine Brillantuhr begutachten müssen. Also eine goldene Uhr mit 106 Brillanten,

* Aus „Ich habe überlebt" von Zacheusz Pawlak, Hamburg 1979
** Zitiert nach Eugen Kogon, „Der SS-Staat", München 1979, S. 252

ein Vermögen war das. Ich sollte ihm sagen, ob das echt ist oder nicht. Ich hätte ihm können sagen, nein, das ist nicht echt. Aber ich habe ihm gesagt, ja, das sind echte Brillanten, und die Uhr ist sehr viel wert. Da hat er mir zum Dank fast jeden zweiten Tag eine Flasche Wodka gebracht. Ich weiß nicht, wie der geheißen hat, der Mann, es war ein Offizier aus der Wachmannschaft des Lagers. Stellen Sie sich das vor, da waren wir drei Juden im Lager Majdanek, mein Vater, der Weiss und ich, und wir hatten Wodka, soviel wir wollten."

Immer wieder hat Samuel Antmann etwas auf die Seite gelegt, schon damit er den SS-Leuten jederzeit etwas geben konnte, wenn sie in Urlaub fuhren. Gold und Brillanten, Zwanzigdollarstücke, Taschenuhren, Damenuhren. Und sie haben sich erkenntlich gezeigt und haben ihm zu essen gebracht. „Einer, der hat mir jeden Tag ein Huhn gebracht. Aber ich konnte doch damit gar nichts machen. Ich konnte doch nirgends kochen. So habe ich es müssen weggeben."

Für sich selbst hat er auch ein Stück ausgewählt: „Ich wußte ja schon, daß ich nicht irgend etwas in die Tasche stecken kann. Das wird man finden, wenn man mich filzt, zum Beispiel wenn ich in ein anderes Lager komme, wird man mich wieder ganz nackt auskleiden. So hab' ich mir einen Brillanten ausgesucht, den ich mir hier in meinen Zahn hab' einbauen lassen. Es war ein wunderschöner Brillant, zwei Karat 87, blauweiß, lupenrein. Als Fachmann habe ich gewußt, daß er sehr wertvoll ist, und heute würde der Stein in Zürich zumindest 200000 Franken kosten. Dann hab' ich einen jüdischen Zahnarzt gebeten, den ich gut kannte, den Herrn Schlesinger, er soll mir den Brillanten so in das Gebiß einbauen, daß er unsichtbar ist. Das hat er auch getan, später ist er dann ermordet worden bei dem ‚Erntefest', wissen Sie, als man die achtzehntausend Gefangenen ermordet hat und als ich schon weg war."

Alle haben sie von ihm bekommen, was sie wünschten. „Der wollte eine Golduhr haben, hat er sie erhalten. Der wollte seiner Frau ein schönes Geschmeide mitbringen, hat es bekommen. Der wollte für sich einen schönen Ring, hat er ihn aufgesetzt. Ich brauchte ja nur beim Sortieren zu sagen, das da ist Gablonz, schon konnte ich es auf die Seite legen und behalten. Und es waren wirklich schöne Sachen dabei, denn unter den Juden aus der Tschechoslowakei, aus Ungarn und aus Polen gab es ja auch manche sehr reichen Leute. Und sie haben alles mitgebracht, und alles haben sie hier abgeben müssen."

Die SS hat sich dankbar gezeigt. Samuel Antmann bekam ungarische Salami, Lübecker Marzipan, französische Pasteten, deutsche Butter, polnisches Gänsefleisch. Und er bekam die Freiheit, überall im Lager herumzugehen, was sonst keiner durfte, ohne geschlagen, von Hunden gebissen oder erschossen zu werden. Selbst der am meisten gehaßte SS-Mann, der Lagerführer Anton Thumann, hielt seinen Hund zurück, wenn er Samuel Antmann begegnete. Und der, den sie den „Todesengel" nannten, der SS-Rottenführer Emil Laurich, schlug nicht mit seinem Knüppel zu, wenn er mit dem Fahrrad an Samuel Antmann vorbeifuhr.

Der Juwelier lebte, wenn man das so sagen darf, auf der Sonnenseite von Majdanek.

DAS SÜSSE LEBEN DER FAMILIE KOCH

Wo gestorben wurde, da ließ es sich gut leben für die SS. Am besten lebte der KZ-Kommandant Karl Koch mit seiner Frau Ilse, wenn man ein durch und durch korruptes Leben als schön bezeichnen will.

Denn niemand verstand es wie er, sich an dem Leid seiner Opfer zu bereichern. Das bißchen Schmuck und Gold, das ihnen Samuel Antmann in die Wohnung trug, war wenig, gemessen an all dem, das er sich ergaunerte.

Dabei war Majdanek für ihn und seine Frau Ilse schon eine Strafversetzung. Denn vorher waren sie beide in Buchenwald. Sie hatten einen eigenen Bärenzwinger, und die Tiere wurden nicht nur mit dem besten Fleisch gefüttert, sondern auch mit Honig und Marmelade, alles aus der Häftlingsküche. Frau Koch ließ sich von den Gefangenen, die wie Privatsklaven der Kochs gehalten wurden, eine Reithalle in den Maßen 40 mal 100 Meter bauen und innen mit Wandspiegeln verkleiden. Selbst die SS-Leute mußten für das Privatvergnügen der Familie Koch herhalten, zum Beispiel mußte die SS-Kapelle jeden

1906 verlobte sich Bertha Schenk mit dem Juwelier Adolf Antmann, der seinen Militärdienst in Bratislava abdiente. Im selben Jahr heirateten sie

Rechte Seite oben: Adolf Antmann, 1929 mit Warschauer Verwandten (beim Getto-Aufstand ermordet)

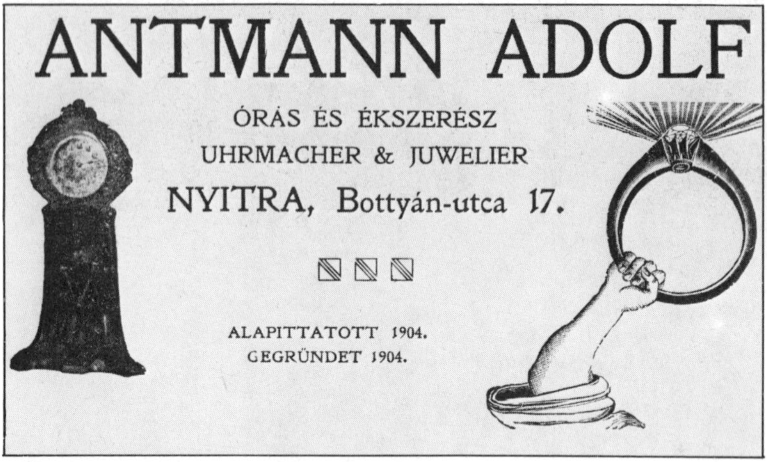

Deutsch und ungarisch war der Text der Geschäftskarte des wohlhabenden Juweliers Antmann. Außer dem Stammgeschäft in Neutra hatte er fünf Filialen in der Slowakei

Rechte Seite unten: Bertha Antmann 1931 im »Waldhotel« in Bad Luhačovich (stehend, neben dem Hoteldirektor)

ONTI Lesní hotel v Luhačovi

Zur Silberhochzeit der Eltern 1931 in Neutra waren die vier Söhne Eugen (erschossen beim »Erntefest« in Majdanek), Ignaz (nach Israel ausgewandert), Alexander (in Majdanek erschossen) und Ferdinand (nach Israel ausgewandert) gekommen. Samuel Antmann war zu dieser Zeit in Prag

Abschied fürs Leben: Im Herbst 1938, ehe Ferdinand Antmann (rechts) nach Israel auswanderte, ließ er sich zusammen mit seinen Brüdern Alexander und Eugen fotografieren

Linke Seite:
Ein Fotograf am Wenzelsplatz in Prag machte 1925 diese Aufnahme vom 17jährigen Samuel Antmann

»Vorkämpfer für die Gründung des Staates Israel« hieß das jüdische Komité in Neutra, hier 1931 fotografiert von Samuel Antmann. Von links: Pelzwarenhändler Gottlieb aus Neutra, ermordet in Majdanek. Juwelier Jozef Antmann, ein Vetter von Samuel, lebt heute in Israel. Arthur Antmann (sitzend), der Gründer des Komités, lebt heute in Kfar Saba bei Tel Aviv. Alexander Antmann, ermordet in Majdanek. Drucker Eugen Streicher aus Neutra, in Majdanek erschlagen. Drucker Ney aus Neutra, lebt heute in Tel Aviv. Ein Unbekannter aus Neutra, in Majdanek umgekommen

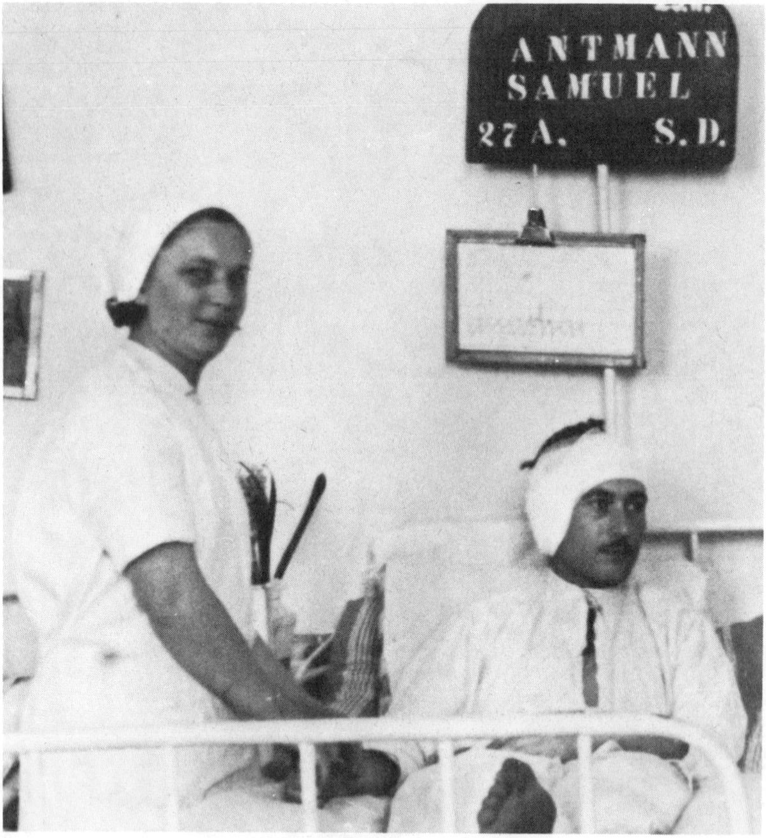

Samuel Antmann am 10. März 1936 nach einer Operation in der Deutschen Ohrenklinik in Prag

Rechte Seite: Am 4. Mai 1939 schrieb Samuel Antmann diese Karte an seinen Vater in Neutra: »Ich glaube an Gott und hoffe an eine bessere Zukunft. Bubi«

In der Emigration,
Kraków, Mai 1939

PASS

PASS

für ehemalige Kz.-Häftlinge

FOR FORMER CONCENTRATION CAMP PRISONERS

Name Antmann, Samuel
NAME

Nation Czechoslowakei
NATIONALITY

Lager Oranienburg Nr. 7102o
CAMP NO

Stadtinspektor

Samuel Antmann 1965 auf einer Reise nach Warschau, drei Jahre vor seiner Emigration nach Zürich

*Linke Seite:
Im Juni 1945 stellte die Hansestadt Lübeck Samuel Antmann einen Paß aus. Über das Foto ist schräg gestempelt »Durch Alliierte befreit«, und auf der Seite 3 steht: »Bekleidung/Schuhe kompl. erhalten, in bar 30,–«*

Bruchmann Samuel 1. 3. 14
Lernbach Adolf 21. 8.16
Gosemann Bartolomeus 13. 6.05
Grünfeld David 21. 1.02
Schwartz Mendel 19. 6.97
Engländer Isak 28. 9.08
Ornstein Israel 15. 6.06
Guttmann Ernst 1. 6. 22 Jasina
Mann Maxmilian 15. 2.98 Surčany
Dunst David 30. 5.09 Nitra
4594 " Roth Max 9. 6. 25 Nitra -"-
5108 " Marmorstein Eugen 19. 4.10 Asakert -"-
5125 " Antmann Alexander 29.12.81 Aleksince -"-
5355 " Braun Moritz 9. 5. 07 Stropkov -"-
5816 " Tuschak Eugen 18. 5.10 Kamionka -"-
5843 " Friedmann Anton 29. 6.14 Gelnica -"-
7628 " Morgenbesser Rudolf 1. 11.09 Handerovice -"-
9874 " Fischer Alexander 26. 6.20 Poprad -"-
9893 " Riedermann Josef 31. 5.26 Parizovce -"-
10024 " Geller Arthur 28.10.05 Nikov
10037 " Weiss Adalbert 25. 3.99
10112 " Goldmann Chaskel 21. 5.00
10483 " Wilhelm Hugo 4. 10.26
10661 " Stern Samuel 8. 12.26
10717 " Tuscherer Alexander 21. 4.13
10868 " Fröder Juda 2. 12.96
2108 poln. Fergenbaum Mendel 18.12.1
5532 " Blatt Josef 14.12.1
6716 " Gang Simcha 12.
6839 " Brzytew Leibusch --.--
7337 " Fischbaum Chil --.--
8332 " Kirszt Wolf --.
8437 " Gelber Moschek --.
8615 " Geisgut Schmul --.
8879 " Rosenzweig Jankel 22.
8950 " Friedmann Hans 26.
5690 deutsch. Haberfeld Maxmilian
6235 " Ansbacher Heinz
7747 " Eisen Ludwig
7359 " Lion Leo
" Rose
" Sch

Eines der wenigen übriggebliebenen SS-Dokumente von Majdanek: eine Totenliste mit dem Namen von Alexander Antmann, Bruder des Juweliers von Majdanek

Meine Allernächsten Verwandten die in Konzentrationslagern vernichtet wurden:

Bäck Mayer und seine Frau, die meine Cousine war, auch seine 4 Kinder in KZ Majdanek

Karl Pollák Vizebürgermeister in Gross-Tapolcsan, mein Onkel und seine Frau.

Arnold Antmann Juwelier in Tyrnau mein Onkel und seine Frau.

Georg Weisz Grosskaufmann in Budapest Dobb ucca 11 mein Onkel, seine Frau und 2 Söhne mit Frauen.

Samuel Neumann Grosskaufmann in B-pest Király ucca 27 mein Onkel, seine Frau und Sohn.

Dux, Kaufmann in Budapest Üllői ucca 5 mein Onkel, auch seine Frau und Tochter mit Schwiegersohn

Mein Vater, Mutter und 2 Brüder in KZ. Majdanek

1945 schrieb Samuel Antmann die Namen aller ermordeten Familienangehörigen auf. Es waren 92, aber der Bogen ging verloren. Im Herbst 1980 versuchte er noch einmal, sich zu erinnern. Er kam nur auf 24 Namen

Samuel Antmann, 72 Jahre alt, Pensionär in Zürich. Für einen befreundeten Uhrmacher repariert er täglich noch ein paar Uhren

Morgenritt der Kommandeuse von Buchenwald musikalisch begleiten. Und auch fürs Bett ließ sich die Ilse Koch SS-Offiziere kommen, was vor aller Häftlingsaugen geschah: den Lagerarzt Dr. Waldemar Hoven zum Beispiel und den Lagerführer Hermann Florstedt. Hoven mußte ihr auch nach Lublin folgen, als sie und ihr Mann aus ihrer Buchenwalder Villa nach Polen strafversetzt wurden. Und dort hat wiederum der jüdische Häftling Samuel Antmann die verschiedenen Liebhaber der Ilse Koch gesehen. Die „reine Lebenshaltung" der SS-Führer, die Heinrich Himmler von seinem „Orden" forderte, war gerade bei den KZ-Schergen nur eine Farce. Syphilis war es denn auch, die das Buchenwalder Protzleben des KZ-Kommandanten und SS-Standartenführers Koch beendete. Geizig wie er war – selbst den Stromzähler in seinem Haushalt hatte er überbrückt, um den Nazistaat um das Stromgeld zu betrügen –, hatte er die Syphilis nicht von einem Arzt, sondern von dem Buchenwalder KZ-Gefangenen und Revierkapo Walter Krämer und seinem Stellvertreter Karl Peix behandeln lassen. Die beiden waren auch über viele Schiebungen des Lagerkommandanten und seiner Frau informiert. Als Koch eines Tages erfuhr, daß vom Finanzamt Weimar eine Untersuchung der Millionenumsätze der Kantine des Konzentrationslagers Buchenwald eingeleitet worden sei, da ließ Koch die beiden Häftlinge Krämer und Peix ins Außenlager Goslar bringen und dort im November 1941 „auf der Flucht" erschießen.

Aber er hatte an eines nicht gedacht: daß sein Vorgesetzter, der SS-Obergruppenführer und General der Waffen-SS Erbprinz Josias zu Waldeck-Pyrmont, ebenso korrupt war wie er selbst und sich aus denselben Quellen bediente und von denselben Gefangenen behandeln und massieren ließ. Dem fiel das plötzliche Verschwinden der beiden Leute auf, er erfuhr von dem Doppelmord, und da er zugleich „SS-Gerichtsherr" war, leitete er ein Untersuchungsverfahren gegen Koch und andere ein.

Zunächst kam er damit bei Himmler nicht durch. Der Filz der korrupten SS-Leute war zu dicht. Und wer etwas Belastendes wußte, starb plötzlich eines unnatürlichen Todes. Doch dann, noch im November 1941, wurde Koch von Buchenwald nach Lublin versetzt. Er mußte sein aus Häftlingsgeldern zusammengestohlenes Luxusleben, sein Motorboot auf dem Edersee, seine schöne Villa verlassen. Mit ihm seine Frau, der Lagerarzt Hoven und der Schutzhaftlagerführer Hermann Hackmann, der sich aus unterschlagenen Geldern der Buchenwald-Kantine ein großes Auto zusammengespart hatte.

Der Chronist des Konzentrationslagers Buchenwald, Eugen Kogon, hat in seinem Buch „Der SS-Staat" diese Episoden im Leben des Standartenführers Koch und seiner Frau Ilse aufgezeichnet.*

Nun war es der Juwelier von Majdanek, Samuel Antmann, in dessen Blickfeld die Kochs, der SS-Arzt Dr. Waldemar Hoven und der Schutzhaftlagerführer Hermann Hackmann gekommen waren.

„Er kam nicht zur Tür herein, der Hackmann", erinnert sich Samuel Antmann. „Er klopfte an das Seitenfenster. Und natürlich wußte er meinen Namen. ‚Mach mal auf, Antmann', rief er leise, wenn es draußen dunkel war. Dann wollte er wieder etwas haben."

Besonders oft kam der Dr. Hoven, „ein sehr eleganter, fescher Mann, der mich fast täglich besucht und sich mit mir unterhalten hat, und dann hat er ein wenig mitgenommen. Ich kann als Fachmann sagen, es waren immer sehr wertvolle Gegenstände. Auch von den Golddollars hatte ich ja einige auf die Seite gelegt, etwa fünfzig Stück, und davon habe ich auch diesen SS-Leuten gegeben."

Manchmal hatten sie auch schon schöne Wertgegenstände bei sich und wollten von Samuel Antmann nur noch bestätigt haben, daß es echtes Gold sei und echte Brillanten, die sie sich geraubt hatten. „Der Hackmann hat mir einmal, als er wieder an das Fenster geklopft hatte, eine dicke Goldkette gezeigt und mich gefragt: ‚Sieh mal, Antmann, ist die wirklich echt?'"

Der Lagerkommandant und seine Frau waren nun vorsichtiger geworden als in Buchenwald. Zwar kam Koch gelegentlich auch selbst in Samuel Antmanns Werkstatt. Aber er nahm keine Stücke mit. Er ließ sie sich bringen. Nur die Uhrreparaturen ließ er von Antmann ausführen, und einmal mußte ihm der Juwelier in eine dicke silberne Kette, eine Art Schützen-

* Eugen Kogon, „Der SS-Staat", München 1979, S. 324 ff

schnur, die Anfangsbuchstaben der Namen seiner Frau und seiner Kinder in goldenen Lettern hineinlöten.

Koch hatte entsetzliche Angst davor, an die Front kommandiert zu werden. Diese Angst hatten sie alle. Die Konzentrationslager waren die besten Druckposten. Gefahrlos konnte man hier den Krieg überstehen und dabei noch reich werden. Kein Wunder, daß sich hier die übelsten Figuren zusammenfanden.

Die Lebensläufe der meisten KZ-Wächter lesen sich denn auch wie Ganovenstücke: Karl Koch, 1897 geboren als Sohn eines Darmstädter Standesbeamten, wird Buchhalter, fliegt bei sieben Firmen hinaus, wird wegen Portokassendiebstahls bestraft, wird 1931 Mitglied der Hitlerpartei, aber ein Jahr später wegen Unterschlagung wieder ausgeschlossen, wird wieder aufgenommen. 1935 wieder ein Strafverfahren gegen ihn wegen Unterschlagung, aber er „bewährt sich" als Kommandant des Gestapo-Folterkellers im Columbia-Haus in Berlin. Dann geht seine Mörderlaufbahn über das KZ Esterwegen nach Buchenwald und schließlich nach Lublin.

Unter polnischen Verhältnissen, also etwas bescheidener, bauen er und seine Frau Ilse wieder neuen Wohlstand auf, wenn sie auch nie wieder 600 Flaschen französischen Wein und 30 ganze Schinken im Keller hatten wie in Buchenwald und nicht mehr, wie dort, vor dem Problem standen, was sie mit den 200 aufgegangenen Konservengläsern Entenfleisch machen sollten, die sie in Buchenwald dann an die Kantine verkauften.

DER HERR RICHTER LÄSST VERGIFTEN

Eines Tages fand sich bei Samuel Antmann in der Werkstatt ein Richter ein. Auch er war an Gold und Schmuck interessiert, aber vor allem an den Aussagen des jüdischen Juweliers. Es war kein formelles Verhör, eher ein bespitzelndes Gespräch. Antmann weiß heute nicht mehr, worum es eigentlich genau ging.

„Es war ein Richter, ein SS-Offizier, der die SS-Leute verurteilt hat. Ich wurde auch als Zeuge gegen einen SS-Mann vorgeladen. Er hatte irgend etwas getan, was bei uns nicht erlaubt war. Aber ich weiß nicht mehr, was es eigentlich war. Dann wurde der SS-Mann bestraft. Er durfte zehn Tage lang nicht in die Stadt gehen. Das habe ich später erfahren, man hat es mir gesagt, oder der SS-Mann hat es mir dann sogar selbst gesagt."

Dabei ging es dem Richter sicher weniger darum, wegen irgendeiner kleinen Gaunerei irgendeinen kleinen SS-Mann mit Ausgangssperre zu bestrafen. Es ging ihm um Koch, und für den ging es um Kopf und Kragen.

Der SS-Richter hieß Konrad Morgen. Er war der Vertraute von Kochs schlimmstem Feind, dem Erbprinzen Josias zu Waldeck-Pyrmont. Auch der war vor allem daran interessiert, nicht als Soldat an der Front kämpfen zu müssen und sein Leben zu riskieren, deshalb kämpfte er im Hinterland einen gigantischen Aktenkampf gegen den Filz der KZ-Schergen, während einige hundert Kilometer weiter östlich Hitlers Truppen gegen die Sowjetarmee zu verlieren begannen.

Samuel Antmann hatte keine Ahnung, daß auch er in diesem Kampf der SS-Verbrecher untereinander seine Rolle spielte und daß sein Leben in dieser Zeit so gefährdet war, als komme er gerade mit einem Judentransport vor den Gaskammern von Majdanek an. Er konnte auch keine Ahnung haben, denn die Untersuchung gegen Koch und andere war eines der bestgehüteten Geheimnisse der SS.

In dieser Zeit stellte der SS-Sturmbannführer Morgen nämlich fest, daß die Bande um Koch wieder einen SS-Mann ermordet hatte, der zuviel wußte und geplaudert hatte: Der SS-Oberscharführer Köhler war in den Arrestbunker des Konzentrationslagers Buchenwald eingesperrt worden und dort plötzlich gestorben. Es hieß, er habe wegen seiner Verfehlungen Selbstmord begangen. Doch SS-Richter Morgen ordnete eine Leichenobduktion an, und dabei wurde ein starkes Pflanzengift festgestellt. Um herauszufinden, welches Gift es war, ließ sich Richter Morgen von der Gestapo-Zentrale in Berlin die Genehmigung zu einem Experiment geben: Vier verschiedene Gifte wurden mit der Nudelsuppe vier sowjetischen Gefangenen des Konzentrationslagers Buchenwald eingegeben. Sie zeigten zwar Vergiftungserscheinungen, starben aber nicht.

Daraufhin ließ der SS-Richter sie ins Krematorium von Buchenwald bringen, dort ermorden und verbrennen.

Auch vom Ausgang der mörderischen Ermittlungen dieses SS-Richters hat Samuel Antmann erst nach dem Kriege erfahren. Denn als Karl und Ilse Koch 1943 verhaftet wurden und mit ihnen der Lagerarzt Dr. Hoven, der Schutzhaftlagerführer Heinrich Hackmann und der SS-Sturmbannführer Florstedt, da war der Juwelier von Majdanek längst in der Uhrmacherwerkstatt des Konzentrationslagers Oranienburg-Sachsenhausen.

Der SS-Prozeß fand in Buchenwald statt. Der KZ-Kommandant Karl Koch wurde ebenso wie der Schutzhaftlagerführer Hackmann und der Sturmbannführer Florstedt zum Tode verurteilt, Ilse Koch wurde freigesprochen, der Arzt Dr. Hoven „auf Bewährung" entlassen. Himmler wollte auch den drei zum Tode Verurteilten die Möglichkeit geben, sich an der Front zu „bewähren". Doch der Erbprinz Waldeck-Pyrmont ließ seinen speziellen Feind Koch auf eigene Faust im KZ Buchenwald erschießen. Wahrscheinlich auch Florstedt, soweit nach dem Kriege bekannt wurde. Nur Hackmann kam lebend davon, war einige Zeit im KZ Dachau eingesperrt und versuchte sich nach der Befreiung als Opfer des Faschismus auszugeben.

SS-Richter Morgen ist am 7. August 1946 als Zeuge im Nürnberger Kriegsverbrecher-Prozeß aufgetreten. Er sollte einer der 22 Entlastungszeugen für die als „verbrecherische Organisation" angeklagte SS sein. Doch der Rechtsanwalt und Notar Dr. Konrad Morgen war viel zu schlau, als daß er sich zur Entlastung für seine ehemaligen Kameraden hergegeben hätte und dadurch womöglich selbst mit dem Kopf in die Schlinge geraten wäre. Seine Nürnberger Aussage war ein Meisterstück gerissener Vermischung von Wahrheit und phantastischer Unwahrheit.

Immerhin rief er bei seinen ehemaligen Mordkumpanen den Eindruck hervor, er sage zu ihren Gunsten aus. Einer der Verteidiger der SS, der Rechtsanwalt Carl Haensel, hat den Auftritt Dr. Morgens exakt beschrieben:

„Es war ein großer hagerer Mann, der sich nun in den Zeugenstuhl kauerte, mit dunklen, brennenden Augen. Er sah sich zu Beginn seiner Vernehmung scheu um, als ob er sich vergewissern wollte, ob auch die schweren Saaltüren geschlossen waren, so daß die Erinnyen der Erinnerung ihn nicht bis hier hinein verfolgen könnten, die ihn manchmal bis an den Rand der Fassungskraft erschöpft haben. Göring bemerkte kurz nach Beginn seiner Vernehmung: Das ist der beste Zeuge, der in diesem Prozeß aufgetreten ist. Diese Bemerkung mußte schon mißtrauisch machen, aber man kann nie die Wirkung einer Aussage im voraus bestimmen, nicht einmal auf der Bühne kann man es, geschweige denn im überraschenden Spiel der forensischen Wirklichkeit.

‚Wie kamen Sie zu den Untersuchungen in den Konzentrationslagern?'

‚Ich war auf Befehl des Reichsführers SS wegen meiner besonderen kriminalistischen Fähigkeit vom Hauptamt SS-Gericht zum Reichspolizeiamt Berlin kommandiert. Dort erhielt ich kurz nach meinem Eintreten die Aufgabe, einen Korruptionsfall in Weimar zu untersuchen. Der Beschuldigte war ein Angehöriger des Konzentrationslagers Weimar, Buchenwald. Die Untersuchungen führten bald auf die Person des früheren Kommandanten Koch, auf zahlreiche seiner Unterführer und Führer, darüber hinaus griffen sie über auf eine Reihe anderer Konzentrationslager. Als diese Untersuchungen größeren Umfang annahmen, erhielt ich Vollmacht des Reichsführers SS, generell für derartige Untersuchungen in Konzentrationslagern tätig zu sein.'

Diese Aussagen zeigten, daß der Zeuge direkten Einblick in die Verhältnisse der KZs hatte. Er gab zunächst eine günstige Schilderung der Lage in den KZs.

‚Hatten Sie den Eindruck gewonnen und zu welchen Zeiten, daß die Konzentrationslager Menschenvernichtungsstätten waren?'

‚Diesen Eindruck habe ich nicht gewonnen. Ein KZ ist keine Menschenvernichtungsstätte.'

Der Vorsitzende: ‚Von welchem Zeitpunkt sprechen Sie?'

‚Ich spreche vom Beginn meiner Untersuchungen, Juli 1943.'

Aber sehr bald berichtet der Zeuge nun dort von raffinierten Tötungen in Buchenwald, denen er im Laufe des Jahres 1943 auf die Spur kam.

‚Wie kamen Sie auf die Ursachen der Massenvernichtungen, wenn Sie eben von Einzelvernichtungen gesprochen haben?'

‚Ich kam auf die Spuren der Massenvernichtungen ebenfalls durch einen Zufall. Eines Tages kam zu mir ein Bericht des Kommandeurs der Sicherheitspolizei Lublin: Es war in seinem Bezirk in einem jüdischen Arbeitslager eine Hochzeit gefeiert worden. An dieser Hochzeit hatten sich 1100 geladene Gäste beteiligt. Mitten unter diesen Juden hätten Angehörige der Lagertruppen, also irgendwelche SS-Angehörige, gesessen. Ich nahm an, durch diesen Hinweis Anhaltspunkte für ein weit größeres Korruptionsverbrechen zu erhalten.

In dieser Absicht fuhr ich nach Lublin. Ich sprach bei der Sicherheitspolizei vor und erhielt den Hinweis, daß die Möglichkeit bestände, es handle sich hier um – man drückt sich so aus – ein undurchsichtiges oder eigenartiges Lager in der Nähe von Lublin. Ich machte dieses Lager ausfindig. Der Kommandant war der Kriminalkommissar Wirth*.

Ich fragte Wirth, ob dieser Bericht zuträfe oder was es damit auf sich habe. Daraufhin gab Wirth zu meinem grenzenlosen Erstaunen diese Vorfälle zu. Ich fragte ihn, wie er und insbesondere Angehörige seines Kommandos dazu kämen. Darauf enthüllte mir Wirth, er habe im Auftrage des Führers die Judenvernichtung durchzuführen.

Ich fragte dann Wirth, was dieser Auftrag mit der jüdischen Hochzeit zu tun habe. Er schilderte daraufhin das ganze Verfahren, das jedesmal wie ein Film ablief. Die Vernichtungslager befanden sich im Osten des Generalgouvernements in großen Wäldern oder unbebauten Ödländern. Sie waren aufgebaut wie ein Potemkinsches Dorf, die Ankommenden hatten den Eindruck, in eine größere Stadt oder Siedlung zu kommen. Der Zug fuhr in einen Scheinbahnhof hinein. Nachdem Begleitpersonal und Zugpersonal das Gelände verlassen hatten, wurden die Waggons geöffnet, und die Juden sahen sich sofort von jüdischen Arbeitskommandos umgeben.

Nachdem Wirth beruhigende Worte an seine Opfer gefun-

* Es handelte sich um das Vernichtungslager Treblinka. Wirth war nicht der Kommandant des Lagers Treblinka, sondern Inspekteur aller Vernichtungslager im Bezirk Lublin, also Belzec, Sobibor und Treblinka. Er wurde am 26. Mai 1944 in der Nähe von Triest erschossen, wahrscheinlich von seinen eigenen Kumpanen.

den hatte, traten sie ihren Weg in den Tod an. In der ersten Station, Frauen und Männer getrennt, hatte man seinen Hut abzugeben, in der nächsten seinen Rock, seinen Kragen, sein Hemd, bis auf Schuhe und Strümpfe. Dafür bekam er bei einer als Garderobe eingerichteten Stelle jedesmal eine Kontrollmarke in die Hand, so daß die Leute glaubten, sie bekämen nachher ihre Sachen zurück. Dabei hatten die anderen Juden die Aufgabe, die Sachen in Empfang zu nehmen und im übrigen die Angehörigen anzutreiben, damit sie überhaupt nicht zur Besinnung kämen. Das Ganze ging wie an einem laufenden Band, und so gelangten sie nach der letzten Station in einen großen Raum, von dem gesagt wurde, es wäre das Bad. Wenn der letzte drinnen war, wurden die Türen geschlossen, und dann hat man Gas in den Raum einströmen lassen.'

Dem Zeugen wurde entgegengehalten, ob er diese Darstellung Wirths geglaubt habe.

Er antwortete, daß sie ihm zunächst phantastisch erschienen sei. Er habe dann aber Wirths Kurierverkehr beobachtet. Die Kuriere seien von Berlin aus der Tiergartenstraße und der dortigen Kanzlei des Führers gekommen und dorthin wieder gegangen. Er habe in den Schriftverkehr Wirths Einsicht genommen und vieles bestätigt gefunden."*

Phantastisch, wie der Richter Morgen dem Gericht weismachen will, er habe zunächst selbst an eine „Hochzeitsfeier" und an „geladene Gäste" geglaubt.

Die Schilderung des Scheinbahnhofs war im Nürnberger Prozeß schon von einem anderen Zeugen gegeben worden. Der polnische Jude Samuel Rajzman, Bücherrevisor aus Warschau, erklärte dem Gericht, er sei vom August 1942 bis August 1943 Häftling in Treblinka II gewesen. Der Weg der Häftlinge ins Lager sei von den Deutschen „Himmelfahrtsweg" genannt worden: „Jeden Tag kamen dort Transporte an, 3, 4, 5 Züge, die ausschließlich mit Juden aus der Tschechoslowakei, Deutschland, Griechenland und Polen angefüllt waren. Sofort nach ihrer Ankunft mußten alle Leute innerhalb von fünf Minuten den Zug verlassen und auf dem Bahnsteig Aufstellung nehmen. Sie wurden aus den Zügen gejagt und in

* Zitiert nach Haensel, „Das Gericht vertagt sich", Wiesbaden/München 1980, S. 309 ff.

Gruppen eingeteilt, Frauen und Kinder zusammen und die Männer abgesondert . . . Die Menschen mußten durch die Straßen bis zur Gaskammer nackt gehen . . . Zu Anfang gab es noch gar keine Schilder auf dem Bahnhof, aber nach einigen Monaten hat der Lagerkommandant, ein gewisser Kurt Franz*, eine erstklassige Station mit Schildern bauen lassen, und auch auf den Baracken, wo die Kleider aufbewahrt waren, wurden Aufschriften wie Kasse, Buffet, Lager, Telephon, Telegraph und so weiter angebracht. Es waren auch gedruckte Fahrpläne für die Züge von und nach Grodno, Suwalki, Wien, Berlin vorhanden."

Oberjustizrat Smirnow: „Also verstehe ich Sie richtig, Herr Zeuge, daß die Station Treblinka nur einen Scheinbahnhof darstellte, in dem Fahrpläne und Hinweise auf sogenannte Bahnsteige zur Abfahrt verschiedener Züge nach verschiedenen Städten wie Suwalki und so weiter vorhanden waren. Ist das richtig?"

Rajzman: „Beim Verlassen des Zuges hatten die Leute wirklich den Eindruck, sich auf einer normalen Station zu befinden, von wo aus Züge nach anderen Städten wie Suwalki, Wien, Grodno und so fort weiterführen."

Oberjustizrat Smirnow: „Sagen Sie, Herr Zeuge, wie kam es, daß Sie selbst in Treblinka am Leben geblieben sind?"

Rajzman: „Ich stand schon nackt, um auf der Himmelfahrtstraße zur Gaskammer zu gehen. Mit einem Transport waren etwa 8000 Juden aus Warschau angekommen. Im letzten Augenblick, bevor wir auf die Straße traten, hat mich der Ingenieur Galeski bemerkt, ein Freund aus Warschau, den ich schon viele Jahre kannte. Er war Aufseher über die jüdischen Arbeiter. Er sagte mir, ich solle zurückkehren, da man einen Dolmetscher aus dem Hebräischen ins Französische, Russische, Polnische und Deutsche brauche. Und auf diese Weise gelang es ihm, mich anzustellen. Nach zwei Tagen Lagertätigkeit brachte man aus der Stadt Waingrowa meine Mutter,

* SS-Obersturmführer Kurt Franz wurde am 2. Dezember 1959 festgenommen (in seiner Wohnung fand sich ein Fotoalbum „Die schönsten Jahre meines Lebens" mit zahlreichen Bildern aus dem Vernichtungslager Treblinka). Am 3. September 1965 verurteilte ihn das Schwurgericht Düsseldorf wegen gemeinschaftlichen Mordes an mindestens 300000 Menschen zu lebenslanger Haft.

meine Schwester und meine beiden Brüder. Ich mußte zusehen, wie diese zur Gaskammer geführt wurden. Einige Tage später, als ich Kleider in die Waggons trug, fanden meine Kollegen die Dokumente meiner Frau und meines Kindes. Das ist alles, was von meiner Familie übrigblieb. Nur eine Photographie."*

DAS BAD IN DER GASKAMMER

Was der ehemalige Kriminalkommissar Christian Wirth aus Stuttgart in Treblinka erfunden und dem SS-Richter Konrad Morgen stolz erläutert hatte, die Ermordung von Menschen wie am laufenden Band mit Hilfe von Gaskammern, davon hatte der „Führer" des Großdeutschen Reiches, Adolf Hitler, schon lange vorher in seinem Buch „Mein Kampf" geträumt: „Hätte man zu Kriegsbeginn (1914) einmal zwölf- oder fünfzehntausend dieser hebräischen Volksverderber unter Giftgas gehalten!"**

Nun geschah es, nach der Methode Wirth, und es waren nicht nur zwölf- oder fünfzehntausend. Jeden zweiten, dritten Tag sah Samuel Antmann sie ankommen und wie sie selektiert wurden, links die ins Gas, rechts die ins Lager. Und dann war wieder ein SS-Mann bei ihm und holte die Büchsen ab mit dem Zyklon B.*** Anschließend kam dann Worster mit dem Koffer, dessen Inhalt Samuel Antmann zu sortieren hatte. Und nach ein paar Stunden war dann auch oft Mussfeldt da, SS-Oberscharführer Erich Mussfeldt, der Leiter des Krematoriums. Der hatte Nachlese gehalten und in der Asche noch so manches brauchbare Stück gefunden, und auch das Zahngold brachte er. Und an seinem Fenster klopften sie „Antmann, mach mal auf" und ließen sich von ihm etwas geben, Hackmann oder später dessen Nachfolger, der SS-Obersturmführer Anton Thumann. Oder Emil Laurich, der „Todesengel", und der Adjutant des Kommandanten, Friedrich Höcker.

Sie brachten Wurst, Brot und Butter. So daß Samuel Ant-

* Zitiert nach Steiniger, „Der Nürnberger Prozeß", II. Band, Berlin 1957, S. 471 ff.
** Zitiert nach Heydecker/Leeb, „Der Nürnberger Prozeß", Köln 1979, S. 398 f.
*** Leiter der Gaskammern war der SS-Oberscharführer Erich Endres.

mann kaum mehr wußte, wie sie draußen auf den Feldern des Lagers hungerten, die mit dem Leben gerade noch Davongekommenen.

Eine Frau hat dieses Leben auf dem Feld genau aufgezeichnet*. Die Gewerbelehrerin Irina Marszalek. Sie war am 8. Januar 1943 mit einem Gefangenentransport aus Radom nach Majdanek gekommen und auf das Feld V des Lagers gebracht worden. Sie schreibt:

„Statt eines WC waren hölzerne Tragen an den Zäunen zwischen den Baracken aufgestellt. Sie waren schnell mit menschlichen Exkrementen bis an den Rand gefüllt. Dann wurden sie von dem ‚Scheißekommando', das waren nur Frauen, durch das Lagertor getragen und auf den umliegenden Feldern ausgeleert. So wurde der Boden fruchtbar gemacht.

Zwölf Tage vergingen. Wir hatten kein Wasser zum Waschen. Im Block war es kalt, der Frost hielt an. Ich träume davon, mich waschen und andere Kleidung anziehen zu können.

Dann kam der 20. Januar. Eine SS-Aufseherin erschien und befahl uns, übersetzt von der Dolmetscherin, wir sollten uns zum Baden vorbereiten und alles mitnehmen, auch Ersatzwäsche. Nichtsahnend nahmen wir wirklich alles mit, auch was uns die Familien ins Gefängnis geschickt hatten.

Wir gehen an dem leeren Zwischenfeld vorbei, das uns vom Feld IV, einem Männerfeld, abgrenzt. Wir gehen am III., II. und I. Feld vorbei, links liegen die Werkstätten, und schließlich halten wir bei der letzten Baracke, dem Bad. Links, in einigem Abstand vom Lagertor, liegt ein ziemlich großer, leerer Platz, für sich eingezäunt. Später habe ich erfahren, wozu er dient. Hier mußten die für das Vergasen vorgesehenen Opfer auf den Eintritt ins Bad warten.

Der Dampf ist ein wenig gewichen, ich kann jetzt die kleinen und hochgelegenen Fenster sehen, dahinter die Gesichter von SS-Leuten. Sie beobachten uns, so wie sie sonst ihre Vergasungsopfer beobachten. In der Ecke am Eingang steht eine steinerne Wanne. Sie ist mit Lysol gefüllt, zur Desinfektion. Die Türen öffnen sich, zwei SS-Männer und die Aufseherin

* Unveröffentlichter Bericht aus dem Archiv des Staatlichen Museums Majdanek

unterhalten sich und lachen dabei. Auch der Kapo benimmt sich ungehemmt: Von Zeit zu Zeit gibt er einer der nackten Frauen einen Klaps auf den Po.

Das Wasser wird abgestellt. Jede von uns muß in die steinerne Wanne tauchen. Dann stehen wir in einer zweiten Schlange zum Flittieren an: Ein SS-Mann hält einen großen Zerstäuber mit Flit in der Hand. Wir müssen die Hände hochheben, alle haarbewachsenen Körperpartien werden bespritzt. Die Siegergesellschaft lacht dabei.

Durch eine andere Tür müssen wir das Bad verlassen. Wir kommen nicht zu unserer Kleidung zurück, sondern in einen dritten Raum. Hier stehen Häftlinge vor Haufen von Bekleidungsstücken, die sie uns austeilen sollen. Es ist sehr kalt, wir frieren. Nacheinander erhalten wir die Zebras, die gestreiften Häftlingsjacken, Röcke, Hüftgürtel, Strümpfe, Kopftücher. Alles ist furchtbar schmutzig, nichts paßt.

Meine Wäsche ist so schmutzig, daß ich sie nicht anzuziehen wage. Statt dessen ziehe ich auf die nackte Haut die gestreifte Häftlingskleidung an, binde das Kopftuch um. An den Füßen trage ich meine Sommer-Holzschuhe von Bata, die ließ man uns ins Bad mitnehmen.

Der SS-Mann sieht auf meine Beine, befiehlt mir mitzukommen. Er bringt mich in eine Baracke, in der beiderseits Tausende Schuhe liegen. Er sucht mir ein Paar Schuhe mit hohen Absätzen und halbhohen Schäften aus. Früher haben sie wohl einer Tänzerin gehört. Ich muß die Schuhe anziehen und meine Holzschuhe stehenlassen. Als ich wieder zu meinen Kameradinnen zurückkomme, werden sie eifersüchtig, weil meine Schuhe besser vor Schnee und Kälte schützen als ihre.

Alle sind wir jetzt in Häftlingskleidung, einheitlich, bis auf die Kopfbedeckungen. Viele tragen Kopftücher, manche Mützen, manche extravagante Hüte. Alle zittern wir vor Frost. Als wir unsern Block erreichen, weicht die Spannung. Wir betrachten unsere Hüte und brechen in Gelächter aus. Es ist die Freude, aus einem Bad zurückgekommen zu sein, aus dem nur wenige zurückkehren."

IM ROSENGARTEN WARTET MAN AUF DEN TOD

Aus der Anklageschrift der Staatsanwaltschaft Düsseldorf in der Strafsache gegen Hackmann und andere:

„Das Konzentrationslager Lublin/Majdanek verfügte über insgesamt sieben Gaskammern. Die erste Kammer wurde im Jahre 1942 in einem Gebäude auf dem I. Zwischenfeld neben dem alten Krematorium errichtet. Die Kammer hatte ein Fassungsvermögen von 150 Personen und Einrichtungen, mit deren Hilfe sich die Tötung der in ihr eingeschlossenen Personen durch die Einleitung von Kohlenmonoxyd (CO) bewirken ließ. Im Jahre 1943 wurde in der Häftlingsbaracke, die unmittelbar am Eingang zur Lagerstraße neben Feld I lag, der mehrere hundert Personen fassende Baderaum zur Benutzung als Gaskammer hergerichtet sowie im hinteren Teil der Baracke zwei weitere kleinere Gaskammern eingerichtet. Die beiden kleineren Kammern, die etwa je hundert Personen faßten, verfügten an der Decke über Öffnungen, durch die vom Dach der Baracke aus Zyklon B (mit Zyanwasserstoff gesättigte Siliziumerdbrocken) eingeworfen werden konnte. Die dritte, größere, sowie eine der kleineren Kammern besaßen an den Wänden in etwa 20 cm Höhe über dem Fußboden verlaufende Rohrleitungen, die an der Unterseite kleine Öffnungen hatten und an Metallflaschen mit Kohlenmonoxyd, die sich in einem Vorraum befanden, angeschlossen waren.

In einem steinernen Anbau an der Rückseite der Badebaracke wurden darüber hinaus zwei weitere Gaskammern mit einem Fassungsvermögen von je 150 Personen eingerichtet. Diese Kammern besaßen Metalltüren zur Rückseite des Gebäudekomplexes, durch die die Büchsen mit Zyklon B hineingeworfen wurden.

An der dem Lager abgewandten Längsseite des Gebäudes befand sich ein hölzerner Verschlag mit Öfen zur Lufterhitzung, aus denen die Warmluft mittels Rohren den Gaskammern zugeführt wurde. Dieses Verfahren war notwendig, um die für die Gasentwicklung erforderliche Temperatur von mindestens 18° C in den Gaskammern zu erreichen. Die letzte Gaskammer, die nur mit einer Einwurföffnung für Zyklon B versehen war, wurde Ende 1943 im Gebäude des neuen Krematoriums eingerichtet. Vor der Häftlingsbaracke befand sich ein größerer, mit Stacheldraht eingezäunter Platz, der sogenannte ‚Rosengarten', auf dem die Häftlinge zur Vergasung ausgesondert oder vor der Vergasung gesammelt wurden.

Nach Inbetriebnahme der der Häftlingsbaracke angeschlossenen Gaskammern wurde die Gaskammer auf dem Zwischenfeld außer Betrieb gesetzt und in die an dieser Stelle erbaute Wäschereibaracke einbezogen.

Die Leichen der zu Tode gekommenen Häftlinge wurden in einem im Juni 1942 auf dem I. Zwischenfeld erbauten Krematorium verbrannt. Dieses Krematorium verfügte über zwei Feuerstellen, in denen in 24 Stunden ca. 200 Leichen verbrannt werden konnten. Ab Herbst 1943 wurde ein hinter Feld V erbautes größeres Krematorium in Betrieb genommen, das über fünf Öfen verfügte, in denen bis zu 1000 Leichen täglich verbrannt werden konnten. Sofern die Kapazität des jeweiligen Krematoriums nicht ausreichte, wurden die Leichen auch in der Umgebung des Lagers auf Kfz-Fahrgestellen und Eisenbahnschienen verbrannt. Leichenverbrennungen dieser Art wurden insbesondere in der Zeit von Dezember 1942 bis Herbst 1943 durchgeführt."

WIE DER NAME BRYGIDA ENTSTAND

Weiter aus den Aufzeichnungen der Irina Marszalek:

„Nach unserm Bad waren wir namenlose Nummern. Die Zahlen waren auf Streifen weißer Leinwand mit einem roten Winkel gedruckt. Wir mußten sie auf die Jacken nähen. So hörten wir für die Lagerbehörden auf, als Menschen zu existieren. Meine Mutter bekam die Nummer 222, ich die Nummer 223. Gleichzeitig erfuhr ich, daß ich zum Kommando Wäscherei eingeteilt war, zusammen mit meiner engsten Freundin Danuta Kawecka. Meine Mutter kam in das Kommando Näherei, auch die Mutter von Danuta.

Bevor dort die Arbeit beginnt, sehen wir einen Appell auf dem Männerfeld III. Dann eine Exekution. Mehrere Männer werden an den Galgen gehängt. Angeblich wollten sie fliehen. Bis zum späten Abend hängen ihre Körper an den Galgen.

Wir werden in eine andere Baracke verlegt, die Kommandos Wäscherei und Näherei gemeinsam. Unser Block ist auf der anderen Seite des Feldes in der Nähe des Reviers. Zusammen mit Danuta liege ich in der dritten Etage der Pritschen, unter uns unsere Mütter. Nach dem Appell am nächsten Morgen der Abmarsch zur Wäscherei. Wir gehen vorbei am III. und am II. Männerfeld. Hier halten wir. Die Näherinnen gehen in eine längsseits der Lagerstraße aufgestellte Baracke. Wir gehen auf das Zwischenfeld zwischen dem II. und dem I. Männerfeld. Vor uns ein Gebäude ohne Fenster mit einem hohen Schornstein. Wie wir später erfahren, das Krematorium. Hinter diesem Gebäude eine Baracke, deren Fenster auf das Krematorium gerichtet sind. Die Wäscherei.

Grau. Die hoch angebrachten Fenster geben wenig Licht. Vier runde Öfen mit eingebauten Kesseln. Längs der Fenster Tische mit gefrorenen Wäschestücken darauf. Der Wind bläst kalt durch die Wandritzen. Auf dem Boden Eispfützen. Wie anders hatten wir uns die Wäscherei vorgestellt! Auf schwere Arbeit waren wir gefaßt, aber wir dachten, es werde wenigstens warm sein. Ich werde zum Heizen des ersten Ofens eingeteilt, Danuta zum Waschen, andere in die Trockenkammer. Sie haben gewonnen, bei ihnen ist es warm, und die Arbeit ist leicht. Zwischen dem Wasch- und dem Trockenraum liegt das Dienstzimmer eines SS-Mannes und der Aufseherin.

Ein Haufen Lumpen wird in die Wäscherei gebracht. Alles schmutzig, zerrissen, verlaust. Wer von uns beim Baden die Wäsche verloren hat, versucht etwas für sich herauszufinden. Ich ziehe eine Strickjacke aus dem Haufen. Sie ist noch heil, aber unter den Armen und auf dem Vorderteil sitzen silberne Kolonien von Läusen. Der frühere Besitzer dieser Jacke muß von den Läusen aufgefressen worden sein.

Die anderen Kleidungsstücke sind nicht besser, aber wir haben keine Wahl. Wir säubern sie von den Läusen und waschen sie. Die Wäscherinnen sind arm dran. Ihnen frieren die Hände rot, und immer stehen sie barfuß in nassen Holzschuhen. Es ist so kalt in der Baracke, daß das verschüttete Wasser sofort gefriert. So oft es geht, laufen wir in den Trokkenraum hinüber, um uns ein wenig aufzuwärmen, besonders wenn die Aufseherin nicht aufpaßt.

Eines Tages, Ende Januar, trinken die Aufseherin und der SS-Mann in ihrem Dienstzimmer Schnaps. Für uns eine Möglichkeit hinauszugehen und Luft zu schnappen. Vor dem Krematorium sitzt ein Häftling, spielt Gitarre und singt in einer uns unbekannten Sprache ein trauriges Lied. Ist das ein Traum? Gesang hier in Majdanek, vor dem Krematorium? Nein, es ist Wirklichkeit.

Da hören wir vom II. Männerfeld das Brüllen der Kapos und der SS-Männer. Auf einem schmalen Pfad, ungefähr einen Meter breit, umrunden Männer ihr Feld. Eigentlich sind es nur noch Skelette in gestreiften Anzügen. Jeder dieser Schatten trägt einen großen Stein unter jedem Arm. Höchstwahrscheinlich eine Strafe, aber wie lange wird sie dauern? Wir stehen, können nichts sagen. Schließlich gehen wir wieder zurück in unsere Wäscherei-Baracke.

Nach einer Stunde gehe ich wieder hinaus. Die Schatten kriechen immer noch um das Feld. Mit aller Willensstärke versuchen sie, nicht umzufallen. Sie wissen, das wäre der Tod. Endlich fällt einer um, mit dem Gesicht zur Erde. Die Nachfolgenden stürzen über ihn, bleiben ebenfalls liegen. Der SS-Mann schreit Halt!. Einer versucht aufzustehen. Es gelingt ihm nicht. Der SS-Mann tritt mit den Füßen, es nützt nichts. Keiner steht wieder auf. Ich laufe in die Wäscherei zurück. Ob wohl eine Zeit kommen wird, in der die Henker zur Verantwortung gezogen werden?

Zwei oder drei Tage später gehe ich mit Marysia, einer anderen Wäscherin, hinter die Trockenkammer. Dort ist, umzäunt von Drähten, ein großer Haufen Knochen aufgeschüttet, ungefähr einen Meter hoch. Sie sind teilweise angebrannt.

Woher mögen sie kommen? Naiv, wie wir sind, glauben wir, sie stammten von geschlachteten Tieren. Ein so großes Lager muß doch ernährt werden! Oder haben sie die Knochen vielleicht aus Lublin hierher transportiert, um hier Düngemittel für die Felder zu produzieren? So naiv denken wir über die Sieger. Wir kommen nicht darauf, daß es Menschenknochen sein könnten, obwohl doch vorne auf dem Feld ein Krematorium steht.

Anfang März 1943 beginnen sie damit, uns nachts arbeiten

zu lassen. Warum? Wir wissen es nicht. Ist es eine Schikane? Tags kommen wir kaum zum Schlafen. Immer geschieht irgend etwas. Verlegung in einen anderen Block. Appell. Selektion. Oder Teilnahme an einer Prügelstrafe.

In der zweiten oder dritten Nacht, seit wir so arbeiten, stürzt der SS-Mann mit der Aufseherin zu uns herein und schreit, es sei bei Strafe verboten, sich den Türen und Fenstern zu nähern und hinauszusehen. Was geht draußen vor? Unsere Neugier ist stärker als die Angst. Ich schlage vor, daß wir einen Posten aufstellen, eine von uns soll das Wort Brygida ausrufen, wenn sich die Aufseherin nähert. Ich habe damals nicht geahnt, daß dieser Name in die Geschichte des Lagers eingehen wird: Krwawa Brygida, so hieß die Aufseherin von nun an, ‚Blutige Brygida'.

Draußen sahen wir drei oder vier beladene Lastwagen anrollen. Es sind Menschenkörper. Wir können, während sie abgeladen werden, unterscheiden zwischen den Leichen von Männern, Frauen und Kindern. Woher kommen sie? Sind sie bei der Arbeit erfroren? Wir wissen immer noch nichts von dem Ausmaß des schrecklichen Verbrechens, das die Nazis hier an den Häftlingen dieses Lagers verüben.

Nun brauchen wir nicht mehr zu rätseln, woher die Knochen hinter der Trockenkammer kommen. Das Geheimnis ist gelöst. Tausende Menschen sind schon vor unserer Ankunft im Lager ermordet worden. Dies sind die Überreste.

Zwei Monate später werden wir Zeugen der Massenmorde an Juden. Wir können sehen, wie sie hinter den Gärten des Lagers Gräben ausheben müssen. Dort werden die vergasten Körper hineingeworfen, mit Rohöl begossen und brennen den ganzen Tag und die ganze Nacht. Der Geruch der brennenden Menschenleiber verpestet die Luft. Es ist Mai, heitere Tage sind es und heitere Nächte, aber wir können nicht atmen. Ich habe nur noch den Wunsch zu sterben.

DER HAHN HAT SEINEN SPASS GEHABT

Ich bin in die Näherei versetzt. Nun arbeite ich zusammen mit meiner Mutter. Schwül ist es in der Näherei. Vor den

Fenstern hängen schwarze Vorhänge. Ich glaube nicht, daß sie dies tun, um das Lager zu verdunkeln. Wir sollen nicht hinaussehen können auf die vielen Judentransporte, die jetzt immer kommen und den Weg zum Bad antreten.

Die Mädchen am Fenster heben vorsichtig den Vorhang. Wieder ein riesiger Transport, sagt jemand. Auch ich gehe vorsichtig zum Fenster und hebe den Vorhang etwas. Hunderte marschierender Gestalten in der Dunkelheit. Nach einiger Zeit kann ich die Schattenbilder unterscheiden, Frauen, Männer, Kinder, Greise. Auf den Ärmeln Armbinden.

Kein Zweifel, wieder ein Judentransport. Wahrscheinlich aus dem Warschauer Getto. Die SS-Aufseherin schimpft auf mich, aber sie schlägt nicht, als ich zu meinem Platz zurücklaufe. Morgens um sieben gehen wir auf unser Feld zurück. Viele Fußspuren. Apfelsinenschalen, Zigarettenstummel, sogar Geldscheine liegen herum.

Schon von weitem sehen wir in der Mitte des Appellplatzes eine Menge Frauen und Kinder. Warten sie auf die Selektion? Wir gehen schweigend vorbei. Viele Frauen haben Verbände an den Beinen, Händen, Köpfen. Endlich sind wir im Block, legen uns schlafen.

Aber es geht nicht, ich kann nicht schlafen und sehe hinaus. Ein SS-Mann hat die ganze Hand voll Papiergeld, rollt es zusammen. Wo wird er es verstecken? Er nimmt sein Gewehr, stellt den Kolben auf den Boden und schiebt die zusammengerollten Scheine von oben in den Lauf. Jeder von ihnen betrügt. Ich freue mich an dem Gedanken, daß er nun mit Geld auf die Häftlinge schießen wird.

Plötzlich Geschrei, Kommandostimmen. Die tausend Frauen haben sich in Fünferreihen aufstellen müssen. Alles dicht von bewaffneten SS-Männern umringt. Jetzt werden sie ins Bad geführt, von wo es keine Rückkehr mehr gibt. Schnell, schnell, schreien die SS-Leute.

Auf einmal rennt ein junges Mädchen aus ihrer Gruppe und schreit: Mutter, Mutter! Ein SS-Mann schlägt mit dem Gewehrkolben auf ihren Kopf. Das Mädchen bleibt liegen. Einen Augenblick später will eine Mutter zu ihrem Kind laufen. Auch sie wird von einem Gewehrkolben am Kopf getroffen und bleibt liegen.

Langsam bewegt sich die Kolonne über die Lagerstraße. Die Gesichter sind voll Verzweiflung, Schmerz, Angst. Wir schweigen. Still kehren wir zu unseren Pritschen zurück. Warum sind wir so hilflos gegenüber diesen Verbrechern?

Ich liege im Halbschlaf, schrecke hoch. Aufstehen, aber schnell, schreit der SS-Mann, den wir den ‚Hahn' nennen. Wir müssen hinaus auf das Feld. Was bedeutet das? Eine Selektion? Werden wir jetzt das Los des vor einer Stunde abgefertigten Transports teilen? Wir müssen uns in Fünferreihen aufstellen. Meine Mutter steht einige Reihen hinter mir. Der ‚Hahn' steht mit gespreizten Beinen vor uns. Er befiehlt, daß jede Fünferreihe langsam an ihm vorbeimarschieren muß. Also Selektion! Die ersten Reihen gehen vorbei. Niemand wird ausgesondert. Was werde ich tun, wenn man mir die Mutter wegnimmt? Jetzt kommt unsere Reihe dran. Meine Beine sind wie Blei. Wir sind durchgekommen. In ein paar Minuten wird meine Mutter an der Reihe sein, werde ich hinschauen können, wenn sie zum Vergasen ausgesondert wird?

Sie marschiert mit ihrer Reihe. Der ‚Hahn' betrachtet sie, alle kommen durch. Ich sehe alles nur noch durch einen Nebel. Der ‚Hahn' befiehlt: Rückkehr in die Baracke. Später hören wir vom Kapo, er hat sich einen Spaß machen wollen."

Mit Samuel Antmann hat sich keiner solche Späße erlaubt. Sie haben ihn verwöhnt, haben ihm zu essen gebracht und zu trinken. Er hatte ein bequemes Bett für sich. Auch sein Vater und der Weiss hatten es bequem und gut, mitten in Majdanek. Sie hatten es auch sauber, hatten Seife, Waschpulver, konnten ihre Kleidung zum Entlausen bringen.

Und doch waren sie nicht geschützt vor der Ansteckung, die von den Läusen ausging. Es fing mit hohem Fieber bei Samuel Antmann an. Er kam ins Revier. Das Fieber stieg auf 41 Grad. Kein abgemagerter KZ-Gefangener hätte das lebend überstanden.

Aber Samuel Antmann hatte seinen SS-Schutzengel. „Einer der SS-Leute hatte angeordnet, daß ich eine Injektion bekommen soll. Ich weiß nicht, was es war und wer es war. Aber es hat geholfen. Ich blieb am Leben und kam langsam wieder auf die Beine. Als ich dort lag, ist mein Bruder Eugen zu mir gekommen, hat mich besucht. Er war sehr bedrückt, aber er hat mir nicht gesagt weshalb. Erst später, als ich wieder aus dem Revier draußen war, hab ich es erfahren. Auch mein Vater hatte Fleckfieber bekommen. Aber er hat nicht die Verbindungen gehabt wie ich, und er war damals auch schon 60 Jahre alt. So ist er an Fleckfieber gestorben. Als ich herauskam, hat man es mir gesagt, Ihr Vater ist gestorben.

Und meine Mutter war auch tot. Sie war in ein anderes Lager gekommen, ungefähr dreißig Kilometer von Majdanek entfernt. Sie soll auf einem Auge operiert worden sein. Ich weiß aber nicht, ob sie gestorben ist oder ob man sie umgebracht hat. Sie war damals 56 Jahre alt."

Und dann war auch bald der Weiss tot. „Als ich aus dem Revier herausgekommen bin, da hat er zu mir gesagt, er kann nicht weiterarbeiten. Ich habe gesagt, Weiss, warum können Sie nicht weiterarbeiten, das ist doch gefährlich für Sie? Da hat er gesagt, ich bin in der Situation, ich tu immer Durchfall haben. Ich fühl' mich auch so schwach, ich kann nicht mehr schlafen, und aufstehen möcht ich manchmal gar nicht. Und ein paar Tage später ist er tot gewesen. Da hab' ich mir müssen zwei neue Uhrmacher nehmen, einen Polen und einen Tschechen. Aber ich hab' wenigstens meinem Bruder Eugen noch das Leben retten können für einige Zeit. Durch meine Verbindungen, die ich zu den SS-Leuten gehabt habe, hat er eine Stelle bekommen in der Badeabteilung. Dort hat er die Leute hineinbringen müssen, die dann dort mit diesem Zyklon B ermordet wurden. Er hat es selbst gesehen und mir auch erzählt, wie sie diese Büchsen geholt haben. Vom Dach aus haben sie das Pulver hineingelassen. Mein Bruder hat dann diese Leichen herauswerfen müssen, sie haben manchmal ganz blau ausgesehen. Auch Kinder waren darunter, und mein Bruder hat mir erzählt, daß er manchmal gesehen hat, daß die Kinder den Hals zerbissen haben von der Mutter. Dann hat er die Leichen herausfahren müssen mit Wagen, nicht mehr ins Krematorium, weil die Öfen dort voll waren, sondern in ein Wäldchen. Dort haben sie Eisenbahnstäbe, diese Schienen, aufgebaut und die toten Häftlinge hinaufgelegt und sie dort dann verbrannt. Das hat er wohl so lange gemacht, bis sie ihn selbst umgebracht haben, aber da war ich schon fort aus Majdanek."

Bevor er nach Oranienburg-Sachsenhausen kam, hat Samuel Antmann noch etwas erlebt, das er dann 34 Jahre später den Richtern im Düsseldorfer Majdanek-Prozeß beschrieben hat: „An einem Tag standen wir angetreten auf dem Appellplatz. Es ist irgendein hoher SS-Besuch gekommen, ich weiß nicht wer, und der Hackmann ist ganz wild gewesen. Er hat hier einen Gefangenen geschlagen und dort einen gestoßen, und dann hat er versucht, einige zu Boden zu reißen. In unserer Reihe hat er den Ernst Löwy schließlich zu Boden gerissen und ist ihm dann mit beiden Füßen auf die Brust gesprungen. Wir haben gehört, wie die Rippen krachten. Der Löwy ist liegengeblieben, bis der Appell zu Ende war. Dann haben wir ihn aufheben dürfen, aber er war tot. Der Löwy hat einen Textilhandel gehabt in unserm Nachbarhaus in der Kaufmannsgasse in Nitra. Wir haben Nummer 17 gewohnt, und er hat Nummer 15 gewohnt."

Die Staatsanwälte haben später noch einen zweiten Zeugen gefunden, der neben Samuel Antmann gestanden hat, als Ernst Löwy ermordet wurde. Es war der Jude Imrich Gönczi, in Ungarn geboren und heute in Israel wohnend. Haifa, Hamelich-Saul-Straße 77. Auch er konnte genau schildern, wie Hackmann dem Löwy auf den Brustkorb gesprungen war und wie der Löwy tot liegenblieb.

Schon wegen dieses bezeugten Mordes allein hätte man den SS-Hauptsturmführer Heinrich Hackmann zu lebenslanger Haft verurteilen müssen. Aber dieser Mord stand gar nicht in der Anklage . . .

DIE RETTUNG KAM VOR DEM ERNTEFEST

Wieder war es, als breite ein SS-Engel seine Flügel über dem Juden Samuel Antmann aus. Eine Dienststelle im Konzentrationslager Sachsenhausen bei Oranienburg war auf den Juwelier von Majdanek aufmerksam geworden. Ein Offizier kam nach Majdanek, um den Häftling Nummer 1465 zu prüfen, er hatte zwei Uhrmacher mitgebracht, und nun legten sie dem Samuel Antmann einige komplizierte Werkzeuge vor und fragten ihn: „Was ist das? Wie funktioniert das?" Samuel

Antmann hat es ihnen erklärt. Sie waren zufrieden mit ihm und haben ihn gefragt, ob es noch andere gute Uhrmacher in Majdanek gibt. Ja, hat er gesagt, und er hat ihnen einige Namen genannt, auch den von seinem Freund Jack Schwartz. Den haben sie auch ausgewählt und noch fünf andere, zusammen sieben.

Sie sind in einen Transportzug gesteckt worden. „Gefahren sind wir wie Banditen, wir haben müssen auf der Erde schlafen, nichts zum Zudecken. Zu essen gab es nur ab und zu etwas. Zum Glück habe ich mitgehabt, Salami und Fleisch und Brot, das haben wir uns geteilt. Aber die anderen waren ja so dünn und schwach, drei von ihnen sind unterwegs gestorben, die Leichen haben bei uns im Wagen gelegen drei Tage lang, bis wir in Oranienburg angekommen sind."

Dort begann für Samuel Antmann eine bessere Zeit. „Ich hab' gedacht, ich bin ins Paradies gekommen. Es gab richtige Betten, es gab Wasser zum Waschen, es gab keine Vergasungen mehr. Und ich bin nur noch Uhrmacher gewesen, hatte die Aufsicht über 137 Uhrmacher, Leiter der Uhrmacherabteilung. Weil ich Jude war, konnte ich den Namen Kapo nicht haben, sondern hieß Vorarbeiter. Mit Juwelen habe ich dort nichts mehr zu tun gehabt, weil so, wie es in Majdanek war, daß man Hunderttausende ermordet und beraubt hat, das war in Oranienburg nicht der Fall. Wir haben immer nur Uhren instand setzen müssen, Millionen Uhren. Wir haben sie gesäubert, von Blut gereinigt, Ersatzteile eingebaut. Es waren Uhren aus Griechenland, aus Norwegen, aus Asien. Überall, wo deutsche Soldaten gekämpft haben oder noch immer waren, da haben sie Uhren mitgenommen, und die kamen in unsere Werkstatt nach Oranienburg."

Einer von den drei Uhrmachern, die lebend aus Majdanek nach Oranienburg gekommen waren, lebt heute in Amerika. „Der Jack Schwartz hat mir aus Hollywood, wo er ein Uhrengeschäft besitzt, einmal eine Karte geschickt. Meinem Lebensretter, hat er geschrieben, und ich weiß nicht, hat er gemeint, weil ich ihn aus Majdanek herausgebracht habe oder hat er gemeint, weil ich ihm unterwegs die Salami gegeben habe."

Seinen eigenen Bruder Eugen Antmann hat Samuel Antmann nicht retten können. Der blieb in Majdanek zurück. Und was mit ihm geschehen ist, wenige Tage nachdem die Uhrmacher aus Majdanek nach Oranienburg abgefahren waren, das hat Samuel Antmann bald zu hören bekommen. Der SS-Unterscharführer Resch ist nach Oranienburg gekommen, der Mann, dem einmal „ein paar Tränen aus den Augen gefallen sind", als er von Samuel Antmanns Werkstatt aus die schönen jungen Frauen gesehen hat, wie sie nackt in die Gaskammer gebracht wurden. „Und der Herr Resch hat mich besucht in meiner Uhrmacherwerkstatt in Oranienburg und hat zu mir gesagt, leise hat er gesagt: ‚Antmann, du hast aber Schwein gehabt.' Und als ich ihn gefragt hab', warum ich Schwein gehabt hab', da hat er mir erzählt, wie sie dort in Majdanek alle Juden ermordet haben, 18000 an einem Tag, und mein Bruder Eugen war auch dabei."

MAN SPIELTE FOXTROTT DEN GANZEN TAG

Am 7. November 1943 erhielten die Angehörigen des polnischen KZ-Gefangenen Jan Nowak einen Kassiber aus Majdanek: „Ich hätte nicht gedacht, daß ich Zeuge dessen sein würde, was man übermenschlichen Schock nennen kann. Am 3. November – darüber kann ich erst jetzt schreiben – wurden von morgens an Häftlinge in Kolonnen herbeigeführt, wie sich herausstellte Juden, und in vorbereiteten Gruben durch Maschinengewehrsalven ermordet. Aus dem Lautsprecher am hohen Mast aber ertönten Foxtrottklänge, die von Gewehrsalven unterbrochen wurden. Es war ein bewölkter Novembertag. Das Lager war von einer doppelten Postenkette umgeben, auf den Türmen drohten je zwei Maschinengewehrläufe. Wir waren auf dem benachbarten Feld IV zusammengetrieben worden. So wurden über 18000 polnische Bürger jüdischer Nationalität ermordet."*

Tagelang vorher schon hatte das Lager vom Ausheben der Gräben an der hinteren Seite, direkt neben dem neuen Krematorium erfahren. Der Gefangene Zacheusz Pawlak beobachtete die Arbeiten aus nächster Nähe: „In den letzten Oktobertagen

* Zitiert nach Pilichowski, „Es gibt keine Verjährung", Warszawa 1980, S. 137

1943 hob ein großes Kommando, das nur aus Juden bestand, etwa 50 Meter hinter dem Krematorium gegenüber Block 22 auf Feld V Gräben aus. Wir bemerkten mit Erstaunen, daß man an den hohen Pfosten auf dem Arbeitsgelände elektrisches Licht installiert hatte. Man nannte diese Arbeitsgruppe das Luftschutzkommando. Beim Graben wurde zur Eile getrieben. Die Gräben wurden bei Tag und bei Nacht in zwei Schichten, die alle zwölf Stunden wechselten, ausgehoben. In einer Schicht arbeiteten etwa 150 Juden.

Ich arbeitete zu dieser Zeit in Block 21 auf Feld V, gleich neben dem Krematorium. Durch das Fenster des Aborts beobachtete ich die Arbeit des Luftschutzkommandos. Man grub Gräben in Zickzacklinien. Jeder Graben war etwa 100 Meter lang, drei Meter tief und drei Meter breit. Nach drei Tagen und drei Nächten waren die Gräben fertig. Die Kommentare hinsichtlich der Bestimmung der Gräben waren unterschiedlich, sie alle waren sehr optimistisch. Die einen meinten, daß die SS-Lagerbesatzung den Angriff von Partisanen auf das Lager befürchtete, die anderen behaupteten, die Deutschen rechneten mit Flieger- und Bombenangriffen.

Am 2. November 1943 kam der SS-Mann Konietzny nach dem Abendappell in unseren Block und befahl die sofortige Verlegung aller Juden aus der Baracke 21 in die Baracke 22. Das war nicht besonders schwierig, denn die Baracke befand sich nebenan. In der bislang von uns bewohnten Baracke gab es nur Arier. Das Personal der einzelnen Revierblocks blieb unverändert in der bisherigen Zusammensetzung."*

Überall in den Baracken und Werkstätten wurden in größter Hektik Juden und Nichtjuden voneinander getrennt. Die SS-Leute wußten, was den Juden bevorstand, und einige versuchten sogar, nichtjüdische KZ-Gefangene aus der Gefahrenzone zu bringen. „Holt schnell alle Arier, denn es könnte sonst zu spät sein", soll der sonst so grausame Lagerarzt und SS-Obersturmführer Dr. Heinrich Rindfleisch den Häftlingen im Revier zugerufen haben. Und der SS-Sanitäter August Wilhelm Reinartz habe hinzugesetzt: „Beeilt euch, in ein paar Minuten ist es zu spät!"

* Pawlak, „Ich habe überlebt", Hamburg 1979, S. 134

Für manche Nichtjuden war es wirklich zu spät. Sie wurden mitgetrieben hin zu den Gräben neben dem Krematorium. Für einige Juden aber gab es doch noch eine Rettung: Sie rissen sich die gelben Winkel von den Häftlingsjacken, die sie als Juden kennzeichneten. Anderen gelang dies Verstecken nicht. Auch Zacheusz Pawlak und seine Kameraden versuchten, zwei jüdische Kinder zu verbergen, als die Arier vom Todesfeld V nach Feld IV verlegt wurden: „Wir nahmen auch Francik und den 14jährigen griechischen Juden Persival mit. Wir rissen ihnen die gelben Winkel von der Kleidung, denn wir wollten sie vor dem Tode retten. Am Tor kontrollierten SS-Leute die Häftlinge aufgrund einer Kartei der Politischen Abteilung. Manchmal standen sie vor dem Problem: Jude oder Arier, denn manche Häftlinge aus Mischehen hatten keine jüdische Kennzeichnung und wurden von den Schicksalsgenossen als Arier anerkannt. Aber in der Kartei der Politischen Abteilung waren sie als Juden registriert. Da half weder Bitten noch Betteln. Man ließ sie nicht von Feld V.

Vor dem Tor wurden wir in Fünferreihen formiert. Zu meiner Rechten hatte ich Francik. Wir bemühten uns, den kleinen Jungen abzuschirmen, denn vor der Wachstube am Tor stand der SS-Offizier Konietzny. In der nächsten Fünfergruppe schirmten Muradow und Milczyński den Griechen ab. Als wir an Konietzny vorübergingen, sah er sich jedes Gesicht genau an. Plötzlich sagte er mit einem ironischen Lächeln: ‚Oh, Jude, Jude' und faßte mit der rechten Hand Francik am Arm. So zog er ihn aus unserer Fünfergruppe heraus. Anschließend machte er mit Persival das gleiche. Dabei drohte er uns, daß wir gemeinsam mit den Juden dorthin – er zeigte auf das Krematorium – kommen könnten, wenn wir sie verstecken.

Adieu, Francik, wir werden deinen lächelnden Mund nie wiedersehen. Adieu, unser lieber sympathischer Persival aus Griechenland. Wir werden dich nie wieder in der für uns zwar fremden, doch alle Kontinente durch das Wort ‚Mama' verbindenden Sprache singen hören. Als wir das Tor passierten, hörten wir in der Ferne lautes Glockenläuten. Ob man wohl in Lublin bereits von unserer Tragödie wußte?"*

* Pawlak, „Ich habe überlebt", a.a.O., S. 138 ff.

Man wußte nicht, erfuhr es erst drei Tage später. Zu laut dröhnte die Foxtrottmusik aus den Lautsprechern, die an den hohen Masten beim Krematorium angebracht waren. Die Schüsse sollten übertönt werden, die bellenden Garben der Maschinengewehre sollten in der Tanzmusik untergehen.

„DU MUSST TOT SEIN"

Aus der Anklageschrift der Staatsanwaltschaft Düsseldorf: „Am Morgen des 3.11.1943 wohnte der Angeschuldigte Konietzny zunächst mit weiteren Angehörigen der Lagerkommandantur – unter ihnen der damalige Schutzhaftlagerführer Thumann, der Krematoriumsleiter Mussfeldt sowie der Lagerarzt Dr. Rindfleisch – den Vorbereitungen an der Exekutionsstätte hinter Feld V bei. Anschließend begab er sich mit weiteren SS-Angehörigen, darunter dem Angeschuldigten Reinartz, und Kapos, unter ihnen der gesondert verfolgte Benden, auf das Feld V, das damalige Häftlingsrevierfeld. Dort organisierten und überwachten sie die Absonderung der arischen von den jüdischen Häftlingen sowie die Verlegung der arischen Häftlinge auf das IV. Feld.

Der Angeschuldigte Konietzny kontrollierte dabei die Kolonne der arischen Häftlinge am Lagertor und durchsuchte, nachdem die jüdischen Häftlinge dieses Feldes durch andere SS-Angehörige zur Exekutionsstätte gebracht worden waren, zunächst mit dem Angeschuldigten Reinartz die Baracken nach sich verbergenden Juden. Dabei fielen dem Angeschuldigten Konietzny bei der Kontrolle am Lagertor zwei jüdische Laufburschen sowie ein jüdischer Angehöriger des Revierpersonals namens Stummberger und bei der Nachsuche in den Baracken ein jüdischer Arzt in die Hände, die er zum Teil selbst zur Exekutionsstätte brachte, zum Teil von anderen SS-Angehörigen abführen ließ. Nach der Verlegung der arischen Häftlinge auf das Feld IV setzte er dort seine Suche nach jüdischen Häftlingen, die den Kontrollen bisher entgangen waren, fort und fand dabei einen jüdischen Arzt aus Warschau, den er zur Exekutionsstätte bringen ließ.

Auch auf dem Feld III beteiligte sich der Angeschuldigte

Konietzny an der Nachsuche nach sich verborgen haltenden Juden und wurde dabei eines jüdischen Häftlings habhaft, den er selbst zur Exekutionsstätte abführte. Auf die Bitten des Häftlings, ihn zu retten, antwortete der Angeschuldigte: ‚Nein, du mußt tot sein.'

Am Abend des 3.11.1943 überwachte der Angeschuldigte Konietzny gemeinsam mit der Oberaufseherin Elsa Ehrich den Abtransport der auf Feld I untergebrachten kranken Jüdinnen, die auf Lastkraftwagen zur Exekutionsstätte gebracht werden sollten. Den Kranken, die sich in Decken gehüllt hatten, entriß er diese.

Im Verlauf der Massenexekution am 3.11.1943 wurden etwa 18000 Juden, mindestens jedoch 17000 Personen, darunter fast alle jüdischen Häftlinge des Lagers, erschossen."

Waren es wirklich 18000? Professor Dr. Wolfgang Scheffler aus Berlin hat später als Gutachter im Düsseldorfer Majdanek-Prozeß ganz andere Zahlen genannt. Es seien in Wirklichkeit ungefähr 40000 Menschen an diesem 3. November 1943 in Majdanek erschossen worden, denn „zum Lager Lublin-Majdanek wurden am 3. November auch die Juden der anderen Lager geführt". Aber es ist unmöglich, die Zahl der aus dem Lager Lublin-Majdanek stammenden Opfer von der Zahl der zugeführten Häftlinge zu trennen. So enthalten viele Angaben über die Gesamtzahl der an jenem Tag erschossenen Juden nur den Hinweis: „Bis zu 18000 Opfer".

Scheffler hat dem Düsseldorfer Gericht auch erklärt, warum die Nazis die Mordaktion an den Juden in dieser Zeit ausgeführt haben, nämlich „in der Beunruhigung, die die nationalsozialistische Führung über die zunehmenden Schwierigkeiten bei Gettoräumungen und in den Vernichtungslagern selbst empfand. Im Frühjahr 1943 hatte der Warschauer Gettoaufstand die SS- und Polizeikräfte wochenlang beschäftigt, die Räumung des Bialystocker Gettos im August 1943 war mit Schwierigkeiten verbunden gewesen, es war, wie in Warschau, bewaffneter Widerstand geleistet worden. Ebenfalls im August 1943 revoltierten die Juden im Vernichtungslager Treblinka, was letztlich zur Schließung des Lagers führte. Schließlich fand am 14. Oktober 1943 der Aufstand der im Vernichtungslager Sobibor inhaftierten Häftlinge statt. Auch wenn es keine Hinweise darauf gab, daß ähnliche Versuche in den noch vorhandenen Lagern bevorstanden, so waren die vorangegangenen Ereignisse offensichtlich der Hauptgrund für die Liquidierung."

DER HERR MÖRDER IST KRANK

Nun war es in Majdanek für keinen ein Geheimnis mehr, zu welchem Zweck die Juden diese langen Gräben hatten ausheben müssen. Nicht zu Luftschutzzwecken jedenfalls. Die SS-Leute schnitten eine Lücke in den Stacheldraht des Feldes V. Dort hindurch trieben sie die Juden zu den Gräben, immer zehn Menschen auf einmal. Die Juden hatten dabei alle die Arme erhoben. Als die erste Gruppe am Ende des Grabens angelangt war, begannen die Schüsse zu knattern. Die nächste Zehnergruppe lief zum Ende des zweiten Grabens, die dritte Gruppe zum Ende des dritten Grabens. Und immer knatterten die Schüsse, immerzu dröhnten die Lautsprecher Foxtrottmusik über die Mordstätte. Die nächsten Gruppen mußten sich auf die schon Erschossenen hinlegen, um selbst erschossen zu werden. Und immer neue Zehnergruppen liefen aus dem Feld V durch die Zaunlücke in die Gräben hinein und in das Knattern der Schüsse. Während dieser Zeit schob sich ein unabsehbarer Zug von Menschen von der Straße Lublin–Zamość über die Lagerstraße in das Feld V hinein, um dort in Zehnergruppen eingeteilt zu werden.

Um vier Uhr nachmittags brach plötzlich die Foxtrottmusik ab. Die Schüsse hatten aufgehört. Nur hin und wieder fiel noch einmal ein Einzelschuß. Fangschüsse nannte man das bei der SS. Dann zogen die SS-Sonderkommandos wieder ab, die aus Warschau, Auschwitz, Radom, Lublin und Lemberg herangeholt worden waren. Sie rasteten außerhalb des Lagers und stärkten sich an einem Imbiß.

Die übriggebliebenen arischen Häftlinge von Majdanek bekamen an diesem Tage ihre Suppe erst abends, weil neue Küchenkommandos zusammengestellt werden mußten anstelle der bisherigen, die vorwiegend aus Juden zusammengesetzt waren. Auch das Bad und die Gaskammern mußten neu besetzt werden. Die Juden, die hier gearbeitet hatten, waren alle getötet worden, darunter auch der Jude Eugen Antmann aus Nitra, 29 Jahre alt.

Am nächsten Tage, es war der 4. November 1943, hatte sich die Erde der oberflächlich zugeschütteten Gräber an manchen Stellen um mehr als zehn Zentimeter gehoben. Man hörte immer noch Stöhnen. 20 sowjetische Kriegsgefangene begannen damit, die Leichen wieder aus den Gräbern herauszureißen und auf Holzstapeln zu verbrennen. Beaufsichtigt wurden sie dabei vom Krematoriumsleiter Mussfeldt, dessen Öfen diese Menge von Ermordeten nicht schafften.

Aber es gab immer noch neue Tote. Dafür sorgte schon der Lagersanitäter und SS-Unterscharführer Günther Konietzny, der überall im Lager nachsuchte, ob er noch Juden fand.

Aus der Anklageschrift der Staatsanwaltschaft Düsseldorf:

„Am Tage nach der Massenexekution vom 3.11.1943 wurde dem Angeschuldigten Konietzny beim Betreten der Baracke 17 des V. Feldes von dem Zeugen Wolf, seinerzeit Funktionärshäftling, gemeldet, in der Baracke befänden sich vier tote Häftlinge sowie ein Häftling, der noch lebe. Bei diesem Häftling handelte es sich um einen jüdischen Zahnarzt aus Rußland, der, ohne sichtbare äußere Verletzungen, entkräftet und besinnungslos auf einer Pritsche lag. Der Angeschuldigte befahl, die vier toten Häftlinge sowie den noch lebenden Häftling vor die Baracke zu tragen. Der Zeuge Wolf sowie ein weiterer Häftling namens Wolfram brachten daraufhin die Toten vor den Block; den noch lebenden Häftling legten sie im Vorraum der Baracke nieder. Der Angeschuldigte drehte mit seinem Fuß den mit dem Rücken auf dem Boden liegenden Häftling herum, zog seine Pistole und schoß ihm in den Nacken. Anschließend befahl er dem Zeugen Wolf, die Leiche des von ihm erschossenen Häftlings vor die Baracke zu den anderen Toten zu legen, damit sie von den mit Leichentransporten beauftragten Häftlingen mitgenommen werden könne.

Am 4. oder 5.11.1943 erblickte der Angeschuldigte Konietzny unter den Häftlingen des Feldes V den aus der Slowakei stammenden jüdischen Arzt Otto Reich. Reich hatte die Massenexekution vom 3.11.1943 überlebt, indem er sich unter dem Dach einer Revierbaracke versteckt hatte. Als der

Angeschuldigte den Häftling Reich sah, verkündete er mit erfreuter Stimme: Da habe ich doch einen Vogel erwischt. Er führte ihn in das Ambulatorium im Block 1 des V. Feldes, ließ ihn sich dort auf eine Pritsche legen und verabreichte ihm eine intravenöse Injektion. Anschließend rief er Leichenträger aus einer Nachbarbaracke, die den nunmehr leblosen Häftling auf eine Bahre legten und zum Krematorium trugen.

Am 4. oder 5.11.1943 fand der Angeschuldigte Konietzny auf Feld V eine junge Jüdin, die sich verborgen hatte und so der Massenexekution entgangen war. Der Angeschuldigte befahl dem Mädchen, ihn zum Krematorium zu begleiten. Als die junge Frau sich an ihn klammerte und versuchte seine Stiefel zu küssen, schleifte er sie trotz ihrer Bitten um Mitleid zum Tor des Feldes V. Hinter dem Tor zog er dann seine Pistole und erschoß sie.

Am 6.11.1943 tötete der Angeschuldigte Konietzny auf Feld V einen unbekannten jüdischen Häftlingsarzt durch einen Schuß aus seiner Pistole.

Am 6. oder 7.11.1943 fand der Angeschuldigte Konietzny bei der Durchsuchung der Häftlingsunterkünfte nach sich verborgen haltenden jüdischen Häftlingen einen weiteren jüdischen Arzt mit Vornamen Marek. Er brachte ihn in das Ambulatorium in Block 1 des V. Feldes und tötete ihn dort. Anschließend rief er zwei Leichenträger herbei, die den Körper des Marek in das Krematorium brachten.

Einige Tage nach dem 3.11.1943 fiel dem Angeschuldigten Konietzny in einer der Revierbaracken des Feldes V ein kranker jüdischer Häftling, der der Massenexekution entgangen war, in die Hände. Er führte den Häftling, der nur mit Unterwäsche bekleidet war und sich eine Decke umgehängt hatte, aus der Baracke heraus. Dabei rief er den ihn beobachtenden Häftlingen zu, man solle später die Decke holen. Der Angeschuldigte führte den jüdischen Häftling aus dem Feld heraus auf den Weg, der von der Lagerstraße zum Krematorium hinter Feld V führte. Als sich der Häftling umdrehte und weglief, zog der Angeschuldigte seine Pistole und gab aus einer Entfernung von zehn bis zwölf Metern zwei Schüsse auf den fliehenden Häftling ab. Dann verfolgte er den langsam weiterlaufenden Häftling und schoß aus einer Entfernung von ca. zwei Metern nochmals auf ihn, worauf der Häftling zu Fall kam. Auf den am Boden liegenden Häftling gab der Angeschuldigte einen weiteren, tödlichen Schuß ab, nahm die Decke an sich und überbrachte sie dem am Feldeingang wartenden Zeugen Mazurkiewicz.

Einige Tage nach der Massenexekution entdeckte der Angeschuldigte Konietzny einen jungen jüdischen Häftling, der bis zum 3.11.1943 im Lager als Läufer beschäftigt war, in seinem Versteck unter dem Dach einer der Baracken des Feldes V. Der Angeschuldigte zog den Häftling aus der Baracke, führte ihn zwischen die Blocks 2 und 3 und befahl ihm, sich auf den Boden zu legen. Dann tötete er den Häftling mit einem Schuß in den Hinterkopf.

Einige Zeit nach der Massenliquidation führte der Angeschuldigte Konietzny eine Jüdin zum Krematorium hinter Feld V. Als die Frau vor ihm fortlief, verfolgte er sie und tötete sie aus einer Entfernung von etwa zehn Metern mit einem Schuß aus seiner Pistole."

Rechtzeitig bevor das KZ Majdanek durch die Rote Armee befreit wurde, flüchtete Konietzny nach Westen. Und wieder war er in einem KZ, in Neuengamme, bis er noch an die Front kam und von den Russen gefangengenommen wurde. Die erkannten nicht, was für ein Mörder in ihrem Lager saß und entließen ihn 1949 nach Hause. Günther Konietzny wurde zu einem harmlosen, unauffälligen Schaffner. 21 Jahre lang knipste er den Omnibusfahrgästen in Heilbronn die Fahrkarten, bildete Jungschaffner aus, kontrollierte seine Kollegen. Seit 1970 verzehrt er in seiner schönen Wohnung in Heilbronn-Neckargartach die wohlverdiente Rente.

1973 wurde er zu den Massenexekutionen von Majdanek vernommen. Er habe, sagte er, von unnatürlichen Todesfällen im KZ Majdanek nichts bemerkt. Wer dort gestorben sei, der sei eines natürlichen Todes gestorben. Eine Gaskammer habe es in Majdanek nicht gegeben. Den Häftlingen gegenüber habe er sich immer korrekt verhalten.

Am 13. November 1973, vierzig Jahre nach dem „Erntefest", wurde Günther Konietzny festgenommen. Der Arzt bescheinigte ihm Haftunfähigkeit. Nach einundzwanzig Tagen, am 4. Dezember 1973, wurde er wieder freigelassen. Das war alles.

KAPITEL II

Das Verbrechen kommt ans Licht

WER KENNT NOCH FERDINAND LOTHMANN AUS BERLIN?

Am 24. Juli 1944 waren die schnell vorrückenden Spitzen der Roten Armee in Lublin und vor den Toren von Majdanek. Wenige Tage nach der Befreiung des Konzentrationslagers kam ein Dichter hierher. Es war der sowjetische Schriftsteller Konstantin Simonow in der Uniform eines Rotarmisten. Er war Frontberichterstatter der Moskauer *Prawda*. Einige Tage, nachdem er zum erstenmal in den Überresten eines faschistischen Vernichtungslagers gewesen war, machte er seine Notizen:

„In einem Zimmer des Lagerbüros, dessen Fußboden von Unterlagen, Pässen, Ausweisen der Umgebrachten übersät ist, nehme ich aufs Geratewohl einige dieser Papiere und habe im Laufe von zehn Minuten Dokumente von Vertretern fast aller europäischen Nationen gefunden. Hier der Paß von Sofja Jakowlewna Dussewitsch aus dem Dorf Konstantinowka, Gebiet Kiew, Ukrainerin, Arbeiterin, geboren 1917. Ein Dokument mit dem Stempel ‚République Française' von Eugen Duramé, Franzose, Metallarbeiter, geboren in Havre am 22. September 1888. Ein von der Volksschule Banja Luka ausgestelltes Zeugnis für Ralo Žunić, der die Schule im Jahre 1937 beendet hatte, Glaubensbekenntnis – Mohammedaner, mit den Zensuren ‚dobar', d.h. ‚gut', für ‚Moral, Naturkunde und Geschichte'. Ein Paß, ausgestellt in Kroatien für Jatiranović, geboren in Zagreb, der dieses Dokument am 2. Januar 1941 bekommen hatte. Der Paß von Jakob Borhardt, geboren in Rotterdam am 10. November 1918. Das Dokument von Eduard-Alfred Sack, geboren 1914 in Milano auf der Via Plimo 29, ‚Größe 175, Körperbau kräftig, keine besonderen Kennzeichen'. Der Ausweis Nr. 8544, den Savaranti, ein Grieche von der Insel Kreta, erhalten hatte. Der Paß des Deutschen Ferdinand Lothmann, Ingenieur aus Berlin, geboren am 19. August 1872. Das Arbeitsbuch mit dem Stempel ‚Generalgouvernement' von Zygmund Remak, Arbeiter, geboren am 20. März 1924 in Kraków. Irgendein chinesisches Dokument mit einer Fotografie und Schriftzeichen, die ich nicht lesen konnte. Hier waren Dokumente, mit Blut befleckt und von Wasser aufgeweicht, halb durchgerissen und von Füßen zertreten. Dieser schreckliche Berg von Dokumenten war der Grabhügel von ganz Europa, zusammengepfercht in einem Zimmer . . .

Wenn Sie die Chelmer Chaussee entlangkommen, befinden sich zur rechten Hand in etwa 300 Meter Entfernung Hunderte niedrige graue Dächer, schnurgerade und voneinander abgetrennt durch Stacheldraht. Das ist eine große Stadt, in der Zehntausende Menschen leben können. Nun biegen Sie von der Chaussee ab und fahren durch ein Tor hinter den Stacheldraht. Sie sehen Reihen sauberer Baracken mit akkuraten Palisadenzäunen, mit Sesseln und Sitzbänken aus Birkenholz. Das sind die Baracken der SS-Wache und der Vorgesetzten. Hier ist auch das ‚Soldatenheim' – eine eigens dafür erbaute kleinere Baracke, in der das Bordell für die Wachmannschaften untergebracht war. Hierhin kamen ausschließlich weibliche Häftlinge, die, sobald sie schwanger waren, umgebracht wurden.

Weiter folgen die Kammern, wo die den Häftlingen abgenommene Kleidung desinfiziert wurde. In die Decke sind Rohre eingelassen, durch die das Desinfektionsmittel ausströmte. Dann wurden sie abgedichtet, die Türen hermetisch abgeschlossen, und die Desinfizierung konnte beginnen. Und es ist wirklich so: die Barackenwände, aus Holz gefertigt, die Türen – ohne Eisenbeschlag – eine Bauweise, die davon zeugt, daß hier wohl kaum etwas anderes gemacht werden konnte als Desinfizierung der Kleidung.

Nun öffnen wir die zweite Tür und gelangen in die zweite Desinfektionskammer, die schon völlig anders konstruiert ist. Es ist ein quadratischer Raum mit einer Höhe von etwas mehr als 2 m und ca. 6×6 m Fläche. Die Wände, die Decke und der Fußboden sind aus grauem Beton. Von irgendwelchen Ablagen für die Kleider, die wir noch im anderen Raum gesehen haben, ist hier keine Spur mehr. Alles ist nackt und kahl. Die einzige große Stahltür schließt den Eingang hermetisch ab. Sie wird von außen durch gewaltige Stahlklammern zugeklinkt. Die Wände dieser Betongruft haben drei Öffnungen: Zwei sind Rohre, die von außen eingemauert sind, die dritte Öffnung ist ein Schauloch, ein kleines viereckiges Fensterchen, das durch ein von innen in Beton eingefaßtes dickes und dichtes Stahlgitter geschützt ist. Das dicke Glas ist von der Außenseite der Wand eingearbeitet, so daß es durch das Gitter nicht berührt werden kann.

Wozu dient das Schauloch? Um diese Frage zu beantworten, öffnen wir die Tür und treten aus der Kammer heraus. Daneben befindet sich eine zweite kleine Betonkammer. Hier ist elektrisches Licht verlegt, und es gibt auch einen Lichtschalter. Von hier kann man durch das Schauloch das gesamte Innere der Kammer übersehen. Hier stehen einige runde, hermetisch verschlossene Büchsen mit der Aufschrift ‚Zyklon' und weiter mit kleinerer Schrift ‚Zur Sonderverwendung in den Ostgebieten' auf dem Fußboden. Der Inhalt dieser Büchsen wurde durch das Rohr in die Nachbarkammer geleitet, wenn diese voller Menschen war.

Die Menschen waren nackt, man stellte sie dicht nebeneinander, so daß sie nur wenig Platz einnahmen. Auf 40 m^2 Fläche der Kammer wurden über 250 Menschen zusammengedrängt. Sie wurden dort hineingestoßen, dann schloß man hinter ihnen die Stahltür, verschmierte die Ränder mit Lehm zur besseren Abdichtung, und ein Sonderkommando in Gasmasken schüttete aus den runden Büchsen das Zyklon durch die Rohre in die Kammer. Diese kleinen blauen, äußerlich harmlos wirkenden Kristalle, die bei der Verbindung mit Sauerstoff sofort Giftstoffe absondern, wirken mit einem Schlag auf alle Zentren des menschlichen Körpers. Durch die Rohre wurde das Zvklon eingeschüttet; der für die Erstickung verantwortliche SS-Mann drehte den Schalter, die Kammer wurde erleuchtet, und er konnte durch das Schauloch von seinem Beobachtungspunkt aus den ganzen Prozeß verfolgen, der verschiedenen Angaben zufolge von zwei bis zu zehn Minuten dauerte. Durch das Schauloch konnte er alles sehen, sowohl die schreckerfüllten Gesichter der Sterbenden als auch die allmähliche Wirkung des Gases. Wenn die Menschen starben, brauchte der Beobachtungsposten nicht nach unten zu schauen, denn sie starben, ohne zu Boden zu fallen, die Kammer war so stark überfüllt, daß die Menschen auch tot stehenblieben.

Gehen wir einige Hundert Schritt weiter. Ein leeres Feld. Allem Anschein nach muß sich hier ein Gebäude befunden haben. Ja, hier stand bis zum Herbst vergangenen Jahres ein Krematorium. Im Herbst wurde der Bau eines anderen, moderneren Krematoriums beendet, zu dem wir jetzt kommen, und dieses hier wurde abgerissen. Der primitive Bau hatte nur eine geringe Kapazität, die viel kleiner war als die der wohldurchdachten, verbesserten Gaskammer. Dieses Krematorium war eine Baracke mit Zementfußboden, auf dem zwei riesige Metallkessel auf einem Ziegelsteinfundament standen. Der Verbrennungsprozeß ging ziemlich langsam vor sich. Natürlich erwartete man hier auch nicht die endgültige Verbrennung der Leichen zu Asche; aber auch bis von den Leichen nur noch verkohlte Knochen übrigblieben, vergingen nicht weniger als zwei Stunden. In beide Feuerräume konnten gleichzeitig 14 Leichen gelegt werden. Auf diese Weise konnte das Krematorium innerhalb von 24 Stunden nicht mehr als 150 Leichen verbrennen, während in der Gaskammer bei einer einzigen, wie man hier zu sagen pflegte, ‚Vergasung' täglich 300 Menschen getötet wurden. Aus diesem Grunde mußte, bevor das neue Krematorium entstand, an Tagen von Massenvernichtungen ein bedeutender Teil der Leichen auf LKW zu einem hinter dem Lager gelegenen Feld gebracht und vergraben werden.

Die Umzäunung des Lagers besteht aus zwei Reihen Draht, der oben gebogen und an 4 m hohen Pfählen befestigt ist. Beide Pfahlreihen trennt ein Zwischenraum von 2 m, in dem schräg eine dritte Reihe Draht diagonal gezogen ist. Der Draht der dritten Reihe stand unter elektrischem Strom und war mit Isolatoren versehen. Der Strom hatte eine solche Stärke, daß jeder Fluchtversuch ausgeschlossen war.

Ein derartiges System der Elektrifizierung wurde nicht auf einmal eingeführt. Zu Anfang gab es im Lager die gleichen Drahtverhaue, jedoch ohne Strom. Zur Anwendung von elektrischem Strom ging man nach folgendem Ereignis über.

Im Mai 1942 erschlugen 17 russische Kriegsgefangene, die im Krebiecki-Wald in der Nähe des Lagers Erschossene vergraben sollten, mit ihren Spaten sieben Deutsche von der Wachmannschaft und flohen. Zwei von ihnen wurden eingefangen, den anderen gelang es, sich zu verbergen. Daraufhin wurden die im Lager verbliebenen 130 Kriegsgefangenen (von den im

August 1941 hier untergebrachten 1000) in einen Block überführt, in dem sich Häftlinge befanden. Eines Abends Ende Juni beschlossen die russischen Kriegsgefangenen zu fliehen, da sie erkannten, daß sie hier umkommen würden. Einige Dutzend Häftlinge blieben zurück. Indem alle vorhandenen Decken gesammelt und je fünf übereinandergelegt wurden, errichteten die Gefangenen Brücken über den Stacheldraht. Die Nacht war dunkel, nur vier von ihnen wurden erschossen, den anderen gelang die Flucht. Die verbliebenen 50 Menschen wurden unmittelbar nach der Flucht in den Hof geführt, mußten sich auf den Boden legen und wurden erschossen.* Aber mit dieser Repressivmaßnahme begnügten sich die Deutschen nicht. Die Tatsache der gelungenen Flucht war nicht zu leugnen, und die Deutschen elektrifizierten eilig vier von fünf Blöcken. Nur ein Block wurde nicht mit elektrischem Strom abgesichert, hier waren die Frauen untergebracht, von denen kaum eine Flucht zu erwarten war.

Vor uns steht ein weiterer Nebenblock, weniger sorgfältig abgesichert als die Wohnunterkünfte. Übrigens, das ist nicht verwunderlich, denn hierher wurden die Toten und Halbtoten oder die zum Tode Bestimmten und deshalb besonders Bewachten gebracht. Hier, hinter diesem Drahtverhau, lebte niemand außer der SS und dem Kommando des Krematoriums länger als eine Stunde. In der Mitte eines freien Feldes sehen wir einen hohen viereckigen Schornstein mit daran angrenzenden langen und niedrigen Rechtecken aus Ziegelstein. Das ist das Krematorium. Es blieb in seiner ursprünglichen Form vollständig erhalten.

In geringer Entfernung befinden sich die Reste eines großen Steinbaus. In den wenigen Stunden, die dem Lagerkommando zwischen der Nachricht vom Durchbruch der Verteidigungslinien und dem Eintreffen unserer Truppen verblieben waren, versuchten die Deutschen alle ihre Spuren zu beseitigen. Sie

* Die Daten und Zahlen, die Simonow unmittelbar nach der Befreiung Majdaneks notierte, waren erstaunlich genau. Später hat die Staatsanwaltschaft Düsseldorf recherchiert, daß – laut Anklageschrift – die Massenflucht am 14. Juli 1942 stattfand, daß 84 sowjetischen Gefangenen die Flucht gelang und daß in der selben Nacht von Hackmann, Petrick, Strippel und unbekannt gebliebenen SS-Mördern 40 bis 42 Gefangene auf dem Appellplatz erschossen wurden. Am nächsten Morgen wurden noch weitere fünf Gefangene, die im Krankenrevier gewesen waren, umgebracht.

schafften es nicht mehr, das Krematorium zu sprengen, aber das Seitengebäude zündeten sie an. Ungeachtet dessen waren die Spuren nicht ganz zu verwischen. Der schreckliche Leichengeruch hing in der Luft.

Der Hilfsraum des Krematoriums besteht aus drei Hauptkammern. Eine Kammer ist vollgestopft mit halbverbrannten Kleiderresten. Diese Sachen der zuletzt umgebrachten Menschen konnten nicht mehr weggeschafft werden. In der benachbarten Kammer blieb nur noch ein Teil der Wand erhalten. In diese Wand waren einige Rohre eingemauert, die einen geringeren Durchmesser hatten als die in der Gaskammer, die wir schon vorher gesehen hatten. In dieser Gaskammer wurde gleichfalls der Tod durch Erstickung herbeigeführt. (Vorläufig ist noch nicht geklärt, ob mit dem gleichen ‚Zyklon' oder einem anderen Gas.) Zu Zeiten besonders umfangreicher Massenvernichtungen reichte die Kapazität der Hauptgaskammer nicht mehr aus, und ein Teil der Menschen wurde hierher gebracht und unmittelbar am Krematorium ‚vergast'. Die dritte Kammer, die allergrößte, war allem Anschein nach zur Aufschichtung der Leichen zur späteren Verbrennung bestimmt. Den Fußboden bedeckten halbverbrannte Skelette, Schädel und Knochen. Das war nicht das Ergebnis einer planmäßigen Verbrennungsaktion, sondern einer Brandstiftung. Als die Deutschen in der dritten Kammer Feuer legten, verbrannten die darin befindlichen Leichenhaufen. Es waren viele, vielleicht Dutzende, vielleicht auch Hunderte, das ist schwer zu sagen, da es unmöglich ist, dieses Durcheinander von halbverbrannten Knochen und versengten Fleischstücken zu zählen.

Einige Schritte noch, und wir sind am Krematorium selbst. Es hat die Form eines Rechtecks und ist aus dem feuerbeständigsten Stein – dem Dinasstein – erbaut. In dieser Steinwand befinden sich fünf große Feuerlöcher nebeneinander, die von gußeisernen Türen hermetisch abgeschlossen werden. Die runden Türchen sind jetzt geöffnet. Die tiefgehenden Feuerschächte sind bis zur Hälfte mit verglimmten Rückgraten und Asche gefüllt. Vor den Öfen, vor jedem Feuerloch liegen die von den Deutschen zur Verbrennung bestimmten Skelette, die infolge des Brandes halb verkohlt sind. Hier sind es größere Skelette von Männern oder Frauen, dort Skelette von Kindern, nach der Größe zu urteilen, etwa im Alter von 10 bis 12 Jahren. Vor jedem Ofen liegen fünf bis sechs Skelette. Das entspricht dem Fassungsvermögen der Öfen; denn in jedem Ofen mußten gleichzeitig sechs Leichen Platz finden. Wenn für die sechste Leiche nicht mehr genügend Platz vorhanden war, hackte jemand vom Verbrennungskommando den Körperteil, der nicht mehr hineinpaßte, eine Hand, ein Bein oder den Kopf, ab – dann konnten die Türen hermetisch verriegelt werden.

Insgesamt existierten fünf Verbrennungsöfen. Ihre Kapazität war sehr groß. Das Krematorium war für die Leichenverbrennung innerhalb von 45 Minuten eingerichtet. Aber allmählich lernten es die Deutschen, seine Arbeit zu ‚verbessern'. Auf Kosten der Temperaturerhöhung konnte die Kapazität verdoppelt werden: Anstelle von 45 Minuten dauerte der Verbrennungsprozeß 25 Minuten und weniger. Experten haben sich diesen Dinasstein, aus dem die Öfen des Krematoriums gebaut wurden, schon angesehen und anhand der Deformation und der Verwandlungsprozesse festgestellt, daß die Temperatur über 1500 Grad betrug. Dies beweisen auch die Schieber aus Gußeisen, die ebenfalls deformiert und teilweise abgeschmolzen sind. Wenn man im Durchschnitt annimmt, daß jede Ladung Leichen jeweils im Laufe einer halben Stunde verbrannt wurde und die allgemein bekannte Tatsache in Betracht zieht, daß seit Beginn des Herbstes 1943 der Schornstein des Krematoriums Tag und Nacht unaufhörlich rauchte und wie ein Hochofen nicht für einen Augenblick aussetzte, erhält man folgende Zahl als Kapazität des Krematoriums: etwa 1400 Leichen innerhalb von 24 Stunden.

Hinter dem Lager befindet sich ein noch nicht fertiggestellter Block. Mit Stacheldraht umzäunt sind hier nur steinerne Fundamente. Wände stehen noch nicht, fertiggestellt ist nur eine einzige Baracke, in der keine Pritschen standen. Hier haben zwar keine Menschen gelebt, aber dieser Ort wurde vielleicht zum Zeugen all des Schrecklichen, das sich hier abgespielt hat. Diese Baracke mit einer Länge und Breite von einigen Dutzend Metern war zur Hälfte, in einer Höhe von über 2 m, mit Schuhen der hier im Laufe von 3 Jahren hingerichteten Menschen angefüllt. Es ist schwer zu sagen, wieviel Paar Schuhe hier lagen, vielleicht eine Million, vielleicht auch mehr. Das ganze Schuhwerk hat in der Baracke keinen Platz gefunden, es ist aus Fenstern und Türen herausgequollen. An einer Stelle wurde die Wand durch die ungeheure Last herausgedrückt, und ein Teil davon fiel zusammen mit den Bergen von Schuhen heraus.

Hier ist alles vorhanden: zerrissene russische Soldatenstiefel, polnische Militärschnürstiefel, Männerhalbstiefel, Frauenschuhe und die Hauptsache, das Schrecklichste – Zehntausende Paar Kinderschuhe, Sandaletten, Schuhe und Schnürschuhe von Zehnjährigen, Achtjährigen, Sechsjährigen, von Einjährigen. Man kann sich nur schwerlich etwas Furchtbareres als diesen Anblick vorstellen. Ein grauenhaftes schweigendes Zeugnis des Todes von Hunderttausenden von Männern, Frauen und Kindern! Wenn man sich über die Schuhberge hinweg einen Weg bahnt und zur rechten Ecke des Schuppens gelangt, findet man gleich eine Erklärung für die Existenz dieses grauenhaften Lagers. Hier sind Tausende, ja Zehntausende Sohlen und Oberleder von Schuhen gestapelt und einzelne Lederstückchen geschichtet. An diesem Ort wurde der Teil des Schuhwerks ausgesondert und sortiert, der nicht mehr tragfähig war; die Sohlen, Oberlederstücke und Absätze wurden getrennt voneinander ausgewählt. Wie alles im Todeslager, war auch dieses Lager von der praktischen Seite aus eingerichtet. Von den ermordeten Menschen sollte nichts umkommen, weder Kleidung und Schuhwerk noch ihre Knochen und Asche.

Ich habe die Geschichte des Lubliner ‚Vernichtungslagers' erzählt, ich habe davon berichtet, wie es jetzt aussieht. Verweilen wir noch bei den Aussagen einiger Zeugen, die ich persönlich gesprochen habe. Ihre Angaben stellen vielleicht nur ein Hundertstel von jenen Aussagen dar, die später Quellenmaterial für die Arbeit einer Untersuchungskommission sein werden. Ich konnte mit dem russischen Kriegsgefangenen Barytschew, einem Arzt, der im Lagerlazarett für die Kriegsgefangenen Chefarzt war, sprechen sowie mit einem Feldscher aus dem gleichen Lazarett, mit Ingenieuren und Arbeitern aus Zivilberufen, die beim Bau des Lagers mitgearbeitet hatten, mit Leuten, die Häftlinge und Kriegsgefangene im Lager waren, und auch mit SS-Leuten, die der Wachmannschaft des Lagers angehört hatten. All die Gespräche vermittelten mir ein Gesamtbild vom Leben im ‚Vernichtungslager'.

Die Grundeinstellung, von der die über das Lager herrschenden SS-Leute ausgingen, war folgende: Alle Leute, die ins Lager kamen, ganz gleich, ob Kriegsgefangene oder Häftlinge, ob sie Russen, Ukrainer, Polen, Belorussen oder Juden, Franzosen oder Griechen usw. waren, mußten früher oder später sterben. Lebendig würden sie niemals mehr aus dem Lager herauskommen und erzählen können, was sich hier abgespielt hatte. Diese Grundeinstellung bestimmte sowohl das Auftreten der Wachmannschaften als auch die Methoden der Menschenvernichtung im Lager. Tote schweigen und können nichts mehr erzählen. Sie sind nicht in der Lage, ausführliche Einzelheiten mitzuteilen, diese Einzelheiten dokumentarisch zu belegen. Das war nach Ansicht der Deutschen die Hauptsache . . .

Einiges muß noch von den Frauen gesagt werden. In verschiedenen Monaten kamen im Lager bis zu zehntausend Frauen zusammen. Sie waren genau wie die Männer untergebracht, nur mit dem einen Unterschied, daß sie von weiblichen Angehörigen der SS beaufsichtigt wurden. Ich werde von einer dieser Furien berichten, die im Rang eines Unteroffiziers stand und Oberaufseherin der Frauenbaracken war. Ihr Name konnte vorläufig leider noch nicht ermittelt werden, weil sie von allen einfach ‚Lagerseherin' genannt wurde, denn so wurde die deutsche Bezeichnung ‚Lageraufseherin' verdreht. Diese ‚Lagerseherin' ging niemals ohne Peitsche. Peitsche wurde eine 2 Meter lange elastische Reitpeitsche genannt, die aus dickem Draht bestand, der mit Gummi überzogen und über dem Gummi mit Leder verkleidet war. Die ‚Lagerseherin' war eine häßliche und dürre Megäre, sie zeichnete sich durch einen sexuell bedingten Sadismus aus und war halb wahnsinnig. Bei dem Morgen- und Abendappell wählte sie unter den ausgezehrten und abgemagerten Frauen die schönste aus, die sich noch ein mehr oder weniger menschenähnliches Aussehen bewahrt hatte, und schlug dieser Frau ohne jeglichen Grund mit der Peitsche vor die Brust. Wenn das durch diesen Schlag zu Boden geworfene Opfer hinfiel, versetzte die ‚Lagerseherin' der Frau mit ihrer Peitsche einen zweiten Schlag zwischen die Beine und einen dritten mit ihrem beschlagenen Schuh an die gleiche Stelle. Gewöhnlich war die Frau dann schon nicht mehr in der Lage, sich zu erheben, und kroch, eine lange Blutspur zurücklassend, bevor sie aufstand. Nach einer solchen einmaligen oder zweimaligen Exekution wurden die Frauen zu Krüppeln und starben bald darauf. Darüber läßt sich nur schwer sprechen. Bleibt nur eine Hoffnung, daß diese schreckliche und Tausende ihr ähnlicher Kreaturen eines Tages beim Namen genannt, daß sie aufgefunden und hingerichtet werden, d.h. wenigstens ein Hundertstel der verdienten Strafe abbüßen.*."

Wahrscheinlich meint Simonow die Oberaufseherin Elsa Ehrich. Sie hatte sich in Deutschland versteckt, wurde an Polen ausgeliefert und 1948 von einem Kriegsgericht in Lublin zum Tode verurteilt und hingerichtet. Möglicherweise ist aber auch die SS-Aufseherin Hildegard Lächert gemeint, die im Düsseldorfer Majdanek-Prozeß angeklagt wurde.

Die vier SS-Leute und die zwei verbrecherischen Kapos, die man bei der Befreiung des Konzentrationslagers Majdanek gefaßt hatte, wurden noch vor dem Ende des Krieges in Lublin vor das Sondergericht zur Aburteilung von nazistischen Kriegsverbrechen gestellt. Am 27. November, vier Monate nach der Flucht der SS aus Lublin, begann der Prozeß. Am 2. Dezember 1944 fiel das Urteil: Der SS-Schütze Hermann Vogel, der SS-Hauptscharführer Wilhelm Gerstenmeyer, der SS-Obersturmführer Anton Ternes (stellvertretender Leiter der Verwaltungs- und Wirtschaftsabteilung des Konzentrationslagers, der gelegentlich mit Heinrich Worster zusammen die Juwelenkoffer in die Werkstatt von Antmann gebracht hatte), der SS-Rottenführer Theodor Schmolen und die beiden Kapos Heinz Stalys und Edo Pohlmann wurden zum Tode verurteilt. Am nächsten Tag, dem 3. Dezember 1944, wurden sie hingerichtet. Pohlmann hatte sich in der Nacht zuvor erhängt.

Zu dieser Zeit war für Samuel Antmann die Freiheit noch weit entfernt. Fünf lange Monate dauerte es noch, ehe er wieder zu einem Menschen wurde.

* Zitiert nach Polewoi/Simonow/Trachman, „Befreiung", Frankfurt/M. 1974

ES WAR EIN SEHR ANGENEHMES KZ

Manchmal drückt sich Samuel Antmann sehr merkwürdig aus. Er sagt heute noch, wenn er an Oranienburg denkt: „Es war ein sehr angenehmes KZ." Immer vergleicht er es mit Majdanek. Angenehm in Oranienburg war für ihn nicht allein die Arbeit und daß er nicht mehr mit ansehen mußte, wie vor seinen Augen die langen Menschenschlangen im Bad verschwanden und als Leichentransporte wieder herauskamen. „Angenehm war es, daß man mit jedem Menschen fast Kontakt gehabt hat. Dort war ein Jude aus Berlin, ein wunderbarer Violinspieler. Herrlich hat er spielen können, ich habe mich sehr gefreut an ihm. Einmal bin ich erkältet gewesen, ich habe eine Grippe gehabt. Bin ich in ein ganz normales, schönes Spital gekommen. Es gab sogar Medikamente. Nein, Oranienburg war wirklich sehr nett im Vergleich zu Majdanek. Wir haben sogar ein Radio gehabt, heimlich natürlich, denn in der Elektrowerkstatt nebenan haben sie Radios reparieren müssen. Und so haben wir London gehört und genau gewußt, wo die russischen Truppen sind und wie lange es vielleicht noch dauert, bis sie hier sind."

Doch ehe die russischen Truppen da waren, wurde auch Oranienburg evakuiert. Ein Todesmarsch begann. Wer nicht weiterkonnte, wurde am Straßenrand erschossen. Auch hier gehörte der Uhrmacher nicht zu den Elendsgestalten. Er war gut genährt, die SS hatte auch in Oranienburg seine Dienstleistungen mit Lebensmitteln honoriert.

Am 18. April 1945 begann der Marsch. Er dauerte zweieinhalb Wochen. Und es wurden immer weniger, die marschierten. Bis sie zu den ersten Häusern von Schwerin kamen. „Ich weiß nicht, wie es geschah. Auf einmal war keine SS mehr da, sondern es stand ein amerikanischer Panzer auf der Straße. Ich war so abgestumpft, daß ich nicht einmal daran gedacht habe, daß ich nun frei bin und wieder nach Hause kann."

Das Zuhause allerdings gab es nicht mehr. Außer ihm und den beiden Brüdern, die rechtzeitig vor den Faschisten nach Israel ausgewandert waren, hat von den Antmanns keiner diesen 8. Mai 1945 erlebt, an dem die Welt die Freiheit feierte.

In Schwerin meldete sich der abgerissene Häftling mit der

Nummer 71020, die er in Oranienburg erhalten hatte, bei der Polizei. „Zugezogen: Aus dem KZ Oranienburg" steht auf seinem Meldeschein. Er bekam einen neuen Anzug, wohnte irgendwo notdürftig, wurde nach Lübeck gebracht, erhielt einen „Paß für ehemalige KZ-Häftlinge". Und er erlebte zum erstenmal wieder die Liebe einer Frau. Es war die Frau eines SS-Offiziers.

Ende Mai brachte ihn ein Lastwagen des Schweizer Roten Kreuzes nach Prag und weiter nach Nitra. Im Weinberg seines Vaters grub er an der Stelle, die sie als Versteck verabredet hatten, eine Kiste aus. Gold war darin, mehrere Kilo. Samuel Antmann war jetzt ein reicher Mann. Aber er hatte niemanden mehr. Er ging nach Prag, ließ sich von einem Zahnarzt den Majdanek-Brillanten aus den Zähnen nehmen und kaufte sich dafür ein Geschäft. Gold- und Silberwaren Samuel Antmann. Einmal kam ein Kunde und zeigte ihm eine Zigarrenkiste, die mit Trauringen gefüllt war. An einigen der Ringe waren noch kleine Blutspritzer, das sah er sofort. Er schickte den Mann hinaus.

Nie wieder wollte er etwas von Majdanek hören. Er heiratete, bekam zwei Söhne, aber später ließ er sich scheiden. In der Dubček-Zeit wanderte er aus nach Zürich, arbeitete dort als Gold- und Juwelenfachmann in einer großen Bank. Jetzt ist er 72 Jahre alt, hat ein Zimmer in einer jüdischen Stiftung, hilft gelegentlich bei einem befreundeten Uhrmacher aus. Als er aus dem KZ gekommen war, hatte er einen Bogen Papier genommen und darauf die Namen aller Verwandten geschrieben, die von den Nazis umgebracht worden waren. Es waren 92. Aber der Zettel ist in Prag verloren gegangen. Jetzt, nachdem er alt geworden ist, hat er noch einmal versucht, die Namen aufzuschreiben. Doch er kam nicht einmal bis 20.

WO SIND DIE MÖRDER GEBLIEBEN?

Wieviel Menschen mögen es gewesen sein, die ihr Leben in Majdanek verloren haben? Es gibt keine Listen mit ihren Namen. Es gibt nur wenige Anhaltspunkte, Transportkapazitäten, das Fassungsvermögen des Krematoriums, die Häu-

Der Doppelzaun von Majdanek war elektrisch geladen. Nachdem am 14. Juli 1942 in der Nacht 84 sowjetischen Kriegsgefangenen die Flucht geglückt war, wurden zwischen den beiden Drahtzäunen schrägliegende Latten angebracht und ebenfalls mit Draht bespannt, der unter Strom stand

Majdanek. Luftaufnahme, wenige Tage nach der Befreiung durch die Rote Armee am 24. Juli 1944

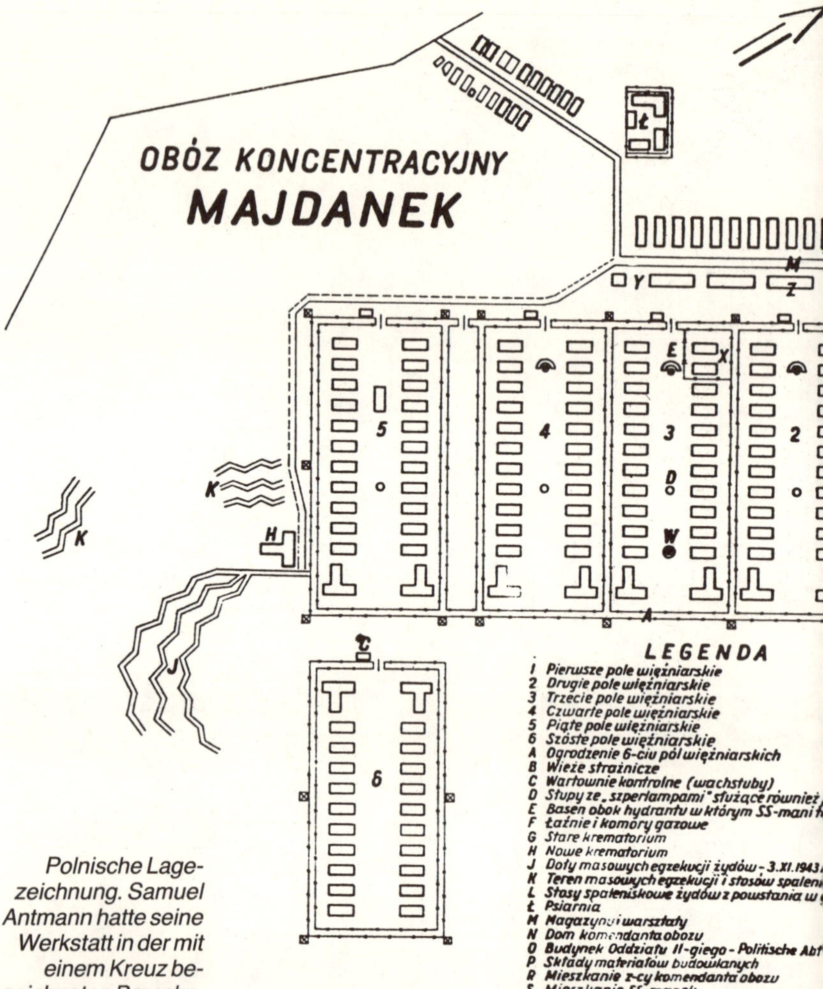

Polnische Lagezeichnung. Samuel Antmann hatte seine Werkstatt in der mit einem Kreuz bezeichneten Baracke. Die Erschießung der 18000 Juden (»Erntefest«) am 3. November 1943 geschah in dem mit »J« und »K« bezeichneten Gräben hinter dem »neuen Krematorium« (gekennzeichnet »H«)

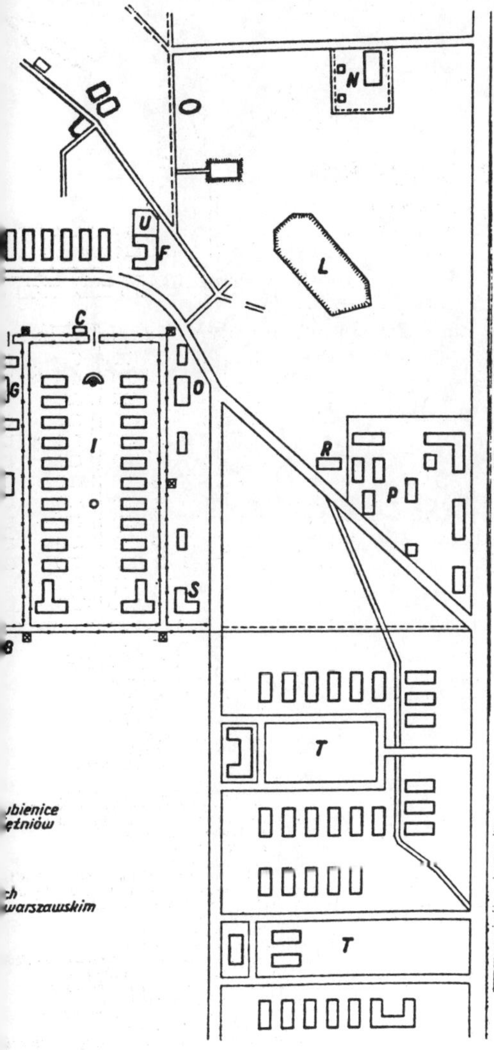

KZ-MAJDANEK

I Feld I
2 Feld II
3 Feld III
4 Feld IV
5 Feld V
6 Feld VI
A Umzäumung
B Wachtturm
C Wachstube
D Galgen
E Basen
F Bad und Gaskammer
„Bad und Desinfektion I"
und „Bad und Desinfektion II"
G Altes Krematorium
H Krematorium
J Massengräber
K Gelende der Massenexekution
und Brennhaufen
L Brennstosse der Juden
von Warschauer Aufstand
Ł Hundbaracke
M Magazin und Werkstatte
N Komendanten Haus
O Politische Abteilung
P Baumaterialhof
R Wohnung des Lager vertreters
S Wohnung der Aufserinen
T SS Wohnung und Kommendantu
U „Rosengarten"
W Das Andenken Denkmal
X Fahrbereitschaft
Y SS Küche
Z Wäscherei
Ż Schusterei

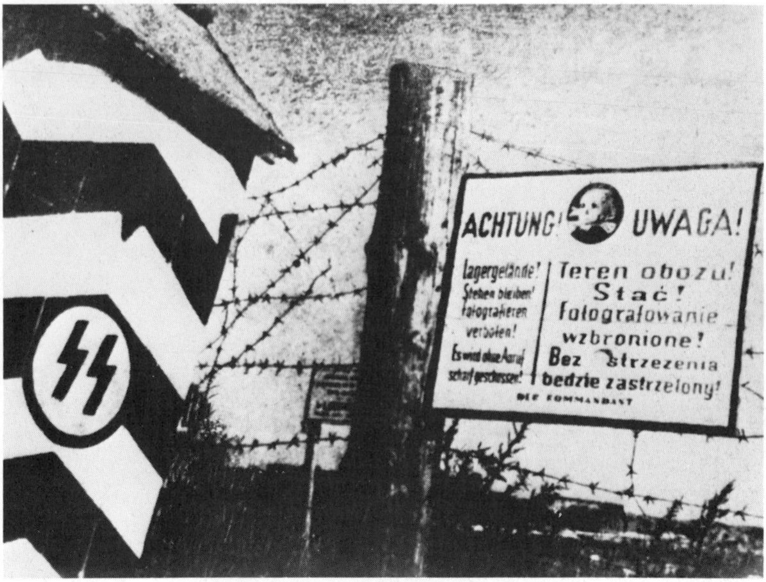

Warnschilder am Eingang zum Häftlingslager, unmittelbar neben dem Wachhäuschen des SS-Postens

Rechte Seite:
Giftgas »Zyklon B« in den Originaldosen der Herstellerfirma DEGESCH in Frankfurt. Einige Dosen trugen den Aufdruck »Zur Sonderverwendung in den Ostgebieten«. Zyklon B wird heute noch von derselben Firma unter ähnlichem Namen als Schädlingsvertilgungsmittel produziert

GIFTGAS!
ZYKLON

Elsa Ehrich, gefürchtete SS-Oberaufseherin von Majdanek, die mit einem Peitschenschlag einen Menschen zum Krüppel schlagen konnte. 1948 wurde sie von einem polnischen Gericht zum Tode verurteilt und hingerichtet

*Rechte Seite:
Lagerkommandant Karl Koch und seine Frau Ilse. Vom betrügerischen Buchhalter bis zum Mörder von Buchenwald und Majdanek, die Karriere eines Kriminellen, der von der SS zum Tode verurteilt und hingerichtet wurde*

SS-Unterscharführer Heinz Villain. Er brachte die 18 000 Juden beim »Erntefest« zum Erschießen in die Todesgräben

SS-Rottenführer Emil Laurich, der »Todesengel« von Majdanek. Er fuhr mit einem Fahrrad neben den Häftlingen zum Krematorium

Linkes Bild:
Schutzhaftlagerführer Hermann Hackmann.
Er sprang dem Häftling Ernst Löwy
aus Neutra auf die Brust und trampelte
ihn zu Tode

SS-Oberscharführer Erich Mussfeldt, der Leiter des Krematoriums von Majdanek. Er bereitete sein Badewasser auf den Verbrennungsöfen

SS-Obersturmführer Anton Thumann. Er wohnte im »Weissen Haus« an der Lagerstraße und galt als der grausamste unter den SS-Mördern

Rechte Seite:
SS-Obersturmführer Arnold Strippel.
Er wirkte in allen großen Konzentrationslagern und hinterließ eine Blutspur durch ganz Europa

Auf diesem Seziertisch im Krematorium mußte der Deutsche Bruno Horn, ein gefangener jüdischer Zahnarzt, den Leichen die Goldzähne ziehen

Rechte Seite:
So fanden die Soldaten der Roten Armee am 24. Juli 1944 das Krematorium von Majdanek mit halbverbrannten Gerippen vor

Die Leichen von verhungerten sowjetischen Kriegsgefangenen wurden außerhalb des Lagers Majdanek in Erdlöchern verscharrt

Der Bremer Kaffeekaufmann Hans Biebow (rechts) ließ sich in Lodz (von den Nazis »Litzmannstadt« genannt) als »Getto-Verwalter« in seinem Arbeitszimmer die geraubten Wertsachen der Juden vorzählen

AMERIKA LINIE

An die

Gettoverwaltung

Litzmannstadt

Ich stelle hiermit den Antrag auf den Erwerb von Gold-, Silber- und Edelsteinschmuck aus sichergestelltem Vermögen.

Ich wünsche [illegible]

(Gegenstand genau bezeichnen)

1 goldene Herrenarmbanduhr zu kaufen.

Ich erkläre,

1) daß ich Deutscher bin und seit dem 28. 10. 1939

bei Firma/Amt **Der Polizeipräsident** tätig bin;

2) daß ich noch längere Zeit im Warthegau verbleibe;

3) daß ich bisher noch keinen Gold-, Silber- und Edelsteinschmuck aus sichergestelltem Vermögen erworben habe;

4) daß ich den erworbenen Gegenstand nur für meinen eigenen oder für den Gebrauch meiner mit mir in gemeinsamen Haushalt lebenden Familienangehörigen erwerben will und ihn nicht weiter veräußern werde.

Ich bin mir darüber klar, daß ich mich strafbar mache, wenn die vorstehenden Angaben der Wahrheit nicht entsprechen.

Litzmannstadt, den 29. Novbr. 1940

[illegible]
Regierungs
Polizeirat

Genaue Anschrift:

Name Heinrich [illegible]

Wohnort Litzmannstadt

Straße u. Wohnung Polizeipräsidium

(Mit Schreibmaschine ausfüllen)

Die Tagesbeute an goldenen Taschenuhren auf dem Tisch des Getto-Verwalters Hans Biebow in »Litzmannstadt«

Linke Seite:
Wer Beziehungen zu den Nazibehörden hatte oder selbst zur Polizei oder Gestapo gehörte, konnte für wenig Geld Brillantringe, goldene Uhren und andere Hehlerware aus dem großen Judenmord kaufen

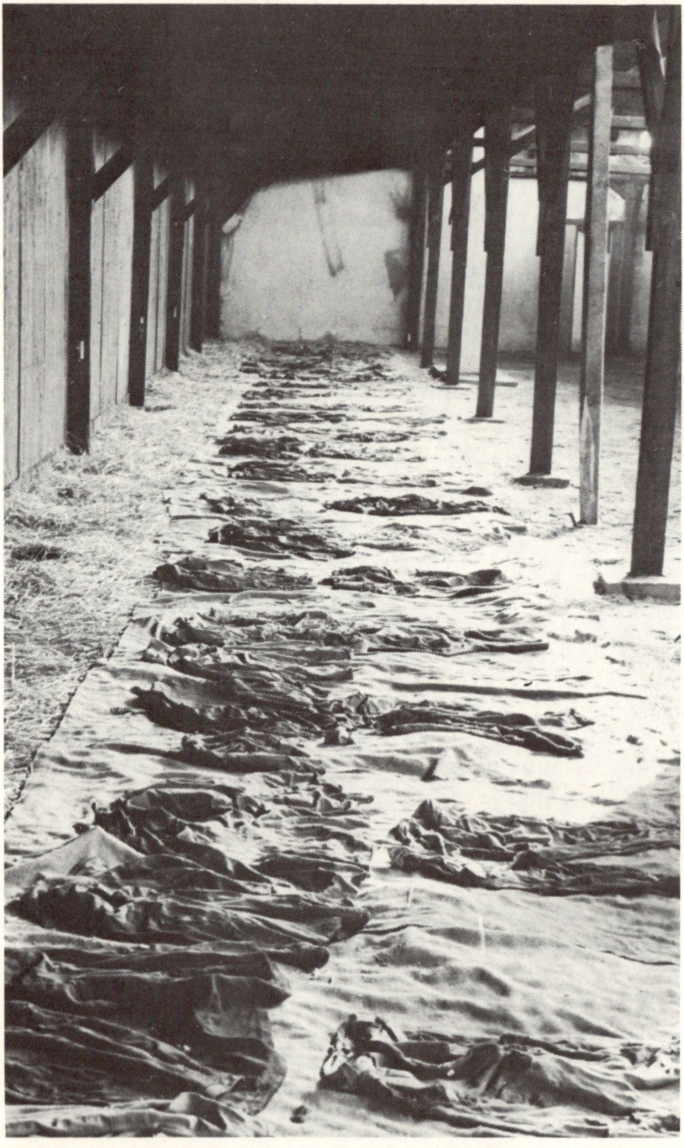

Ein Pferdestall auf Feld III von Majdanek. Von den Menschen, die hier gewohnt hatten, war nur die Kleidung zurückgeblieben

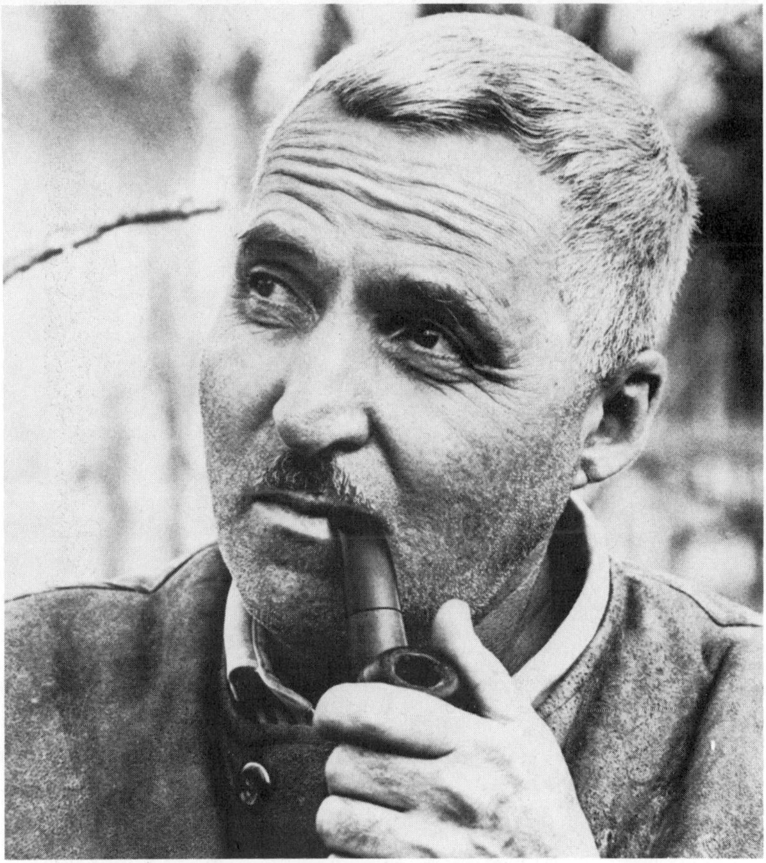

Als mit den Soldaten der Roten Armee der russische Dichter und Kriegskorrespondent Konstantin Simonow in das befreite Todeslager kam, schrieb er: »Von den ermordeten Menschen sollte nichts umkommen, weder Kleidung und Schuhwerk, noch ihre Knochen und Asche«

»Dieser Ort wurde zum Zeugen all des Schrecklichen, das sich hier abgespielt hat«, notierte Konstantin Simonow vor dieser Lagerbaracke: »Es ist schwer zu sagen, wieviel Paar Schuhe hier lagen, russische Soldatenstiefel, polnische Militärschnürstiefel, Männerhalbstiefel, Frauenschuhe und die Hauptsache, das Schrecklichste – Zehntausende Paar Kinderschuhe, Schuhe von Zehnjährigen, Achtjährigen, Sechsjährigen, von Einjährigen

figkeit von „Pazifizierungen" polnischer Dörfer mit anschließender Einlieferung der Überlebenden nach Majdanek. Man hat Zahlen geschätzt, die über der Millionengrenze lagen. Heute meint man in Polen nach langen vergleichenden Untersuchungen, es seien ungefähr 330 000 gewesen.

Ihnen ist 1969, fünfundzwanzig Jahre nach der Befreiung, ein gewaltiges Denkmal gesetzt worden, ein schwer lastender Block. Und ein riesiges Mausoleum enthält in einer Schale die Reste der Asche aus dem Krematorium. Kein Tag vergeht, ohne daß hier Blumensträuße niedergelegt werden. Als das Denkmal eingeweiht wurde, hat Polen „den Helden von Majdanek, die im Kampf gegen den nazistischen Völkermord und für die Freiheit ihrer Nationen und aller Menschen hier den Märtyrertod gefunden haben" die höchste Auszeichnung des Landes verliehen, den Orden des Grunwald-Kreuzes.

Wo einmal Samuel Antmann Goldzähne säubern und Juwelen sortieren mußte, in der ersten Baracke an der Lagerstraße, ist heute eine Ausstellung von Fotos und Dokumenten. Gegenüber in der Gaskammer haben die weißen Wände einen merkwürdigen blauen Ausschlag bekommen. Er ist von Chemikern untersucht worden: Es sind die Zyanid-Überreste des Schädlingsbekämpfungsmittels Zyklon B, das man heute in der Bundesrepublik Deutschland immer noch unter demselben Namen und vom selben Hersteller kaufen kann, der Deutschen Gesellschaft für Schädlingsbekämpfung, die heute noch genauso firmiert wie damals: DEGESCH. Und die in ihrer Werbung auf die jahrzehntelangen Erfahrungen mit diesem Schädlingsbekämpfungsmittel hinweist. Nur tragen die Dosen nicht mehr den Vermerk „Zur Sonderverwendung in den Ostgebieten". Der Generaldirektor der DEGESCH, Gerhard Peters, wurde nach dem Kriege in zwei Verfahren verurteilt, in letzter Instanz 1955 aber freigesprochen. Hingegen verurteilte man Bruno Tesch, Inhaber der Firma Tesch und Stabenow im Hamburger Meßberghof, der das Zyklon B in die KZs geliefert hatte, zum Tode und richtete ihn hin.

Die Wege des Lagers sind mit Gras bewachsen. Das war damals nicht so. Wo viele tausend Menschenfüße gehen, wächst kein Gras. Der Zaun steht, wie er damals errichtet wurde. In den Zaunpfahl ist ein Eisernes Kreuz eingeschnitten, wie es damals und wie es heute benutzt wird, und darüber steht „Deutschland über alles".

Im Krematorium steht neben den Öfen und hinter einer Trennwand eine Badewanne. Hier hat der SS-Oberscharführer Erich Mussfeldt jeden Abend gebadet. Das Wasser wurde in einem Kessel auf den Öfen erhitzt und durch eine kurze Leitung bis zur Wanne geführt.

In Majdanek haben einmal mehr als 1500 Mörder Dienst getan. Wo sind sie geblieben?

Einige wenige wurden in Polen bestraft. Der letzte Kommandant von Majdanek zum Beispiel, der SS-Obersturmbannführer Arthur Liebehenschel. Unter seinem Kommando fand das „Erntefest" statt. Am 16. Dezember 1947 wurde er vom Obersten Volkstribunal zum Tode verurteilt und am 24. Januar 1948 in Krakau hingerichtet. Im selben Prozeß wurde ein SS-Lagerarzt, Dr. Hans Münch, freigesprochen, weil er im Gegensatz zu allen anderen Ärzten den Häftlingen in jeder ihm möglichen Weise geholfen hatte, „auf eine Art, die ihn der größten Gefahr aussetzte".

Auch der Mann, der den Koffer mit den Juwelen zu Antmann trug, der SS-Hauptsturmführer Heinrich Worster, wurde in Polen zum Tode verurteilt und hingerichtet, ebenso der Leiter des Krematoriums, SS-Oberscharführer Erich Mussfeldt. Die meisten SS-Verbrecher aber waren untergetaucht und wußten bald, wo sie sich am sichersten fühlen konnten: im Westen Deutschlands. Hier wurde schon bald nach dem Ende des Krieges wieder von einem neuen gesprochen, vom kalten zunächst, aber auch dazu brauchte man die Soldaten aus der Nazizeit. Und die SS wurde nicht als Mörderbande angesehen, sondern als „vierter Wehrmachtteil" neben Heer, Luftwaffe und Marine. Sie waren alle ganz ehrenhafte Soldaten.

Was in diesen ersten zwei oder drei Nachkriegsjahrzehnten geschehen ist, um die alten Machtverhältnisse zu stabilisieren, ist ein besonders dunkles Kapitel in der deutschen Geschichte. Am Ende kam nicht jenes antifaschistische und antimilitaristische Deutschland heraus, das nach dem Potsdamer Vertrag geschaffen und damals auch von dem größten Teil des deutschen Volkes ersehnt wurde, sondern ein schlagkräftiger antikommunistischer Staat. Er kämpfte nun nicht mehr gegen die jüdisch-bolschewistische Weltherrschaft, sondern nur noch gegen die bolschewistische. Und er tat das mit vielen bekannten Gesichtern. Viele, die an den Schaltstellen der Wirtschaft, der Politik, des Militärs und der Justiz saßen, kannte man von früher.

Die Majdanek-Verbrecher in der Bundesrepublik konnten sich jahrzehntelang sicher fühlen. Und es lag nicht daran, wie manchmal behauptet wurde, daß Polen etwa Belastungsmaterial zurückgehalten habe. Im Gegenteil, von dort war es in überreichem Maße schon kurz nach dem Ende hierhergeliefert worden. Aber man wollte den Opfern auch noch die Schuld zuspielen, daß ihre Mörder nicht verfolgt wurden.

Es dauerte dreißig Jahre, ehe am 26. November 1975 in Düsseldorf der Prozeß begann, der als Majdanek-Prozeß bekanntgeworden ist. Zwölf Jahre lang hatten Staatsanwälte der Nordrhein-Westfälischen Zentralstelle zur Bearbeitung nationalsozialistischer Massenverbrechen ermittelt. Zuerst gegen 47 Beschuldigte. Übrig blieben dann vierzehn Angeklagte. Ein Hundertstel der Mördermannschaft.

NICHTS GESEHEN, NICHTS GEHÖRT, ALLES VERGESSEN

Als Beispiel für einen, der nicht auf der Anklagebank des Majdanek-Prozesses sitzt, soll hier über den Adjutanten des Lagerkommandanten, den SS-Obersturmführer Karl Friedrich Höcker aus Lübbecke in Westfalen, geschrieben werden.

Am 10. April 1961 wird Höcker von einem Kriminaloberkommissar des Landeskriminalamtes Düsseldorf vernommen, der nach Lübbecke gekommen ist. Höcker gibt an, daß er als Sparkassenangestellter bei der Kreissparkasse in Lübbecke arbeite und dort auch wohne. Deutsch, evangelisch, verheiratet, zwei Kinder, nicht vorbestraft.

„Mit dem Gegenstand der Vernehmung bekanntgemacht und zur Wahrheit ermahnt, sagte der Vorgenannte zur Sache:

Seit Ende 1933 war ich Mitglied der Allgemeinen SS. Im November 1939 wurde ich durch Gestellungsbefehl zur Waffen-SS einberufen. Mein letzter Dienstgrad bei der Allgemeinen SS war Staffelrottenführer. Mein Antrittsdienstgrad bei der Waffen-SS war SS-Mann.

Am 16.11.1959 wurde ich zum 9. SS-Infanterieregiment nach Danzig eingezogen. Dort erhielt ich meine erste militärische Ausbildung. Bei einer militärärztlichen Untersuchung in Danzig wurde ich auf Grund einer Knieverletzung GVH* geschrieben. Auf Grund des Untersuchungsergebnisses kam ich von der benannten militärischen Einheit der Waffen-SS weg. Ende April 1940 wurde ich so in das KL Neuengamme versetzt, und zwar zum dortigen SS-Totenkopfsturmbann, das als Wachbatl. für das KL Neuengamme eingesetzt war. Um die gleiche Zeit war ich SS-Sturmmann. Nach etwa 14 Tagen wurde ich als Kommandanturschreiber zum Kommandanturstab des KL Neuengamme versetzt. Hier war ich bis etwa März/April 1942 Personalsachbearbeiter für das SS-Personal von Neuengamme.

In dieser Zeit machte ich die Stabsscharführerprüfung und wurde zum SS-Unterscharführer befördert. Vor Beendigung meiner Dienstzeit im KL Neuengamme bin ich noch SS-Oberscharführer geworden. Von April bis Herbst 1942 war ich als Stabsscharführer im Kommandanturstab des Arbeitsdorfes der Volkswagenwerke in Wolfsburg eingesetzt. In der Zeit nachher kam ich nach München-Dachau zur Vorbereitungslehrkompanie der Waffen-SS. Hier bestand ich nach einem achtwöchigen Vorbereitungslehrgang die Eignungsprüfung für die SS-Junkerschule. Anschließend, also im Januar 1943, kam ich zur SS-Junkerschule nach Braunschweig. Der Lehrgang in Braunschweig dauerte bis Mai 1943. Bis Abschluß des Lehrganges wurde ich zum Untersturmführer der Waffen-SS der Reserve befördert. Im Mai 1943 wurde ich zum SS-Wirtschafts- und Verwaltungshauptamt in Oranienburg versetzt. Hier blieb ich aber nur wenige Tage und wurde sogleich zum Kommandanturstab des Konzentrationslagers Lublin versetzt, und zwar sogleich als Adjutant des Kommandanten des KL Lublin. Diese Funktion übte ich bis März/April 1944 aus. In dieser Zeit, etwa von Juli bis August 1943, lag ich für etwa 3 Monate wegen Sumpffleckfieber im Lazarett Lublin. Anschließend war ich Adjutant des Konzentrationslagers Auschwitz, und zwar bis

* „GVH" = Gefechts-verwendungsfähig Heimat

zur Evakuierung des Lagers im Januar 1945. Anschließend wurde ich in das KL Nordhausen zum dortigen V-Waffenwerk versetzt. Hier blieb ich etwa bis Mitte März 1945. Sodann kam ich noch zur Truppe nach Hamburg-Langenhorn. Ich war hier bei verschiedenen SS-Kampftruppen im Raume Schleswig-Holstein. Die jeweiligen Bezeichnungen der Kampfgruppen sind mir entfallen.

In Schleswig-Holstein erlebte ich dann auch das Kriegsende und kam bei Rendsburg in die engl. Kriegsgefangenschaft. Ich gab mich den Engländern nicht als Angehöriger der SS zu erkennen, weshalb ich bereits Ende Januar 1946 in Kiel aus der engl. Gefangenschaft entlassen worden bin.

Ich blieb bis März 1953 in Schleswig-Holstein. Sodann kam ich zu meinem Heimatswohnort Engershausen, Krs. Lübbecke, zurück. Vom 1. April 1953 an bin ich wieder bei der Kreissparkasse Lübbecke angestellt. Hier war ich auch bis zu meiner Einberufung zur Waffen-SS tätig gewesen.

Ich bitte darum, daß in dieser Vernehmung auch aufgenommen wird, daß ich bereits im Jahre 1952 beim Spruchgericht des LG Bielefeld gegen mich ein Spruchkammerverfahren beantragt habe. Diesbezüglich wurde ich mit Datum vom 9.1.1953 durch Strafbescheid wegen meiner Mitgliedschaft in einer für verbrecherisch erklärten Organisation (Waffen-SS) zu einer Gefängnisstrafe von 9 Monaten verurteilt. Diese Strafe fiel unter Amnestie. Das Aktenzeichen des vorgenannten Verfahrens lautete: 7 Sp Js 11/52 des Spruchgerichts Bielefeld. Ich möchte noch ausdrücklich bemerken, daß meine Angaben bezüglich meines Werdeganges und meiner jeweiligen Dienststellen bei der Waffen-SS, die ich in dem Spruchgerichtsverfahren gemacht habe, sich mit meinen heutigen Aussagen decken."

Ein SS-Lebenslauf wie aus dem Bilderbuch der alten Generation: Eigentlich war die Arbeit an der Kreissparkasse in Lübbecke nur für ein kurzes Majdanek-Zwischenspiel unterbrochen. Und für seine mörderische Arbeit im KZ ist der Mann ja auch bestraft worden, wie es sich gehört. Mit neun Monaten Gefängnis. Daß die auch noch unter die Amnestie fielen, hat ja nicht er zu verantworten, denn er hat ja damals schon alles gesagt.

Er kann sich auch noch genau erinnern, oder zumindest ziemlich genau, daß es sehr friedlich zuging in Majdanek, daß dort in Tischlerei und Schneiderei gearbeitet wurde und daß niemand, außer nach ordentlichem Verfahren, dort gestorben ist. Nur möchte er betonen, daß es ja gar nicht Majdanek hieß:

„Die Bezeichnung KL Majdanek war für die SS nicht gebräuchlich, sondern diese Bezeichnung war im polnischen Sprachgebrauch üblich. Ich war während meines Aufenthaltes im KL Lublin ausschließlich Adjutant des Kommandanten.

Das KL Lublin war zu meiner Zeit ein geschlossenes Konzentrationslager. Nebenlager bestanden nicht. Es konnte allerdings sein, daß zeitweise zu einem Werk Arbeitskommandos eingeteilt waren, die nach Arbeitsschluß nicht ins Lager zurückkehrten. Konkretere Hinweise kann ich aber im Augenblick nicht geben. Mit dem Arbeitseinsatz hatte ich nichts zu tun.

Die durchschnittliche Belegstärke im KL Lublin betrug 3000 bis 5000. Die überwiegende Zahl der Häftlinge waren polnische Juden und andere polnische Staatsangehörige. Die genaue Aufschlüsselung in dieser Beziehung weiß ich aber nicht, weil ich mit den Häftlingen direkt nicht in Berührung kam.

Das KL Lublin war ein Barackenlager mit etwa 30 Baracken. Die Belegschaftsstärke der einzelnen Baracken ist mir unbekannt geblieben. Im KL Lublin waren zu meiner Zeit männliche und weibliche Häftlinge untergebracht. Verhältniszahlen kann ich aber diesbezüglich nicht benennen. Auch über die Lagereinteilung kann ich aus meiner Erinnerung keine Angaben machen. Ich kann also nicht sagen, ob beispielsweise die Juden oder die kriminellen Häftlinge gesondert in Baracken untergebracht waren. Frauen und Männer waren aber unterkunftsmäßig getrennt untergebracht. Das KL Lublin war auch durch einen Drahtzaun in ein Lager von Frauen und ein Lager für Männer unterteilt. Die Bezeichnungen der einzelnen Baracken sind mir unbekannt. Ich kann also nicht sagen, ob die Unterkunftsbaracken durch Nummern oder Buchstaben gekennzeichnet waren. Mir ist erinnerlich, daß im KL Lublin handwerkliche Betriebe arbeiteten. So erinnere ich mich, daß innerhalb des Lagers eine Schreinerei und eine Schneiderei arbeiteten. In diesen Werkstätten arbeiteten alle Arten von Häftlingen, also auch Juden. Über die Belegschaftsstärken dieser Werkstätten habe ich keine Erinnerungen mehr.

Frage: ,Wie stark war zu Ihrer Zeit die Fluktuation im KL Lublin?'

Antwort: ,Darüber kann ich keine Aussagen machen. Hierfür war auch die Politische Abteilung und die Schutzhaftlagerleitung zuständig.'

Frage: ,Herr Höcker, welche Funktionen übten Sie persönlich in Ihrer Eigenschaft als Adjutant des Kommandanten aus?'

Antwort: ,Mir oblag die Sachbearbeitung der Personalangelegenheiten des SS-Personals im KL Lublin. Deshalb hatte ich auch in Häftlingsfragen keinen näheren Einblick in Fragen der Organisation gewinnen können.'

Frage: ,Haben Sie den Kommandanten des KL Lublin in dessen Abwesenheit einmal vertreten müssen?'

Antwort: ,Nein, das kam nicht vor. Mir ist nicht bekannt, daß im KL Lublin Gaskammern bestanden. Ein Krematorium war während meiner Anwesenheit im KL Lublin aber vorhanden. Die Zahl der Verbrennungsöfen ist mir aber nicht bekannt. Wenn ich mich nicht irre, leitete zu meiner Zeit der SS-Unterscharführer Musfeld (phon.) die Arbeiten im Krematorium. Musfeld, weitere Personalien sind mir nicht bekannt, kann etwa Jahrgang 1908 gewesen sein. Aus welcher Gegend er stammte, weiß ich nicht. Auch sonst sind mir Einzelheiten über ihn nicht erinnerlich. Weitere SS-Leute, die im Krematorium tätig waren, kann ich nicht benennen, da diese von der Schutzhaftlagerleitung zum Krematorium abgestellt wurden. Das Krematorium lag in nördlicher Richtung außerhalb des Schutzhaftlagers, aber noch im KL-Bereich. Ich selbst habe mir das Krematorium nur außerdienstlich einmal angesehen. Bildliche Erinnerungen über das Krematorium habe ich deshalb heute nicht mehr. Wie ich bereits sagte, ist mir nicht erinnerlich, daß es im KL Lublin Gaskammern gegeben hat.

Über Tötungshandlungen im KL Lublin während meiner Anwesenheit kann ich keine bestimmten Angaben machen. Sehr oberflächlich ist mir aber erinnerlich, daß im Lager Einzelexekutionen auf Grund von abgeschlossenen Verfahren auf Veranlassung des Reichssicherheitshauptamtes durchgeführt worden sind. Einzelfälle sind mir aber nicht bekanntgeworden. Entsprechende Anweisungen erhielt ausschließlich die Politische Abteilung im KL Lublin.

Über die Massenerschießungen am 3. November 1943 sind mir Einzelheiten nur vom Hörensagen erinnerlich. Ich nehme an, daß meine diesbezüglichen Erinnerungen mit dem Datum 3.11.1943 identisch sind, denn ich habe während dieser Zeit in Lublin nur von einer Massenexekution etwas gehört. Es kann sein, daß ich zum Zeitpunkt der fraglichen Massenerschießung nicht in Lublin war. Wie ich bereits angegeben habe, lag ich in der Zeit von Juli/August 1943 mit Fleckfieber im Lazarett. Im Anschluß daran, also etwa im Oktober 1943, erhielt ich einen 6-wöchigen, es können auch 4 bis 5 Wochen gewesen sein, Genesungsurlaub nach Engershausen, Krs. Lübbecke. Ich müßte, wenn ich mich nicht irre, also Mitte bis Ende November 1943 wieder nach Lublin zurückgekommen sein. Mit Sicherheit erinnere ich mich aber daran, daß ich von der Massenerschießung erst erfahren habe, als ich aus meinem Urlaub in das KL Lublin zurückgekehrt bin.

Die Exekutionen sollen in der Nähe des von mir beschriebenen Krematoriums erfolgt sein. Ich meine gehört zu haben, daß die Erschießungen nicht von SS-Leuten durchgeführt worden sind, die dem KL Lublin angehört haben. Vielmehr sei es eine Aktion einer mir unbekannten SD-Dienststelle gewesen. Ob hierfür der SD in Lublin verantwortlich war, weiß ich nicht. Ich selbst habe zeitlich einen zu großen Abstand von meiner ehemaligen Tätigkeit in Lublin bekommen, als daß ich noch heute in der Lage wäre, konkrete Angaben zu den mir gestellten Fragen machen zu können.

selbst gelesen, genehmigt und
unterschrieben:
gez. Karl Höcker"

Der SS-Obersturmführer Karl Höcker ist noch mehrere Male vernommen werden, vor allem wegen seiner Mordtätigkeit im Konzentrationslager Auschwitz. Er hat in einer dieser Vernehmungen zugegeben, daß er als Adjutant des Lagerkommandanten „ein Geheimtagebuch geführt habe. Dort wurden alle Schreiben eingetragen, deren Empfang quittiert werden mußte". Also zum Beispiel alle Exekutionsbefehle und Befehle von Massentötungen wie zum Beispiel in Majdanek das „Erntefest". Dann hat er weiter gestanden, über die Vergasungen in Auschwitz informiert gewesen zu sein: „Mir ist bekanntgeworden, daß im Lager Auschwitz II (Birkenau) Juden aus Ungarn eingeliefert wurden, diese nach Arbeitsfähigkeit untersucht wurden und nicht arbeitsfähige Personen vergast worden sind. Ferner ist mir in meiner Eigenschaft als Adjutant bekanntgeworden, daß im Lagerbereich, wo, kann ich nicht angeben, Exekutionen durchgeführt wurden. Der Befehl hierzu wurde schriftlich oder auf anderem schriftlichen Wege vom RSHA (Reichssicherheits-Hauptamt) erteilt. Es ist durchaus möglich, daß solche Anordnungen auch über die Adjutantur gingen, wenn aus dem Anschreiben nicht zu ersehen war, daß sie für die Politische Abteilung bestimmt waren. Diese Abteilung hat dann die Durchführung der Exekution veranlaßt. Meines Wissens sind die Exekutionen teils vom Wachsturmbann und teils von Mitgliedern des Schutzhaftlagers durchgeführt worden. Ich war bei einer Exekution nie dabei. Die durchgehenden Exekutionsbefehle des RSHA habe ich immer für ordnungsgemäß gehalten. Zweifel daran, ob das alles rechtlich in Ordnung war, habe ich nicht gehabt."

Karl Höcker ist wegen seiner Verbrechen im Konzentrationslager Auschwitz vor Gericht gestellt worden. Durch zahlreiche Zeugenaussagen wurde er überführt, die Unwahrheit gesagt zu haben. Er hatte an den Krematoriumsöfen gestanden und hatte selbst Anweisungen für die Vernichtung gegeben.

Zeuge Daov Paisikovic, einer der ganz wenigen Überlebenden der Auschwitzer „Sonderkommandos", die die vergasten Juden von der Gaskammer zum Krematorium zu bringen hatten: „Er war in den Krematorien in der Begleitung von höheren Offizieren. Wenn ein Transport angekommen ist, ist immer ein SS-Offizier gekommen, der kein Arzt war. Ich habe diesen Angeklagten oft dort gesehen. Er war Offizier!"

Vorsitzender Richter Werner Hummerich: „Woran haben Sie das erkannt?"

Zeuge Paisikovic: „Er wurde von den anderen zuerst gegrüßt."*

* Zitiert nach Hermann Langbein, „Der Auschwitz-Prozeß", Wien 1965, S. 223 ff.

Am schwersten wurde Karl Höcker im Auschwitz-Prozeß von einem Kameraden belastet, dem SS-Hauptscharführer Bernhard Walter. Der war in Auschwitz Leiter des Erkennungsdienstes, von ihm wurden die Fotos der Häftlinge gemacht, die uns heute erhalten geblieben sind, aber auch die wenigen Fotos von den Selektionen an der Rampe: „Ich stand einmal dabei, als Adjutant Höcker verschiedenen Abteilungen Anweisungen über einen ankommenden Transport gab."

Staatsanwalt Kügler: „Was hat Höcker damals am Telefon über Transporte gesagt?"

Walter: „Er hat andere Abteilungen verständigt. Er muß auch etwas über den Zeitpunkt der Ankunft dieser Transporte gesagt haben."

Höcker: „Daß Transporte nach Auschwitz kamen, wußte jeder."*

Während dieses Prozesses machte Höcker auch verschiedene Angaben zu seiner Adjutanten-Tätigkeit in Majdanek, die von den Angaben bei früheren Vernehmungen abwichen. Er wurde zum Beispiel gefragt, wo er während des „Erntefestes" gewesen sei. Höcker: „Ich war vom Mai 1943 bis zu meiner Versetzung nach Auschwitz Adjutant in Lublin. Von diesen Erschießungen habe ich gehört, sie wurden aber während meiner Krankheit im November 1943 durchgeführt."**

Früher hatte er gesagt, er sei im Juli/August 1943 krank im Lazarett gewesen, jetzt war es der November . . .

Im Urteil am 19. August 1965 wurde Karl Höcker für schuldig befunden, in mindestens drei Fällen bei der Ermordung ungarischer Juden mitgewirkt zu haben. In jedem Fall sind mindestens tausend Menschen getötet worden. Dafür erhielt er eine Gesamtstrafe von sieben Jahren Zuchthaus . . .

Doch schon bald war Karl Höcker wieder dort, wo er vor und nach Majdanek auch gewesen war: in der Kreissparkasse in Lübbecke, nun als Hauptkassierer.

Zwar führten nun die Staatsanwälte, die den Düsseldorfer Majdanek-Prozeß vorbereiteten, Ermittlungen gegen ihn. Der Tatverdacht gegen ihn, an all den vielen Morden mitschuldig

* Zitiert nach Langbein, „Auschwitz-Prozeß", a.a.O., S. 220 ff.
** Zitiert nach Langbein, „Auschwitz-Prozeß", a.a.O., S. 224

zu sein, vor allem an den mindestens 18000 Ermordungen des „Erntefestes", war „hinreichend" – müßte man meinen.

Doch die Staatsanwälte waren anderer Ansicht. Staatsanwalt Weber erklärte: „Höcker war Angeschuldigter. Aber die Beweise reichten nicht zur Anklage aus. Er ist daraufhin auf Antrag der Staatsanwaltschaft außer Verfolgung gesetzt worden."*

Der Fall des Karl Höcker ist hier deshalb so ausführlich behandelt worden, weil er am besten die Frage beantwortet, wo denn die 1500 Mörder von Majdanek geblieben sind. Sie sind wieder zurückgekehrt in die bürgerliche Gesellschaft, aus der sie kamen, als sei nichts gewesen. Sie haben wieder hinter den Sparkassenschaltern gesessen oder Omnibusschaffner ausgebildet (Konietzny) oder Rechtsberatung betrieben (wie der SS-Richter Konrad Morgen, der heute als pensionierter Rechtsanwalt und Notar in Frankfurt am Main lebt).

Und die 16 Angeklagten, gegen die der Vorsitzende Richter Günter Bogen am 26. November 1975 im Saal L 111 des Landgerichts Düsseldorf den Majdanek-Prozeß eröffnete, waren nur der Bodensatz des großen historischen Verbrechens des deutschen Faschismus. Der Rest, der in dem ungeheuer weitmaschigen Netz der bundesdeutschen Justiz hängengeblieben war. Fünf Jahre später hat der Bundesverfassungsrichter Martin Hirsch sie die „kleinen Henkersknechte" genannt, die man verfolgte, während man die Henker selbst – zum Beispiel die Nazirichter oder, wie Hirsch sie nannte, die „Mörderbande in Roben" – verschonte.

Der Angeklagte Hackmann sah es ganz anders: „Das war schon immer so in der Geschichte: Das Siegervolk fällt über das besiegte her. Denken Sie nur an die alten Römer!"**

Hackmann ist als Schutzhaftlagerführer von Majdanek der Ranghöchste unter den Angeklagten. Alles hat er bisher unbeschadet überstanden: Er brauchte nicht an die Front. Er hat niemals gedarbt, weil er im KZ Buchenwald die „schwarze Kasse" führte, aus der er sich bedienen konnte, wie er wollte. Er hat das Todesurteil überlebt, das am 29. Juni 1944 von einem

* Zitiert nach einem Telefonat vom 4.6.1981 mit dem Autor
** Zitiert nach Quick 51/78

SS-Gericht im KZ Buchenwald gegen ihn wegen seiner unglaublichen Schiebereien und Betrügereien verhängt worden war.*

Er hat ein zweites Todesurteil überlebt, das ein amerikanisches Kriegsgericht gegen ihn wegen seiner Morde im KZ Buchenwald verhängte, als er zusammen mit dem Naziprinzen von Waldeck-Pyrmont vor Gericht gestellt worden war. (Waldeck, ein früherer Förderer der Hitlerbewegung, wurde in diesem Prozeß zum Tode verurteilt und hingerichtet. Der Stammsitz der Waldecks, Arolsen, ist nach dem Kriege zum bevorzugten Treffpunkt der SS-Division „Totenkopf" geworden, aus der die KZ-Wächter stammten.)

Hackmann aber fand bei den Amerikanern Sympathisanten: Auf Empfehlung des Militärstaatsanwalts wurde er zunächst zu lebenslanger Haft begnadigt und, während der Politik der Remilitarisierung, am 25. März 1955 freigelassen. Seitdem war er frei, hatte nach eigenen Angaben seine nationalsozialistische Überzeugung in eine „bürgerlich-nationale" umgeändert und betrat das Düsseldorfer Gericht als freier Mann. Ebenso wie die anderen fünfzehn Angeklagten.

* In einer Vernehmung vom 18. März 1964 hat Hackmann zugegeben, daß diese Verurteilung „gewissermaßen nicht ohne mein Verschulden" erfolgte, weil er die „schwarze Kasse" geführt und sich daran bereichert habe. Aus der Anklageschrift der StA gegen Hackmann u.a., S. 122

KAPITEL III

Tagebuch eines Prozesses

1. Tag. Mittwoch, 26. November 1975. Eröffnung des Verfahrens. Der Vorsitzende Richter Günter Bogen gibt bekannt, daß der angeklagte SS-Unterscharführer Robert Seitz aus Liedolsheim bei Karlsruhe verhandlungsunfähig ist. Seitz, 64 Jahre alt, stellvertretender Leiter des Krematoriums von Majdanek, nach der Anklage beteiligt an der Ermordung von 19023 Menschen, wird ohne Strafe bleiben. Von den 16 Angeklagten bleiben nun noch 15. In Untersuchungshaft ist nur die SS-Aufseherin Hermine Ryan-Braunsteiner, 56 Jahre alt, die aus den USA ausgeliefert worden war. Der Verteidiger des angeklagten SS-Obersturmführers Arnold Strippel, Rechtsanwalt Fritz Steinacker aus Frankfurt, stellt den Antrag, den Sachverständigen Dr. Wolfgang Scheffler aus Berlin abzulehnen. Scheffler soll über die Geschichte der Konzentrationslager berichten. Steinackers Mandant Strippel habe die Besorgnis, daß Dr. Scheffler ihm gegenüber befangen sein könne. Denn Scheffler, der als historischer Gutachter über das KZ-System aussagen solle, habe mit jüdischen Wissenschaftlern zusammengearbeitet. Sein Doktorvater sei ebenfalls Jude. Rechtsanwalt Hermann Stolting II, Verteidiger der angeklagten SS-Aufseherin Hermine Böttcher, schließt sich dem Antrag seines Kollegen an, außer in einem Punkt: Sein Kollege Steinacker sei davon ausgegangen, daß einer der Wissenschaftler, mit denen Herr Scheffler zusammengearbeitet habe, schon wegen seines Namens Cohn als Jude anzusehen sei. Da habe er Zweifel. Vielleicht sei der Cohn gar kein Jude. Das Gericht solle feststellen, ob der Wissenschaftler Cohn Jude sei oder nicht. Sei er tatsächlich Jude, dann müsse Herr Scheffler wegen Befangenheit abgelehnt werden. Der Rechtsanwalt Stolting II kannte sich mit Juden aus: Er hatte während des Krieges von 1941 bis 1943 als Staatsanwalt beim Nazigericht im besetzten Bromberg für viele Todesurteile gesorgt und war auch immer bei den Enthauptungen dabei gewesen. In einem ZDF-Interview sagte er, auch heute stehe er noch zu den Todesurteilen von damals und würde sie unter gleichen Umständen wieder beantragen.

Auch der Verteidiger der angeklagten SS-Aufseherin Hermine Ryan-Braunsteiner, Rechtsanwalt Dr. Otto Pannenbecker aus Düsseldorf, schließt sich dem Befangenheitsantrag gegen Scheffler an: „Es vergiftet die Atmosphäre, wenn ein Sachverständiger Thesen als Tatsachen verfechten kann, die auf einer langjährigen Beeinflussung durch jüdische Wissenschaftler beruhen, deren verständliche Emotionen einen jungen Mann blind machen müssen, der die Dinge nicht selbst erlebt hat und dem einfach das kritische Bewußtsein dafür fehlen muß, was damals möglich und was dagegen unmöglich war. Dieses Bewußtsein fehlt Herrn Dr. Scheffler, und es muß ihm um so mehr fehlen, als er nicht nur die damaligen Verhältnisse nicht miterlebt hat, sondern auch noch über diese Zeit von jüdischen Freunden und Wissenschaftlern unterrichtet worden ist."*

Andere Verteidiger lehnen das ganze Gericht als befangen ab. Auf dem Gerichtsflur erklärt die Angeklagte Hildegard Lächert einigen Journalisten: „Ich war immer freundlich zu den Leuten in Polen. Warum glaubt man uns nicht, warum wird das jetzt alles wieder aufgewühlt?"

4. Tag. 3. Dezember 1975. Scheffler erklärt, warum er gegenüber den Angeklagten nicht befangen sei: Er betrachtet es als eine Ehre, auch mit jüdischen Forschern wissenschaftliche Verbindungen zu pflegen. Haßgefühle gegen das deutsche Volk habe er bei keinem von ihnen bemerkt. Sein Doktorvater sei der international anerkannte Historiker Professor Ernst Fraenkel. Ob deutsche Studenten auch heute noch ihre Professoren nach arischen und nichtarischen aussuchen sollten, fragte er die Verteidiger zurück.

14. Tag. 7. Januar 1976. Der Vorsitzende Richter weist den Befangenheitsantrag gegen Dr. Scheffler zurück. Zusammenarbeit mit Juden bedeute keine Parteilichkeit. Er weist einen weiteren Antrag des Rechtsanwalts Bock zurück, des Verteidigers der SS-Aufseherin Lächert, das Gericht möge ein Gutachten darüber einholen, ob es im biologischen Sinne überhaupt eine jüdische Rasse gebe. Die Staatsanwälte nennen das Verhalten Bocks eine Prozeßverschleppung. Dieses Wort wird im Lauf des Majdanek-Prozesses häufiger vorkommen.

* Zitiert nach Heiner Lichtenstein, Majdanek, Frankfurt 1979

16. Tag. 14. Januar 1976. Nach weiteren Verschleppungen wird mit der Vernehmung der Angeklagten zur Person begonnen. Die SS-Aufseherin Hermine Ryan-Braunsteiner: „Ich konnte mir kein richtiges Urteil erlauben, ob die Häftlinge zu Recht oder zu Unrecht eingesperrt waren, weil ich deren Akten nicht kannte." Die SS-Aufseherin Alice Orlowski über ihre Ankunft im KZ Majdanek: „Hab' mir selbst leid getan, daß ich da war." Sie wird vom Vorsitzenden nicht nach einer achtmonatigen Gefängnisstrafe befragt, die sie vor einiger Zeit in Köln erhalten hat. Damals hat sie in einer Kneipe öffentlich erklärt, man habe leider bei der Judenvernichtung „nur halbe Arbeit geleistet".

Der Schutzhaftlagerführer Hermann Hackmann: „Es gab zu meiner Zeit aus meiner Sicht keine Fälle, daß Häftlinge widerrechtlich getötet wurden." Auf dem Gerichtsflur werden Schriften des „Kampfbundes Deutscher Soldaten" verteilt: „Wer sich mit KZ-Fragen beschäftigt und behauptet, daß auch nur ein einziger Jude in einem deutschen KZ vergast wurde, ist entweder ein Dummkopf oder ein Verbrecher."

37. Tag. 24. März 1976. Der SS-Unterscharführer Wilhelm Reinartz, von der Anklage der Mitwirkung an der Ermordung von 20118 KZ-Gefangenen beschuldigt: „Da war ein angenehmes Arbeiten im Lager. Da gab es genauso viele jüdische wie polnische Häftlinge." Der Nachmittag fällt für die Verhandlung aus, weil der Arzt dem „ängstlich nervösen" Angeklagten Reinartz bescheinigt, die Mittagspause habe nicht zur Erholung ausgereicht, Herr Reinartz sei für den Rest des Tages nicht mehr verhandlungsfähig.

Rechtsanwalt Mundorf beantragt, seine Mandantin Hermine Ryan-Braunsteiner gegen 5000 Dollar Kaution aus der Haft zu entlassen.

43. Tag. 7. April 1976. Die SS-Aufseherin Hermine Ryan-Braunsteiner wird gegen 17000 Dollar Kaution aus der Haft entlassen, zehn Dollar pro vorgeworfenem Mord. Nun sind alle Majdanek-Angeklagten frei.

51. Tag. 21. Mai 1976. Die SS-Aufseherin Alice Orlowski ist,

72 Jahre alt, in einem Krankenhaus gestorben. Die Anklage hatte ihr Mitwirkung an der Ermordung von 1154 KZ-Gefangenen von Majdanek vorgeworfen. Nun sind es noch 14 Angeklagte.

53. Tag. 1. Juni 1976. Der erste Zeuge wird vernommen, Polizeimeister a.D. Schröder aus Salzgitter. Eigentlich sollte am 20. Januar mit der Zeugenvernehmung begonnen werden. Die Verzögerungstaktik der Verteidiger hat viereinhalb Monate herausgeholt. Zeit, die für die Angeklagten und gegen die Wahrheit arbeitet. Der Zeuge Schröder kann sich genau an das „Erntefest" in Majdanek erinnern. Nur fällt ihm leider nicht ein einziger SS-Mann ein, der damals geschossen hat. Der Polizeizeuge Barth aus Ingolstadt hatte beim „Erntefest" für Ordnung gesorgt. Also dafür, daß die nackten Männer und Frauen getrennt zu den Erschießungsgräben liefen. Ob auch kleine Kinder dabei waren? Ja. Die Mütter hätten sie auf den Armen bis zur Erschießungsstätte getragen. „Manche haben geschrien und geweint, aber wir konnten ja nicht helfen." Was er damals gefühlt habe, will der Vorsitzende wissen. „Ach, das war am nächsten Tag schon vergessen. Ich war damals ja erst 18 Jahre alt."

56. Tag. 9. Juni 1976. Die SS-Aufseherin Erika Hering aus Wolfsburg wird als Zeugin gehört: „Da ist überhaupt nichts im Bewußtsein geblieben." Nur, daß man in zehn Minuten in der schönen Stadt Lublin zum Kaffeetrinken war und daß die Kameradinnen Braunsteiner und Lächert „immer sehr nett und freundlich" waren.

68. Tag. 14. Juli 1976. Der KZ-Häftling Menachem Werth aus München ist so aufgeregt, daß er keinen der Angeklagten wiedererkennt. Er weiß nur, daß Majdanek „ein Schlachthof" war. Die Verteidiger sind zufrieden. Bis jetzt sollten 130 Zeugen vernommen worden sein. Aber 16 waren erst da.

79. Tag. 7. September 1976. Der SS-Führer Hubert Busch aus Hamburg, früher in der Kommandantur von Majdanek, hatte vor der Polizei ausgesagt: „Es war allgemein bekannt, daß im

Lager jüdische Häftlinge mit Gas getötet wurden. Den Vergasungsvorgang habe ich nie gesehen. Wohl jedoch, wie die Juden unbekleidet dorthin geführt wurden." Jetzt fragte der Mann empört: „Das soll ich gesagt haben? Diese Angaben habe ich nie gemacht, weil ich es nicht gesehen habe." Er streitet auch ab, die Verladung von vergasten Häftlingen auf Lastwagen gesehen zu haben. Auch das hat er früher zu Protokoll gegeben. Merkwürdig. Normalerweise wäre jetzt ein Verfahren wegen falscher eidlicher Aussage fällig. Auch der SS-Führer Hermann Dick aus Bonn kann sich an keine Vergasungen erinnern, „hätte mich damit auch nicht beschäftigt". Er ist empört, daß er überhaupt etwas aussagen soll über seine Zeit in Majdanek: „Als Soldat bin ich zum Stillschweigen vergattert worden. Jetzt soll ich aussagen, und wenn mal eine andere Regierung dran kommt, werde ich wieder belangt."*

80. Tag. 14. September 1976. Eine Zeugin hat ausgesagt, man habe tagelang den Geruch brennenden Fleisches vom Krematorium riechen können. Jetzt stellt Rechtsanwalt Hanns Mundorf aus Köln, den Antrag, das Gericht möge je ein Gutachten von einem Humanmediziner und von einem Veterinär einholen, wie verbrennendes Menschenfleisch und wie verbrennendes Tierfleisch rieche. Er bezweifele, daß die Zeugin diese Gerüche unterscheiden könne.

94. Tag. 26. Oktober 1976. Der SS-Sturmmann Franz Bauer aus Karlsruhe erinnert sich ganz genau an das „Erntefest", auch an die laute Musik aus den Lautsprechern und an die Schüsse von den Erschießungsgräben, denn er hat einen bestimmten Grund: „Eine Woche später fuhr ich in Urlaub." Dagegen kann sich der SS-Untersturmführer Arnold Brendler, Chef der Wachkompanie von Majdanek, „an gar nichts mehr erinnern. Das liegt jetzt 32 Jahre zurück."

107. Tag. 21. Dezember 1976. Der Majdanek-Prozeß ist jetzt schon über ein Jahr alt. Dreizehn Zeugen, die hier vernommen werden sollten, sind in dieser Zeit gestorben. Jetzt sagt die SS-

* Zitiert nach Lichtenstein, Majdanek, a.a.O., S. 55

Aufseherin Lucie Moschko aus Mönchengladbach aus, die Kommandeuse der Schneiderei. Sie ist die erste SS-Zeugin, die etwas Ernsthaftes aussagt über die Morde und speziell über das „Erntefest": „Von unserm Fenster aus konnten wir den Zug der Juden sehen. Manche wurden getragen. Sie waren angeschossen worden. Und der Verbrennungsgeruch über dem Lager, das war furchtbar." Frau Moschko hat auch die Schlange der Jüdinnen gesehen, die nackt vor dem Bad auf ihre Vergasung warten mußten. Sie hat erlebt, wie die SS alle Baracken nach Säuglingen durchsuchte. „Die wurden dann auf Lastwagen geworfen. Die Mütter benahmen sich wie wahnsinnig. Ich mußte sie beruhigen. Ich nahm an, daß die Kinder alle umgebracht worden sind."

112. Tag. 11. Januar 1977. Der KZ-Häftling Leon Schnabel wird von dem Verteidiger der SS-Aufseherin Hildegard Lächert, Ludwig Bock, in die Mangel genommen: „Früher haben Sie gesagt, Sie hätten gesehen, wie jede Nacht Leute geschlachtet worden sind. Im Vernehmungsprotokoll steht aber, Sie hätten keine direkten Tötungen gesehen. Wurde nun geschlachtet oder nicht?" Leon Schnabel wird von Bock als Lügner hingestellt. In der Prozeßpause sagt der Rechtsanwalt einem Journalisten: „Dieser Prozeß ist ein politischer Prozeß. Mit unseren demokratischen Auffassungen von Recht, Schuld, Sühne und Resozialisierung hat das alles nichts mehr zu tun."

113. Tag. 12. Januar 1977. Zeuge Karl Galka aus Hannover: „Fast täglich haben die Leute rausgesucht, zum Beispiel die nicht mehr richtig laufen konnten, sie kamen in eine besondere Baracke. Ich hab keinen wiedergesehen. Die haben die wohl ins Gas geschickt. Das hat doch jeder gewußt." Vorsitzender Bogen: „Wenn die Häftlinge sich ausgezogen hatten, waren in der Kleidung Wertgegenstände?" Galka: „Nee, nee, dann ging's mir heute besser."

133. Tag. 20. April 1977. Der Arzt Dr. Jan Nowak aus Warschau sagt aus. Er ist derjenige, der mit einem Kassiber aus Majdanek als erster die polnische Untergrundbewegung auf die Massenerschießung vom 3. November 1943, das „Erntefest", aufmerksam gemacht hat. Heute, während die Angeklagten und einige Verteidiger über „Führers Geburtstag" reden, gibt er als erster eine zusammenhängende, detaillierte Schilderung von den Lebens- und Todesverhältnissen in Majdanek. Er kennt, Pech für die Angeklagten, auch die meisten SS-Leute und ihre Funktionen. Über den Schutzhaftlagerführer Hackmann sagt er: „Eine miserable Gestalt, kleidete sich immer elegant, trug oft weiße Handschuhe. Wenn er auf Feld I den Morgenappell abnahm, standen vor ihm die übriggebliebenen 35 sowjetischen Kriegsgefangenen in ihren Lumpen, die letzten Lebenden von fünftausend. Dieser Gegensatz war niederschmetternd." Er hat auch den Transport ankommen sehen, mit dem der Juwelier Samuel Antmann aus der Slowakei kam: „Ende April, Anfang Mai 1942. Das Lager war noch nicht aufgebaut. Sie sind fast alle umgekommen. Sie starben an Entkräftung, an Krankheiten, an Epidemien, weil sie schutzlos dem Wetter ausgesetzt waren."

140. Tag. 3. Mai 1977. Der Prozeß schleppt sich dank Verzögerungsanträgen langsam weiter. Die Angeklagten haben sich eingerichtet. Die Frauen häkeln und stricken, die Männer plaudern, lachen gelegentlich über einen Witz. Der SS-Obersturmführer Arnold Strippel aus Frankfurt hält sich abseits von ihnen, liest täglich seine BILD-Zeitung und löst dann Kreuzworträtsel. Journalisten kommen nur selten, und einige von ihnen möchten den Majdanek-Prozeß abgeblasen wissen. Der Korrespondent der *Frankfurter Allgemeinen Zeitung* schreibt zum Beispiel: „Der Düsseldorfer Majdanek-Prozeß, eröffnet im November 1975, ist aus vielen Gründen zum Ärgernis geworden. Dauer, Aufwand und Ertrag scheinen in keinem vernünftigen Verhältnis mehr zueinander zu stehen. Solch unternehmerisches Denken, im rechtsstaatlichen Strafprozeß wegen Mordes gewiß unzulässig, führt dann zum Drängen auf eine Beschleunigung bis hin zu der gefährlichen Floskel, man solle nun endlich wenn nicht Schluß, so doch zumindest „kurzen Prozeß" machen . . . Die Kosten je Verfahrenstag werden auf 20000 Mark geschätzt."*

* FAZ, 4.5.1977

Der Verteidiger Ludwig Bock, der die „Blutige Brygida" vertritt, stellt einen neuen Antrag: Das Verfahren gegen seine Mandantin Hildegard Lächert solle eingestellt werden, weil kein rechtsstaatliches Verfahren mehr gewährleistet sei. Er begründet das damit, daß die israelische Regierung bei der Bundesregierung in Bonn angefragt habe, aus welchen Gründen sich der Majdanek-Prozeß so sehr in die Länge ziehe und ob die Verteidigung eine Obstruktionspolitik betreibe. Bock: „Nachdem allgemein bekannt ist, daß die israelische Regierung einen großen Einfluß auf die deutsche Bundesregierung auszuüben in der Lage ist (Beweis, vorsorglich: Bundeskanzler Helmut Schmidt, zu laden über Bonn, Bundeshaus), bedeutet dieses Vorstelligwerden der israelischen Regierung eine ganz massive Einmischung in dieses rechtsstaatlich geführte Verfahren."

Mit diesem Antrag erreicht Bock, daß die Strafkammer erneut beraten muß. Wieder ist Zeit gewonnen.

152. Tag. 1. Juni 1977. Die Zeugin Henryka Ostrowska aus Warschau wird gehört. Als sie Ende August 1944 nach Majdanek verschleppt wurde, war sie neunzehn Jahre alt. Sie mußte in einem dünnen Häftlingskleid im Herbst und im eisigen Winter auf den Feldern der Gärtnerei arbeiten, bis zum 3. November 1943. Dann wurde sie Dolmetscherin in der Gerätebaracke. Ihre Vorgängerin war eine Jüdin gewesen, und die war mit allen anderen Juden an diesem 3. November dem „Erntefest" der SS-Mörder zum Opfer gefallen. Sie kam in den Bereich der Baracken, in denen der Juwelier Samuel Antmann seine Werkstatt gehabt hatte, der nun schon in Oranienburg war. „In der ersten Baracke war die Schreibstube. Dahinter war sehr viel Bettwäsche, Decken, Plumeaus und Kissen. Dort arbeiteten Frauen, die das zu verteilen hatten. In der zweiten Baracke waren Geräte wie Spaten, Feuerhaken, Harken, Eimer, Bottiche, Zyklon B und Säcke mit Haaren. Das Zyklon B stand in Büchsen, 1500 Gramm schwer. Es war ein Totenkopf drauf mit gekreuzten Knochen, und ich glaube, auch Gift. Ungefähr 200 Dosen gab es. Der Läufer vom Bad kam* und hat

* Es kann sich um den Bruder des Samuel Antmann, Eugen Antmann, gehandelt haben.

gebeten, daß man eine Anzahl von diesen Dosen ins Bad bringen soll. Dann ging ich ins Magazin, und wir nahmen eine Art Tablett und trugen diese Dosen ins Bad. Bei jedem solchen Gang ins Bad mußte ich das quittieren. Der Chef vom Bad schrieb den Inhalt drauf und setzte seine Unterschrift drunter. Ich mußte das als Beleg in die Schreibstube nehmen."*

Frau Ostrowska wird gefragt, wie oft solche Dosen ins Bad getragen wurden. Manchmal 30, 40 pro Woche antwortete sie. Manchmal gar keine. Sie wird weiter gefragt, wozu der Inhalt der Dosen verwendet worden sei. Zum Vergasen der Leute, anwortet sie. Auch zu anderen Zwecken? Nein, antwortet sie. Ob sie unter den Angeklagten jemanden wiedererkenne?

Sie geht langsam durch die Reihen, offenbar voll Angst, den SS-Leuten zu nahe zu kommen. Alle früheren Majdanek-Häftlinge gehen so scheu durch die Reihen, manche weigern sich, das zu tun. Sie zeigt auf Hermine Ryan-Braunsteiner und nennt deren Namen. Dann steht sie vor Hildegard Lächert. „Blutige Brygida", sagt sie leise. Dann kann sie nicht mehr, sie zittert und weint. Die Verhandlung wird unterbrochen.

Henryka Ostrowska wird beruhigt, erholt sich draußen auf dem Gang. Die Verteidiger stehen dabei, rauchen ihre Zigaretten, machen Bemerkungen.

Dann geht die Qual weiter. Die Zeugin erkennt die SS-Aufseherin Hermine Böttcher aus Hannover, der die Anklage den Mord an 200 Kindern auf dem Feld V vorwirft. Kinder, die wie kleine Säcke auf offene Lastwagen geworfen wurden, um zur Vergasung gefahren zu werden. Henryka Ostrowska erinnert sich an den Spitznamen der Hermine Böttcher: „,Mäuschen.' Sie war klein und dünn und lief immer sehr schnell. Und sie trug das Käppi so komisch zur Seite." Dann geht die Zeugin weiter. Sie erkennt die SS-Aufseherin Charlotte Mayer aus Köln. Ihr wirft die Anklage vor, gemeinsam mit der SS-Aufseherin Alice Orlowski aus Hürth-Hermülheim mindestens zweimal an Selektionen teilgenommen und vier Jüdinnen zur Gaskammer gebracht zu haben. Frau Ostrowska erinnert sich an den Namen, den Vornamen: „Charlotte Mayer. Sie hatte so merkwürdige Haare. Sie war Aufseherin in der

* Lichtenstein, Majdanek, a.a.O. S.d 66f.

Schneiderei." Geschlagen habe sie nicht, aber selektiert. Der Unterschied sei: Schläge konnte man überleben. Selektionen nicht. Geschlagen habe vor allem Frau Braunsteiner. Geschlagen und getreten.

Von den Tritten mit ihren eisenbeschlagenen SS-Stiefeln hatte Hermine Braunsteiner bei den Häftlingen einen schrecklichen Namen: „Die Stute". Den kannten sie alle, den Namen Braunsteiner nur wenige.

153. Tag. 2. Juni 1977. Rechtsanwalt Ludwig Bock stellt einen neuen Antrag: Die Zeugin Henryka Ostrowska sei am Verlassen des Verhandlungssaales zu hindern und in Haft zu nehmen. Sie habe gestern zugegeben, Büchsen mit dem Giftgas Zyklon B zum Bad von Majdanek gebracht zu haben, obwohl ihr bekannt gewesen sei, daß der Inhalt dieser Büchsen zur Vergasung von Menschen verwendet werden sollte. Damit bestehe der dringende Tatverdacht der Beihilfe zum Mord.

Das Gericht zieht sich zur Beratung zurück. Der Vorsitzende Richter Günter Bogen gibt den Beschluß bekannt: Der Antrag des Rechtsanwalts Bock wird zurückgewiesen. Er sei „offensichtlich rechtsmißbräuchlich". Wieder ist Zeit gewonnen.

155. Tag. 7. Juni 1977. Auch Jadwiga Wegrzecka aus Warschau war 19, als sie am 7. Januar 1943 aus dem Polizeigefängnis von Radom mit dem ersten Transport polnischer Frauen nach Majdanek verschleppt wurde. Im Laufe des Majdanek-Prozesses werden noch mehrere andere Überlebende dieses Transports aus Radom gehört werden. Jadwiga Wegrzecka arbeitete im Revier unter dem Befehl des SS-Unterscharführers Wilhelm Reinartz aus Langenfeld. Ihm wirft die Anklage vor, 20 118 KZ-Häftlinge ermordet zu haben. Doch je länger dieser Prozeß dauert und je blutiger das Bild der SS-Mannschaft von Majdanek wird, um so mehr sticht das von Reinartz davon ab. Der polnische Arzt Jan Nowak war der erste, der diesem SS-Mann ein gutes Zeugnis ausstellte. Nämlich, er habe „von Anfang bis zum Schluß dieselbe menschliche Einstellung gehabt". Andere sagen Ähnliches aus. Reinartz habe nicht gequält, habe geholfen. Dann trübt sich das Bild wieder. Die Zeugin Iwona Jadwiga Stembrowicz aus Warschau hat damals seine Sanitätsbaracke reinigen müssen. Auch sie ist nicht von ihm geschlagen worden, und das heißt ja schon viel bei SS-Leuten. Aber sie hat dem Gericht einen Mord berichtet, den Reinartz begangen habe: Einer Gefangenen habe er eine tödliche Spritze gegeben, und sie selbst habe die Tote nachher gesehen. Eine Häftlingsärztin habe ihr noch am selben Abend bestätigt, daß Reinartz diese Frau mit einer Evipan-Spritze umgebracht habe.

Nun sagt Jadwiga Wegrzecka aus, Reinartz sei „einer der wenigen Menschen in Majdanek" gewesen. Zwar habe er bei den Selektionen für die Gaskammer dabeigestanden, „aber passiv, während die Braunsteiner sich ausgetobt hat". Reinartz habe sogar schwer zu beschaffende Medikamente ins Revier gebracht und Häftlinge damit behandelt. Und dann kommen zwei Sätze von ihr, die fast schon ein Freispruch für den Angeklagten Wilhelm Reinartz sind, der, 67 Jahre alt, nach dem Kriege als Krankenpfleger gearbeitet hat: „Er hat uns das Leben nicht schwer gemacht. Wir haben vermutet, daß er Verbindung zu einer illegalen polnischen Hilfsorganisation hatte."

Jadwiga Wegrzecka wird in diesen Tagen in Düsseldorf von Gerta Beckert betreut, eine ehrenamtlichen Mitarbeiterin des Roten Kreuzes, die schon von der ersten Zeugenvernehmung an ihre Zeit für diese Arbeit opfert. Aus der Begegnung der beiden Frauen entwickelt sich eine tiefe Freundschaft. Später wird Gerta Beckert von Jadwiga Wegrzecka nach Polen eingeladen. Dabei besucht sie auch das Konzentrationslager Majdanek.

183. Tag. 30. August 1977. Der Rechtsanwalt Conrad Paetz, Verteidiger der SS-Aufseherin Rosa Süss aus Neureichenau (Anklagevorwurf: 112 Morde), erklärt, seine Mandantin habe „durch diese ständige Fotografiererei" einen Nervenzusammenbruch erlitten und sei verhandlungsunfähig. Das ZDF hatte einige Kameraleute an die Eingänge des Gerichtsgebäudes gestellt, nachdem Foto- und Filmaufnahmen im Gerichtsgebäude verboten worden waren. Der Vorsitzende: „Ob Fotografiertwerden gleich zu einem Nervenzusammenbruch führt, wird der medizinische Sachverständige zu prüfen haben."

Halbstündige Pause. Der Arzt Dr. Hindringer ist zur Betreuung der Angeklagten, aber auch notfalls der Zeugen, ständig im Gerichtssaal. Er untersucht die Frau Süss. „Verhandlungsfähig", stellt er fest. Der Vorsitzende will nach dieser halbstündigen Unterbrechung mit der Zeugenvernehmung beginnen. Doch Rechtsanwalt Paetz läßt nicht locker. Frau Süss sei in einer „besonderen Situation, die über das Belastbare hinausgeht". Er begründet das mit der angeblichen Häufigkeit der Aufnahmen und mit dem kleinen Ort, in dem seine Mandantin wohnt und wo jeder sie kenne. Der Vorsitzende hört sich alles an. Schließlich erklärt er, es sei Pflicht jedes Angeklagten, seine eigene Nervosität so gut wie möglich zu beherrschen und das Fotografieren als Ausdruck des öffentlichen Interesses an diesem Prozeß in Kauf zu nehmen. Wieder ist der Majdanek-Prozeß eine Stunde verzögert worden.

Der Zeuge Andrzej Stanislawski aus Danzig sagt aus. Er ist als 16jähriger Junge ins Lager Majdanek gekommen und war Läufer. Er ist überall hingekommen, hat alles gesehen, hat alles behalten. Ein lebhafter, präziser Mann, von Beruf Journalist. Er erklärt dem Gericht, warum der angeklagte SS-Rottenführer Emil Laurich aus Neu-Wulmstorf bei Hamburg (Anklagevorwurf: mindestens 100 Morde) den Namen „Todesengel" bekommen habe. Auf Polnisch: „Aniol smierci". Der Name ist den KZ-Häftlingen ebenso geläufig wie der Name „Stute" oder „Blutige Brygida". Zwei- oder dreimal pro Woche habe Emil Laurich am Krematorium Häftlinge exekutiert. Außerdem habe Laurich eine besondere Technik gehabt, den KZ-Gefangenen mit seiner Peitsche die Augen auszuschlagen: „Er schlug so fürchterlich auf den Kopf, daß sich der Peitschenriemen um den Kopf drehte. Dann zog er die Peitsche kurz an, dadurch wurden die Augen hinausgeschlagen."

Auch den angeklagten SS-Unterscharführer Heinrich Groffmann aus Behringen (Anklagevorwurf: Mord an 17 102 Menschen) konnte Andrzej Stanislawski identifizieren und seine „Arbeit" ausführlich beschreiben: „Nach dem Abendappell zog sich Groffmann Lederhandschuhe an, nahm zwei SS-Männer als Assistenten mit und ging an der Front der Häftlinge entlang. Er wählte sich einen aus, riß ihn nach vorn und schlug ihn so lange mit seinen Fäusten ins Gesicht, bis der

Mann hinfiel. Dann trampelten ihn die beiden Assistenten tot. Deshalb hieß das Feld III das ‚Todeslager'. Es hat Groffmann diesen Namen zu verdanken."

In der Pause unterhält sich Andrzej Stanislawski mit Gerta Beckert, der Betreuerin vom Roten Kreuz, und der Hausfrau Elisabeth Adler-Cremers, die im Auftrag der Gesellschaft für christlich-jüdische Zusammenarbeit vor allem jüdische Zeugen betreut. Auf dem Flur sitzt auch die Angeklagte Hildegard Lächert. Eben hat Stanislawski sie als die „Blutige Brygida" identifiziert. Nun fixiert sie den Mann aus Danzig, der sie so schwer belastet hat. Dabei fällt ihr der Kugelschreiber auf den Boden. Stanislawski ist mit einem Satz bei ihr, hebt ihn auf und reicht ihr den Stift. Die SS-Aufseherin verliert ihre Fassung, der Mund ist zusammengekniffen. Dann lösen sich die Lippen ein wenig: „Danke schön", sagt sie leise.

Nach der Pause stellt einer der Verteidiger den Antrag, die Betreuerinnen zu vernehmen, ob sie mit dem Zeugen Stanislawski über die Angeklagten gesprochen haben. Ob sie ihm gesagt haben, wer welcher Angeklagte ist. Die Betreuerinnen kommen nach vorn. Sie müssen ihre Personalien angeben. Sie sagen aus, daß sie mit Andrzej Stanislawski nicht über die Angeklagten gesprochen haben. Wieder ein Zeitgewinn.

Stanislawski kann sich genau an den angeklagten SS-Obersturmführer Arnold Strippel aus Frankfurt (Anklagevorwurf: 45 Morde) erinnern: „Einmal kam Strippel nach einer Erhängung auf Feld III. Die Häftlinge flohen vor ihm. Strippel gab auf sie sechs, sieben Schüsse ab. Später mußte ich Kaffee holen. Da lagen dort zwei Tote und drei Verwundete. Andere Häftlinge sagten mir, das hat Strippel getan."*

Noch einmal kommt der Vorsitzende auf die Exekutionen von Häftlingen zurück. Fragt, wie sie ausgeführt wurden, wer daran beteiligt war. Stanislawski antwortet: „Laurich war der freiwillige Vollstrecker von Todesurteilen der Gestapo. Er fuhr immer, wenn er die Häftlinge zum Erschießen zum Krematorium brachte, mit einem alten Fahrrad." Dies Fahrrad wird noch eine Rolle spielen, es taucht in vielen Zeugenaussagen auf.

* Lichtenstein, „Majdanek", a.a.O., S. 79

„Dann erschoß er die Häftlinge mit seiner Maschinenpistole. Ich kann mich an einen Blockführer erinnern, der sich beschwerte, daß er nach einer solchen Exekution Laurichs Maschinenpistole reinigen mußte."

Der Vorsitzende will wissen, ob solche Exekutionen auch durch Erhängen am Galgen ausgeführt wurden.

Stanislawski: „Ja. Laurich war in mehr als achtzig Fällen dabei. Wie oft Groffmann dabei war, weiß ich nicht mehr, aber oft. Ein Häftling wurde vom Galgen abgenommen, weil man dachte, er sei tot. Aber er war nur bewußtlos. Dann haben Galka und ein anderer den Häftling wieder aufgehängt. Galka hängt sich an die Beine, bis das Genick brach."

Der Rechtsanwalt Bock läßt auch bei diesem Zeugen die Möglichkeit der peinlichen Entgleisung nicht aus. Er will von dem KZ-Häftling Andrzej Stanislawski wissen, ob es in Majdanek auch Feiern mit Alkohol gegeben habe. Die Staatsanwälte Ambach und Weber protestieren. Der Vorsitzende Richter läßt die Frage nicht zu. Der Rechtsanwalt Bock besteht darauf, das Gericht möge einen Beschluß über die Zulässigkeit dieser Frage fassen. Das Gericht zieht sich zur Beratung zurück. Der Beschluß wird verkündet. Die Frage wird nicht zugelassen.

Der Rechtsanwalt Bock formuliert seine Frage um: Stanislawski habe früher einmal von einem Trinkgelage in Block 1 gesprochen, was es damit auf sich habe. Stanislawski antwortet: „Es gab im Lager eine kleine Gruppe privilegierter Kapos, Hilfsaufseher und deutscher Krimineller, die – während das Lager sich zu Tode hungerte – genug zu essen und zu trinken hatte, auch Alkohol." Gemeint ist damit auch der privilegierte Häftling Samuel Antmann, der für BrillantenWodka bekam.

Der Versuch des Rechtsanwalts Ludwig Bock, das Vernichtungslager Majdanek als lustiges Feldlager mit Sauforgien hinzustellen, ist gescheitert.

202. Tag. 3. November 1977. Vor dem Gericht steht Samuel Antmann, der Juwelier von Majdanek. Weißhaarig und schon sehr alt, obwohl er erst 68 ist. Er hatte sich nie wieder mit dem KZ Majdanek beschäftigen wollen, nun hatte er es doch getan. Alte Bekannte hatten ihn in seinem kleinen Zimmer im jüdischen Altersheim in Zürich besucht und ihm vom skandalösen

Verlauf des Majdanek-Prozesses berichtet. Da hatte sich Samuel Antmann zu einem Brief an den Vorsitzenden Richter Bogen entschlossen. Am 7. Juli 1977 schrieb er: „Ich will Ihnen mitteilen, daß ich von Anfang an im KZ Lublin-Majdanek war, von März 1942 bis August 1943. Kurz vor der Ausrottung sämtlicher Juden auf einmal wurde ich als Uhrenfachmann nach Oranienburg-Sachsenhausen überliefert. In Majdanek hatte ich die Nr. 1465. In Lublin-Majdanek habe ich fast alle leitenden SS-Männer persönlich gekannt und gesprochen, weil ich eine Uhrmacherwerkstätte hatte und Juwelenfachmann war. Koch und seine Frau, Hackmann, Worster, Abraham* und viele andere haben mich besucht und angefragt, was die von den Häftlingen abgenommenen Sachen wert sind, was Gold und was Metall ist. Die SS-Leute haben die Gegenstände behalten. In die Wohnung von Koch wurde ich abgeführt, um seine große Uhr in Gang zu bringen. Auch seine silberne Junghans-Taschenuhr reparierte ich, an die hängende Kette hatte er aus Gold Monogramme seiner Frau und seiner drei bis vier Kinder machen lassen. Ein Unterleutnant, momentan habe ich seinen Namen vergessen, zeigte mir eine Brillantuhr mit 106 Steinen. Er gab sie nicht ab. Aus Oranienburg zogen wir vor den Amerikanern im Hungermarsch vom 18. März 1945 bis zum 1. Mai nach Schwerin. Nur wenige kamen an. Wenn Sie mich brauchen können, stehe ich Ihnen zur Verfügung."

Staatsanwalt Wolfgang Weber bat Samuel Antmann zu einem informatorischen Gespräch in einen grenznahen Ort. Am 19. September 1979 fand die Vorvernehmung in der Staatsanwaltschaft Konstanz statt. Auch der Verteidiger des Schutzhaftlagerführers Hackmann, der Rechtsanwalt Stratmann aus Düsseldorf, war dabei.

Nun sagt Samuel Antmann in der Hauptverhandlung aus. Er schildert dem Gericht, wie Hackmann den Ernst Löwy zu Boden gerissen hat und ihm auf den Brustkorb gesprungen ist. Natürlich erkennt Hackmann den Juwelier wieder, von dem er

* Der SS-Hauptscharführer Herbert Abraham war Arbeitseinsatzführer des KL Lublin/Majdanek. Sein Schicksal ist ungeklärt. Er wurde für tot erklärt. Vertreter Abrahams war der SS-Hauptscharführer Ludwig Resch aus Kleinblittersdorf im Saargebiet, der im Majdanek-Verfahren nicht angeklagt wurde.

sich so viele Wertgegenstände besorgt hat. Aber er stellt keine Fragen. Er weiß, dieser Mord kann ihm nicht angerechnet werden. Er steht nicht in der Anklage, und eine neue Anklage wird es, wenn der jahrelange Majdanek-Prozeß erst zu Ende ist, nicht mehr geben können. Samuel Antmann weiß das nicht. Er glaubt, in diesem Staat werde ein Mörder wegen Mordes bestraft, wenn es glaubwürdige Zeugen gibt. Er fährt zurück in sein kleines Zimmer in Zürich und meint, er habe etwas getan für die Wiederherstellung der Gerechtigkeit in der Welt.

212. Tag. 8. Dezember 1977. Die Zahnärztin Dr. Danuta Medryk aus Warschau sagt aus. Als Neunzehnjährige hat sie das Abitur gemacht, und frisch von der Schulbank weg kam sie ins Vernichtungslager. Doch sie hatte Glück: Sie durfte den SS-Aufseherinnen die Baracken putzen. Das Stubenmädchen Danuta Medryk bekam es vor allem mit der „Stute" Hermine Braunsteiner zu tun: „Sie war die schlimmste. Bei der ‚Kinderaktion' 1943 war sie dabei." Diese Aktion war die Ermordung von mehr als hundert Kleinkindern. Sie ist von vielen Zeugen in all ihren scheußlichen Einzelheiten berichtet worden. Wie die Oberaufseherin Elsa Ehrich* den Kindern Bonbons schenkte, um sie auf den Lastwagen zu locken. Wie andere Kinder auf den schon vollen Lastwagen hinaufgeworfen wurden, als wären sie leblose Stücke. Wie der Wagen dann zur Tarnung erst in die Gärtnerei gefahren ist und, als es dunkel wurde, vor die Gaskammer. So exakt wie die Zahnärztin Danuta Medryk hat noch kein Zeuge die Teilnahme der SS-Aufseherin Hermine Ryan-Braunsteiner an diesem scheußlichen Massenmord beschrieben.

Vernehmungspause. In solchen Pausen gehen nur wenige nach unten in die Gerichtskantine. Die meisten bleiben auf dem Flur vor dem Gerichtssaal 111, Zeugen wie Angeklagte, Verteidiger wie Staatsanwälte.

Plötzlich stürzt die SS-Aufseherin Braunsteiner auf Danuta Medryk zu, schreit ihr ins Gesicht: „Sag die Wahrheit, du Lügnerin!" Schreit noch mehr, was nicht zu verstehen ist,

* Von einem polnischen Gericht zum Tode verurteilt und hingerichtet.

droht ihr, die Aufseherin der Gefangenen. Ein Stückchen Majdanek auf dem Gerichtsflur.

Staatsanwalt Weber beantragt, die Angeklagte Ryan-Braunsteiner in Haft zu nehmen, weil sie die Zeugin mit ihrem früheren Machtverhältnis bedroht und zur Änderung ihrer Aussage habe veranlassen wollen. Verdunklungsgefahr. Das Gericht beschließt so. Frau Ryan-Braunsteiner wird festgenommen. Damit wird ein Zustand beendet, den ohnehin kaum jemand verstehen kann: eine des eintausendachthundertsechsundachtzigfachen Mordes angeklagte Frau in Freiheit! Dazu ist sie in der BRD ohne festen Wohnsitz und staatenlos. Ihre gegenwärtige Heimat sind die Vereinigten Staaten von Amerika.

Der Lebenslauf von Hermine Ryan-Braunsteiner wird in der Anklageschrift der Staatsanwaltschaft so geschildert: „Die Angeschuldigte Ryan wurde am 16.7.1919 in Wien als Tochter des Chauffeurs Friedrich Braunsteiner und seiner Ehefrau Maria, geborene Knoden, geboren. Die Familie Braunsteiner, der insgesamt sieben Kinder, von denen die Angeschuldigte das jüngste war, angehörten, lebte in Wien in einer Dreizimmer-Dienstwohnung der Brauerei, bei der der Vater der Angeschuldigten angestellt war. Die Mutter trug durch Wäschewaschen zum Familienunterhalt bei . . . In ihrem unpolitischen Elternhaus erlebte sie ein gutes Familienleben und genoß eine streng katholische Erziehung. Da sie sich ihren ursprünglichen Berufswunsch – Krankenschwester – aus finanziellen Gründen nicht erfüllen konnte, arbeitete die Angeschuldigte nach der Schulentlassung als Haushaltshilfe. Sie fuhr im August 1938 nach Grüneberg bei Berlin, wo sie in der dortigen Munitionsfabrik bei der Herstellung von Patronen beschäftigt wurde. Zusammen mit einer Kollegin wohnte sie bei einem Polizeibeamten in Fürstenberg/Mecklenburg. Auf dessen Anraten bewarb sie sich der weitaus besseren Verdienstmöglichkeiten wegen bei dem Kommandanten des in einem Nachbardorf, Ravensbrück, gelegenen Konzentrationslagers als Aufseherin für weibliche Gefangene. Diese Stellung trat sie am 15.8.1939 an.

Nachdem sie zunächst etwa ein halbes Jahr im sogenannten Strafkommando als Aufseherin ausgebildet worden war, wurde sie in eine Uniform eingekleidet und erhielt kleinere Arbeitskommandos zur selbständigen Beaufsichtigung. Anfang 1941 wurde ihr die Leitung der Kleidungskammer übertragen. Diese Tätigkeit übte sie bis zu ihrer Versetzung in das KL Lublin/Majdanek im Oktober 1942 aus.

Die Angeschuldigte will bereits während ihrer Ausbildung im Strafkommando mit Häftlingsmißhandlungen in Berührung gekommen sein. Sie schildert ihre Ausbilderin, Maria Mandel*, als strenge Aufseherin, die die Häftlinge viel mit den Händen geschlagen habe. Da die Arbeit ‚keinen glücklichen Eindruck' auf sie gemacht habe und die Beaufsichtigung der Häftlinge ‚gegen ihre Natur gegangen' sei, will sie bereits im Jahre 1940 den Versuch unternommen haben zu kündigen. Sie sei jedoch von der Kommandatur darauf hingewiesen worden, eine Entlassung könne nur dann erfolgen, wenn sie ein Kind erwarte. Im übrigen habe es geheißen, man sei im totalen Kriegseinsatz, und jeder müsse dort bleiben, wo er hingestellt sei. Daraufhin habe sie keinerlei Bemühungen mehr unternommen, von ihrer Tätigkeit als KL-Aufseherin loszukommen. Als Grund für ihre Versetzung nach Lublin gibt die Angeschuldigte an, sie habe sich mit der Oberaufseherin von Ravensbrück, Maria Mandel, nicht verstanden, und ein männlicher Vorgesetzter habe vergeblich versucht, sich ihr intim zu nähern.

Am 16. Oktober 1942 trat die Angeschuldigte zusammen mit der Oberaufseherin Elsa Ehrich und acht weiteren Aufseherinnen ihren Dienst in Lublin an, den sie dort bis 15.1.1944 versah. Dann wurde sie wieder in das KL Ravensbrück versetzt und von dort, nach einem zweiwöchigen Urlaub, als 1. Aufseherin im Nebenlager Genthin des KL Ravensbrück eingesetzt. Bei diesem Lager handelte es sich um ein Frauenlager, das mit ca. 500 – 1000 weiblichen Häftlingen belegt war. Der Angeschuldigten unterstanden dort bis zu 14 Aufseherinnen. Nach der Aufgabe des Lagers Genthin am 7.5.1945 fuhr sie im Juni 1945 mit der Eisenbahn nach Nordbayern, wo sie bei einem Bauern mit Gastwirtschaft und Metzgerei drei Monate arbeitete. Am 22.11.1949 wurde die Angeschuldigte durch das Landgericht für Strafsachen Wien als Volksgericht wegen des

* Im Auschwitz-Prozeß in Krakau am 22.12.1947 zum Tode verurteilt und später hingerichtet.

Verbrechens der Quälerei und Mißhandlungen und des Verbrechens der Verletzung der Menschlichkeit und der Menschenwürde, begangen in den Jahren 1941 bis 1942 gegenüber Häftlingen des KL Ravensbrück, zu drei Jahren schweren Kerkers und Einziehung ihres Vermögens verurteilt. Von dem Vorwurf, die obengenannten Straftaten auch zum Nachteil von Häftlingen des KL Majdanek begangen zu haben, wurde die Angeschuldigte mangels schlüssiger Schuldbeweise freigesprochen. Nach ihrer Entlassung aus der Strafhaft im Frühjahr 1950 kehrte sie nach Kärnten zurück und arbeitete bis 1958 abwechselnd im Sommer in einem Hotel in Velden und im Winter als Hilfsarbeiterin in einer Samenhandlung in Villach.

In dieser Zeit hatte die Angeschuldigte ihren späteren Ehemann, Russel Ryan, der in Österreich als amerikanischer Soldat stationiert war, kennengelernt. Im Oktober 1958 wanderte sie nach Kanada aus, heiratete in Halifax ihren Bräutigam und folgte ihm kurze Zeit später in die Vereinigten Staaten. Die Eheleute nahmen in New York Wohnung. Während ihr Ehemann seinem Beruf als Feinmechaniker nachging, nahm die Angeschuldigte eine Stellung als Arbeiterin in einer Strickwarenfabrik an. Im Jahre 1963 wurde ihr im Wege der Einbürgerung die amerikanische Staatsangehörigkeit verliehen. Nachdem etwa seit 1965 Informationen über die Tätigkeit der Angeschuldigten als SS-Aufseherin und ihre Verurteilung in Österreich, die sie bei ihrem Einbürgerungsantrag nicht angegeben hatte, in die amerikanische Presse gelangt waren, wurde von den amerikanischen Einwanderungsbehörden eine Untersuchung eingeleitet, in deren Verlauf die Angeschuldigte im November 1972 der Aufhebung ihrer amerikanischen Staatsbürgerschaft zustimmte. Parallel hierzu wurde seit Februar 1972 ein Deportationsverfahren eingeleitet, das infolge der Auslieferung der Angeschudigten aus den Vereinigten Staaten am 7.8.1973, der eine Auslieferungshaft seit dem 21.3.1973 vorausging, nicht beendet wurde.

Der Angeschuldigten, die ihre Position im KL Lublin/Majdanek als die einer ‚gewöhnlichen Aufseherin' empfindet, wurde während ihrer Tätigkeit im KL Lublin die Kriegsverdienstmedaille II. Klasse verliehen. Die Angeschuldigte Ryan, der die weiblichen Häftlinge des Lagers den Spitznamen ‚Kobyla'

(Stute) gegeben hatten*, war bei den Häftlingen allgemein gefürchtet. Die Schläge teilte sie dabei nicht nur mit der Hand, sondern auch mit einer Peitsche aus, die sie regelmäßig mit sich geführt haben soll. Einige Zeugen erinnern sich, die Angeschuldigte häufig in Begleitung eines Schäferhundes gesehen zu haben, den sie auch auf Häftlinge gehetzt haben soll. Die Zeugen charakterisieren die Behandlung der Häftlinge durch die Angeschuldigte als unmenschlich, grausam, brutal und sadistisch, die unter den Häftlingen panische Angst hervorrief."**

222. Tag. 10. Januar 1978. Die Angeklagte Hermine Ryan-Braunsteiner ist wieder frei. Dem Vorsitzenden Richter Günter Bogen, der scheinbar souverän den Majdanek-Prozeß führt, ist von mächtigeren Kräften klar gemacht worden, daß er sich nur in engen Grenzen bewegen kann. Das Oberlandesgericht Düsseldorf hat beschlossen, daß „ein dringender Verdacht der Zeugenbeeinflussung durch die Angeklagte nicht gegeben" sei. Der Vorsitzende könne ja künftig Maßnahmen ergreifen, um ähnliche Vorfälle zu verhindern, zum Beispiel in Pausen den Saalwachtmeister zwischen die Zeugen und die Angeklagten postieren. Als ob nicht ein Stockwerk tiefer, in der Kantine, die Häftlinge ohnehin ungehindert auf ihre Peiniger treffen. Oder auf der Straße.

Wie es geschehen ist. Die Zeugin Gössinger aus Wien gibt vor Gericht folgende Erklärung ab: „Auf dem Weg vom Gericht zum Hotel hat mich ein großer, blonder gutgekleideter Herr, Mitte der Vierzig etwa, bedroht mit den Worten: ‚Die Angeklagten sind unschuldig. Sie zu belasten, bedeutet nur eine Hilfe für alle Kommunisten. In dieser Beziehung kennen wir kein Erbarmen, richten Sie Ihre Aussage danach!'

Und im Gerichtssaal selbst werden immer häufiger Naziflugblätter verteilt, auf denen behauptet wird, daß die Fotos der Toten aus dem KZ Majdanek in Wirklichkeit aus Dresden

* Nach Angaben der Zeugin Landowska deshalb, weil sie die Häftlingsfrauen häufig trat.

** Anklageschrift der Staatsanwaltschaft Köln (Zentralstelle im Lande Nordrhein-Westfalen für die Bearbeitung von nationalsozialistischen Massenverbrechen in Konzentrationslagern) vom 15.11.1974, Az. 130 (24) Js 200/62 (Z) – gegen Hermann Hackmann u.a., S. 157 ff.

stammen und Bombenopfer zeigen. Nazis haben auch die Betreuung der Angeklagten übernommen. Ungehindert von den Saalwachtmeistern können sie Briefe und Schriften überbringen. Und am letzten Verhandlungstag vor Weihnachten legte eine alte Frau den Angeklagten Weihnachtspäckchen auf die Tische, im Auftrag der „Stillen Hilfe", die angeklagte Naziverbrecher unterstützt.

239. Tag. 24. Februar 1978. Die Zeugin Maria Friderika Kaufmann-Krasowski, geborene Rubin, aus Kfar Saba in Israel berichtet, der Rechtsanwalt Ludwig Bock aus Mannheim, Verteidiger der Angeklagten Hildegard Lächert, habe sie in Israel aufgesucht und sich ihr gegenüber als „Doktorand" ausgegeben, um angeblich über den Massenmord in Majdanek historisches Material zu sammeln. Er habe sie und auch andere ehemalige KZ-Häftlinge in Israel gefragt, ob sie etwas über die „blutige Bestie" Hildegard Lächert wisse, und sie habe dem „netten, gutaussehenden, höflichen Mann" Auskunft gegeben und mit ihn Saft bewirtet. Hier im Prozeß hat der Anwalt Ludwig Bock nichts mehr von dieser höflichen Zurückhaltung. Als freilich die Zeugin Kaufmann-Krasowski aussagt, vermißt man ihn auf seinem Platz neben der „Blutigen Brygida". Ein anwaltliches Ehrengerichtsverfahren ist wegen dieses „standeswidrigen Verhaltens" gegen ihn eingeleitet worden. Aber es ist, anders als bei Baader-Meinhof-Verteidigern, rechtzeitig wieder eingestellt worden.

240. Tag. 28. Februar 1978. Maria Kaufmann-Krasowski geht durch die Reihen der Angeklagten. Die versuchen zu Boden zu sehen. Vor Hermine Ryan-Braunsteiner bleibt sie stehen. Sie sagt nur ein Wort: „Stute" Dann geht sie ein paar Schritte weiter. In der nächsten Reihe sitzt die Angeklagte Hildegard Lächert.

Die Zeugin wird fahl im Gesicht, sie zittert, kann kaum noch sprechen. Dann sagt sie: „Wenn ich die ‚Blutige Brygida' sehe, dann sehe ich schon niemanden mehr." Sie geht zurück zu ihrem Zeugenstuhl unter dem großen Lageplan des Konzentrationslagers Lublin-Majdanek. Noch einmal wird sie nach der SS-Aufseherin Lächert gefragt. „Bei ihr hat man immer

Blut gesehen, wenn sie schlug. Das Blut unserer Kameraden. Es war für uns auf der ganzen Welt kein Mensch, der noch schlimmer war als sie. Einmal hat sie einen Häftling, der im Graben arbeitete, geschlagen und gepeitscht, bis sie ihn zerrissen hatte. Es waren nur noch Fetzen von einem Menschen, ein einziger Klumpen Fleisch. Dann hat sie befohlen: ‚Schafft den Dreck da weg!'"

Daß Maria Kaufmann-Krasowski diese Frau und dieses Lager lebend überstanden hat, obwohl doch ihr Geburtsname Rubin so deutlich ihre jüdische Herkunft bezeugte, hat sie einem deutschen Fabrikanten zu verdanken. Er hatte ihr durch seine Beziehungen einen gefälschten Arierpaß verschafft. So kam sie nicht als Jüdin ins Gas oder ins Lager, sondern als „politische Polin", und das war ein paar Stufen höher. Sie ist Dolmetscherin geworden, und das war noch besser, fast war sie so etwas wie ein Mensch für die SS.

243. Tag. 7. März 1978. Die Zeugin Bluma Shadur aus Tel Aviv: „In Warschau, als die SS uns entdeckt hatte, mußten wir uns nackt ausziehen. Wir wurden an eine Wand gestellt, vor uns ein Maschinengewehr. Es war uns allen klar, jetzt werden wir erschossen. Plötzlich kam einer, schrie einen Befehl, der Mann am Maschinengewehr ist aufgestanden. Wir mußten unser Zeug wieder anziehen und wurden zu einem Sammelplatz gebracht. Dann kamen wir nach Majdanek. Auf der Straße von Lublin ins Lager hat die SS Hunde auf uns gehetzt. Viele wurden gebissen, einige blieben liegen. Wir standen auf dem Platz vor dem Bad. Es wurde selektiert. Wir waren sieben Kinder. Ich bin als einziges übriggeblieben. Die andern sind alle ermordet worden."

Sie geht durch die Reihen, identifiziert diejenigen, die bei ihrer Ankunft selektiert haben: „Das ist die ‚Stute'." Ein paar Stühle weiter: „Blutige Brygida".

Richter Bogen fragt, woran sie die Hildegard Lächert erkannt habe. Sie sagt, langsam: „Die Augen." Woran sie sich erinnere, wenn sie Frau Lächert sehe? „Ihr war die Peitsche in die Hand gewachsen. Einmal hat sie mich fast totgeschlagen. Als ich einige Monate später nach Auschwitz kam, waren die Wunden immer noch nicht verheilt."

250. Tag. 6. April 1978. Rechtsanwalt Ludwig Bock aus Mannheim, Verteidiger von Frau Lächert, stellt einen neuen Befangenheitsantrag. Es ist sein fünfzehnter in diesem Prozeß: „In der Strafsache gegen Hildegard Lächert lehne ich namens der Angeklagten den Sachverständigen Dr. Scheffler wegen Besorgnis der Befangenheit ab. Der abgelehnte Sachverständige ist Verfasser des gerichtsbekannten Buches „Judenverfolgung im Dritten Reich". Mit dieser Veröffentlichung hat der abgelehnte Sachverständige nachgewiesen, daß er zu jenen politischen Propagandisten zu zählen ist, die grundsätzlich ohne Kritik alles das als historisches Faktum übernehmen, was irgendwo und irgendwann publiziert worden ist . . .

In Wirklichkeit handelt es sich hierbei nicht um die Verbindung von Tatsachenerkenntnissen, sondern um die Durchsetzung bestimmter parteipolitischer oder machtpolitischer Auffassungen. Die Konsequenz ist, daß sich diese politische Arbeitsweise auch auf die deutsche Justiz durch die Heranziehung entsprechender Sachverständiger auszuwirken droht. In dem erwähnten Buch des abgelehnten Sachverständigen findet sich kein kritischer Hinweis für Vorbehalte gegenüber irgendeiner Zeugenaussage im Nürnberger Prozeß, gegenüber irgendeinem Dokument, und sei es noch so sinnwidrig und haarsträubend. Auch ist von dem Sachverständigen nichts über die Fälschung des „Tagebuchs der Anne Frank" erwähnt . . .

Die oberflächliche Arbeitsweise des abgelehnten Sachverständigen hinsichtlich der Rolle bestimmter Personen sei am Beispiel des Adolf Eichmann deutlich gemacht. Der abgelehnte Sachverständige schreibt dort: ‚. . . übernahm dann das Judenreferat im Reichssicherheitshauptamt unter SS-Obersturmbannführer Adolf Eichmann die gesamte organisatorische Planung der Endlösung.' Tatsächlich war Eichmann ein kleiner Referent, der überhaupt keine Planungen auszuführen hatte, sondern lediglich Planungen seiner Vorgesetzten, insbesondere seines Amtschefs Müller, vornehmlich in Transport- und Auswanderungsfragen, auszuführen hatte. Weder hatte Eichmann auf die Planung oder die Durchführung von Erfassungen irgendwelchen Einfluß, da Gauleiter oder Reichskommissare einen zu hohen Rang hatten, um Kontakte mit einem

Referenten im Reichssicherheitshauptamt zu unterhalten, noch hatte das Reichssicherheitshauptamt den geringsten Einfluß auf Vorgänge in Konzentrationslagern, da diese dem gleichrangigen Wirtschafts- und Verwaltungshauptamt unterstanden . . . Faßt man all dies zusammen, Texte und Bildmaterial, so rechtfertigt sich bei der Angeklagten Hildegard Lächert die Befürchtung, der abgelehnte Sachverständige sei kein Historiker, der sich um die Wahrheit bemüht, sondern ein Propagandist, der aus sachfremden Erwägungen des politischen Opportunismus kritiklos alles das als wahr, echt, historisch unterstellt, was ihm von politisch Gleichgesinnten vorgelegt wird. Die Angeklagte Hildegard Lächert befürchtet, der abgelehnte Sachverständige sei nicht unabhängig und nicht in der Lage, distanziert zu urteilen. Dies ist jedoch für einen unbefangenen Sachverständigen eine Grundvoraussetzung."

Anstelle des Historikers Wolfgang Scheffler beantragt Rechtsanwalt Bock, den Diplompolitologen Udo Walendy aus Vlotho zum Sachverständigen zu berufen.

Udo Walendy ist ein bekannter Rechtsradikaler und Propagandaredner der NPD.

Der Antrag wird abgelehnt.

251. Tag. 11. April 1978. Bevor Jehudit Gelbard aus Ramat-Gan in Israel über die Angeklagten aussagt, sagt sie über sich aus: „Wir waren eine neunköpfige Familie in Warschau. Ich bin allein übriggeblieben. Meine Eltern sind ermordet, und meine sechs Geschwister sind ermordet. Mich hat Hitler physisch nicht vernichtet. Aber er hat mir die Lebensfreude genommen."

Während sie das sagt, sitzt auf der vorderen Bank im Zuhörerraum ein Mann und weint. Ihr Mann. Er hat ein ähnliches Schicksal gehabt. Er war nicht in Majdanek, er war in Treblinka. Und er war, genau wie jetzt seine Frau, schon einmal in diesem Saal 111 in Düsseldorf. Vor dreizehn Jahren hat er als einer der wenigen Überlebenden des Vernichtungslagers ausgesagt. Der Treblinka-Prozeß gegen den letzten Lagerkommandanten Kurt Franz und neun andere Angeklagte hatte vom 12. Oktober 1964 bis zum 3. September 1965 stattgefunden. Damals lebte noch einer der Hauptschuldigen der Judenverfolgung, Bundeskanzler Konrad Adenauers Staatssekretär Dr. Hans Globke. Er mußte in diesem Prozeß zu seiner Rolle als Miturheber der Judengesetzgebung Hitlers, der juristischen Grundlage der Judenvernichtung, aussagen.* Er müßte auch heute aussagen, so wie er schon im Nürnberger Prozeß ausgesagt hat: „Ich wußte, daß die Juden massenweise umgebracht wurden, aber ich war immer der Auffassung, daß es daneben auch Juden gab, die entweder in Deutschland lebten, oder die, wie in Theresienstadt oder dergleichen, in einer Art Getto zusammengefaßt waren . . . Ich bin der Auffassung und habe es immer gewußt, daß diese Ausrottung der Juden systematisch vorgenommen worden ist, aber ich wußte nicht, daß sie sich auf alle Juden bezog."**

Wenn dieser Mann noch lebte und heute im Majdanek-Prozeß aussagen würde, wie er es als Adenauers Staatssekretär fertiggebracht hat, noch 18 Jahre nach Kriegsende die Staatsanwaltschaften der Bundesrepublik an den Kontakten mit Warschau und Moskau zu hindern und so alle KZ-Prozesse zu blockieren, dann endlich könnte man die Angeklagten im Majdanek-Prozeß als die kleinen Henkersknechte der faschistischen Mordmaschine richtig einordnen.

Jehudit Gelbard ist die zweite Zeugin, die dem Gericht von dem Ausflug des Rechtsanwalts Ludwig Bock nach Israel berichtet. Bei ihr habe er sich als „junger Deutscher, der ein Buch über das Leid der Juden im Dritten Reich schreiben wolle", ausgegeben. Auch sie hat, wie ihre Leidensgefährtin Maria Kaufmann, den Mann freundlich bewirtet und keine Ahnung davon gehabt, daß er, der eher den Neonazis nahesteht, zynisch die totale Folgenlosigkeit dieses Prozesses für die Mehrzahl der Majdanek-Mörder einkalkuliert: Wenn der Bundesgerichtshof „etwa 1982" die Urteile bestätigen sollte, „dann sind die Angeklagten entweder tot oder haftunfähig".***

* Gegen Dr. Hans Globke, den höchsten Beamten in der Adenauer-Ära, wurde in der BRD zwar ermittelt, aber nie ein Prozeß durchgeführt. Dagegen wurde er 1963 vom Obersten Gericht der DDR wegen Verbrechens gegen die Menschlichkeit in Abwesenheit zu lebenslangem Zuchthaus verurteilt.

** Zitiert nach Reinhard-M. Strecker, „Dr. Hans Globke", Hamburg 1961, S. 288

*** Bock ist nach dem Bekanntwerden dieser Vorfälle die Einreise nach Israel verweigert worden, ebenso die nach Polen.

249. Tag. 5. April 1978. Rachela Dancyger, ehemals in Warschau, jetzt in Tel Aviv lebend, schildert eine Exekution: „Es war ein junges Mädchen. Es mußte auf den Stuhl steigen. Dann wurde ihm die Schlinge um den Hals gelegt, und die „Blutige Brygida" hat das Stühlchen weggetreten."

Rechtsanwalt Ludwig Bock meldet sich. Er hat eine Frage an die Zeugin Dancyger: Ob er richtig gehört habe, daß nicht die ‚Blutiga Brygida' das Stühlchen weggestoßen habe, sondern das junge Mädchen selbst?

Bevor Rachela Dancyger antworten kann, antwortet Richter Bogen: „Das ist doch wohl nicht Ihr Ernst, Herr Rechtsanwalt!"

Es ist die letzte spektakuläre Aktion des Rechtsanwalts Bock im Majdanek-Prozeß. Der Anwalt legt sein Mandat nieder. Das Gericht stimmt zu. Seine Mandantin Hildegard Lächert stimmt zu. Die Gesinnungsfreunde des Rechtsanwalts Bock in der *Nationalzeitung* sehen das so: „Die nicht nur publizistische, sondern in handfesten Morddrohungen ausgeartete Hetzkampagne gegen den bekannten Mannheimer Rechtsanwalt Ludwig Bock hat zum Erfolg geführt: Der Verteidiger im Düsseldorfer Majdanek-Prozeß legte sein Mandat mit Zustimmung des Gerichts nieder. Seinen Entpflichtungsantrag begründete der Anwalt nicht nur mit dem ihm von gewissen Medien entgegenschlagenden Haß, sondern auch mit der Tatsache, daß ihm eine ordnungsgemäße Verteidigung nicht möglich gewesen sei. So war Bock beispielsweise die Einreise nach Israel und in die Volksrepublik Polen verweigert worden, den Staatsanwälten und Richtern aber nicht. Unterdessen hat der Druck auf das Düsseldorfer Gericht weiter zugenommen . . . Der Verteidiger muß um sein Leben fürchten – gewiß kein Symptom für eine Atmosphäre der Rechtsstaatlichkeit. Die Frage stellt sich, ob das Gericht überhaupt noch frei und unabhängig agieren kann."*

Schon vorher hatte sich ein Kollege distanziert, Hans-Joachim Dohmeier. Er hatte mit Bock zusammen die Vertretung der Angeklagten Lächert übernommen. Doch schon nach wenigen Tagen zog er sich wieder zurück, weil er „das völlige Außerachtlassen jeglichen Taktgefühls und die abermalige

* *Nationalzeitung*, 5.5.1978

Demütigung der Opfer" durch die Verteidiger nicht mitmachen wolle. Als Beispiel erinnerte er „an einen Zeugen, der aussagte, daß ein Teil seiner Familie vergast worden sei und an die direkt anschließende Frage eines Verteidigers, womit denn die Öfen im Lager beheizt worden seien, ob mit Holzkohle oder irgendeinem anderen Brennstoff. Dies offensichtlich deshalb, weil es in irgendwelchen Pamphleten irgendwelcher Rechtsradikaler Behauptungen gibt, daß in solchem Lager so viel Brennstoff nicht gelagert werden könne. Ich habe danach um meine Entpflichtung gebeten, weil mir der Neofaschismus einiger Anwälte unerträglich wurde."*

260. Tag. 10. Mai 1978. Der Vorsitzende stellt, routinemäßig, der Zeugin Hela Rosenbaum die Frage: „Sind Sie mit einem der Angeklagten verwandt oder verschwägert?" Die Frau, 51 Jahre alt, wird flammend rot im Gesicht: „Ich bin eine Jüdin!" Der Richter erklärt ihr, warum er diese Fragen stellen muß. Die Frau zupft nervös an ihrer schwarzen Samtjacke. Schließlich, noch einmal nach einer eventuellen Verwandtschaft mit den SS-Leuten von Majdanek gefragt, antwortet sie ruhiger: „Nein. Gott sei Dank, nein."

Die Spannung, die dieses Wiedersehen mit den SS-Aufseherinnen in ihr hervorruft, kann Hela Rosenbaum kaum beherrschen. Als sie vor der Angeklagten Hermine Ryan-Braunsteiner steht, würgt sie nur noch: „‚Kobyla', das ist ‚Kobyla'." Dann muß der Vorsitzende die Verhandlung unterbrechen, der Arzt behandelt die übererregte Frau. Zwanzig Minuten später steht sie vor Hildegard Lächert: „‚Blutige Brygida'. Niemals ohne Peitsche", sagt sie. Einmal hat sie von ihr 25 Peitschenschläge bekommen. Sie schildert das, macht dann eine Pause. Der Richter fragt sie etwas, sie antwortet nicht. Er fragt noch einmal. Hela Rosenbaum sagt: „Entschuldigen Sie, bitte. Ich bin gar nicht hier, Herr Richter. Ich bin wieder im Lager."

269. Tag. 5. Juli 1978. Dr. med. Zacheusz Pawlak, Arzt aus Radom, erscheint vor dem Gericht. Häftling Nummer 8308 von

* Jürgen R. Meyer, „Die Vergangenheit kehrt zurück – Der Majdanek-Prozeß", ZDF-Sendung am 27.11.1977

Majdanek. 55 Jahre alt. Er war es, der von der Revierbaracke auf Feld V das Ausheben der Gräben des „Luftschutzkommandos" beobachtet hat, Vorbereitung für das „Erntefest". Er war es auch, der versuchte, die beiden jüdischen Kinder Francik und Persival vor der Erschießung zu retten und an dem SS-Unterscharführer Konietzny vorbeizuschmuggeln, vergeblich. Zacheusz Pawlak hat 20 Jahre nach der Befreiung aus Majdanek ein Buch geschrieben, „Ich habe überlebt". Im Vorwort steht: „Als ich das Lager verließ, glaubte ich, daß ich grenzenlos glücklich sei. *Ich habe überlebt.* Das Leben war vor mir. Ich tauchte wieder darin ein. Alles wurde mir zur Leidenschaft: das Lernen, die Arbeit, die Liebe. Und dennoch habe ich nie Frieden gefunden. In 20 Jahren habe ich die Menschenkolonnen, die in ausgerichteten Fünferreihen in den Tod gingen, nicht vergessen können. Ihre Schatten erfüllten mich mit Grauen und bedrängten mich. Unerwartet standen sie vor mir in den unterschiedlichsten Augenblicken meines Lebens. *Ich habe überlebt.* Aber es blieb irgendein dauerndes Mal zurück, die Last nicht ausgesprochener Worte, Worte der Wahrheit über Majdanek. Ich möchte vergessen und dieses Schreckgespenst aus meinem Gedächtnis reißen; die schwere Bürde jener Jahre von meinen Armen werfen, um so normal und unbelastet leben zu können wie andere. Und dennoch möchte ich etwas tun für diejenigen, die nicht überlebt haben. Ich möchte, daß die Erinnerung an sie erhalten bleibt und bewahrt wird für jene, die das Wort Frieden nicht zu schätzen wissen. Ich bitte, mir diese Worte zu verzeihen. Sie sind hart und bitter, eben so hart und bitter wie das Leben der Häftlinge im Lager war. Für sie habe ich diese Erinnerungen geschrieben, ihnen zum Andenken und zur Ehre."*

Nun steht er hier vor den Mördern seiner Kameraden, für die er seine Erinnerungen aufgeschrieben hat. Aber nur wenige erkennt er wieder. Reinartz natürlich, den SS-Sanitäter, mit dem er täglich in der Revierbaracke zusammen war. Ganz leise sagt er dessen Namen. Er erkennt die Braunsteiner, die „Stute". Bei anderen setzt er hinzu: „Ich bin mir nicht sicher. 35 Jahre ist das her . . ." Wieder andere sucht er ver-

* Pawlak, Überlebt, a.a.O., S. 5

geblich. Konietzny sitzt nicht auf der Anklagebank. Der Lagerarzt Dr. Heinrich Rindfleisch* nicht, der Kapo Ludwig Benden** nicht. Dr. Zacheusz Pawlak, ein kleiner und zarter Mensch, kann den „Todesengel" von Majdanek, Emil Laurich, nicht identifizieren. Er hat ihn damals, wenn Laurich die Häftlinge zur Exekution brachte, immer nur aus der Ferne gesehen, meistens mit einem Fahrrad. Aus der Nähe hat Zacheusz Pawlak dagegen eine der zwei „Kinderaktionen" gesehen: „Drei Anhänger wurden von einem Bulldogg, sagt man so?" Der Vorsitzende Bogen lächelt: „Ja, so hießen die damals bei uns." Pawlak: „Sie wurden von einem Bulldogg zum Krematorium gefahren. Sie waren vollgestopft mit Kindern. Die wurden ins Bad gebracht. Dann stieg ein Mann über eine Leiter aufs Dach und öffnete dort die Klappe vom Entlüftungsschornstein. Er schüttete aus Büchsen etwas hinein." Der Zeuge schildert, wie die Schreie gedämpfter wurden und verstummten. Später sei einer der Häftlinge wieder aufs Dach gestiegen und habe die Abdeckung von dem Entlüftungsschacht wieder abgenommen. „Am Abend, da ich über die ganze Aktion sehr erschüttert war, beobachtete ich den weiteren Verlauf den ganzen Abend und die ganze Nacht. Mit demselben Fahrzeug, mit dem man die lebenden Kinder zum Bad gefahren hatte und auf das nun die Leichen aufgeladen wurden, fuhr man sie hinaus in den Wald, Richtung Lublin." Dort wartete das „Waldkommando", um auf Scheiterhaufen die Kinderleichen zu verbrennen.

277. Tag. 21. August 1978. Zum zweitenmal schon ist der Zeuge Stanislaw Baranowski aus Warschau angereist, um in Düsseldorf auszusagen. Das erste Mal hat man ihn so wieder nach Hause geschickt. Der Terminplan war durch die vielen Prozeßverschleppungen durcheinander gekommen. Das ging nicht nur dem Zeugen Baranowski so, viele mußten zweimal

* Lagerarzt Dr. Heinrich Rindfleisch, beteiligt an zahlreichen Exekutionen und Selektionen, auch am „Erntefest", wurde nach dem Kriege nie vor Gericht gestellt. Er starb kurz vor der Eröffnung des Majdanek-Verfahrens.

** Gegen Ludwig Benden, der wegen der Teilnahme am „Erntefest" des vielfachen Mordes verdächtig war, wurde zwar ermittelt und die Voruntersuchung gegen ihn eröffnet. Da er im Alphabet die Liste der Angeschuldigten anführte und in Düsseldorf wohnt, wurde das Majdanek-Verfahren beim Landgericht Düsseldorf eröffnet. Später verschonte die Staatsanwaltschaft jedoch Benden und erhob keine Anklage gegen ihn.

kommen. Und es sind weder Touristenreisen für die ehemaligen Majdanek-Gefangenen, noch haben sie selbst die Konstitution von Touristen. Stanislaw Baranowski ist schwer herzkrank. Er wird, während er die Fragen des Gerichts beantwortet, schweißnaß im Gesicht. Er knöpft sich das Hemd auf, bedeckt das Gesicht mit beiden Händen, stöhnt, bittet um eine Pause. Danach scheint er ruhiger und berichtet: „ Da sind die Kinder auf dem Boden gelegen, nicht Boden, Morast war, und haben aufgeleckt diese Suppe, die verschüttet war aus dem Kübel. Das hat die ‚Blutige Brygida' gesehen, hat sie auf die Köpfe der Kinder geschlagen mit einem schweren Schöpflöffel, bis die Kinder am Boden lagen und aus den Köpfen bluteten." Der Gerichtsarzt Dr. Philipp Hindringer unterbricht: „Der Zeuge hat blaue Lippen. Wir müssen hier erst einmal abbrechen."

So wie dem Zeugen Baranowski geht es vielen, den meisten ehemaligen Häftlingen der Konzentrationslager: In ihnen ist körperlich und seelisch etwas zerstört. Viele sind so krank, daß sie gar nicht kommen können. Andere müssen dies alles noch einmal in ihrem Leben loswerden. Für sie ist es wie eine Befreiung. An der Gedächtnismauer der Gedenkstätte Yad Vashem steht: „Vergessenwollen verlängert das Exil. Das Geheimnis der Erlösung heißt Erinnerung."

Ob es dann wirklich eine dauerhafte Erlösung ist? Der Zeuge Leo Miller, der sich erinnert hat und seine Erinnerungen dem Gericht zu Protokoll gab, fügte hinzu: „Ich hab noch heute Nächte, wo ich wache auf schweißgebadet, und man jagt mich. Nicht einmal, zehnmal, hundertmal im Jahr. Ich kann das nicht vergessen."

Der Spruch von Yad Vashem gilt nicht allein für die Opfer. Er gilt für uns alle. Das Verbrechen von Majdanek liegt auf jedem von uns, bedrückt uns und kann sich ein neues Mal ereignen, wenn wir uns nicht erinnern.

Wer das nicht will, wer Majdanek verdrängt oder rechtfertigt, spricht von „Rache", so wie es einige Verteidiger getan haben. Für sie ist dieser Prozeß nur eine Episode, die nichts mit ihrem Leben und ihrer Moral zu tun hat.

Der Düsseldorfer Karnevalsverein wählte zu seinem Karnevalsprinzen für die Session 1978/1979 den Verteidiger der SS-

Aufseherin Charlotte Mayer, den Düsseldorfer Rechtsanwalt Dr. Jörg Weck. „Prinz Majdanek" nannte man ihn spöttisch. Der Oberbürgermeister von Düsseldorf, Klaus Bungert, hielt die Wahl für eine schlimme Entgleisung. Er werde deshalb keine Karnevalsveranstaltungen besuchen. Daraufhin warf der Düsseldorfer Anwaltsverein dem Oberbürgermeister „eine verfehlte Einstellung zu unserer freiheitlichen Rechtsordnung" vor. Er werde so „zum Werkzeug von Interessen, denen daran liegt, daß die dunklen Schatten unserer Vergangenheit erhalten bleiben. Wir sind davon überzeugt, daß jedenfalls die überwiegende Mehrheit unserer jüdischen Mitbürger und Freunde in aller Welt die Einstellung von Herrn Bungert nicht teilen, weil sie sowohl sachlich als auch menschlich ungerechtfertigt ist."

Schließlich blieb noch ein Rest menschlichen Anstandsgefühls übrig. Der Karnevalsprinz legte das Lametta ab und wurde wieder Majdanek-Verteidiger.

Sein Nachfolger im Prinzenamt ein Jahr später, ein Mann namens Klaus Schulze, zeigte dann der Welt, wie man als ausgelassener Deutscher und unbeschwert von den Schatten der Vergangenheit Karneval zu feiern versteht. Der Karnevalsprinz plaudert fröhliche Witze über die Juden, und einer, über den möglicherweise selbst der Düsseldorfer Anwaltsverein sowohl sachlich als auch menschlich nicht lachen kann, heißt: „Was ist ein Jude mit einer Gasflasche unter dem Arm? Er ist süchtig!"

289. Tag. 2. Dezember 1978. Drei Jahre dauert dieser Prozeß schon. Das Gericht kommt von einer Ortsbesichtigung aus Majdanek zurück. Wie in jedem Jahr 350000 Menschen diese Schandstätte des deutschen Faschismus besuchen, schweigend, ergriffen, voll Wut, aber doch schweigend, so sind jetzt die Prozeßbeteiligten durch das unendlich große Lager gegangen. Aber die Reaktion ist unterschiedlich. Der Vorsitzende Richter Bogen zum Beispiel bringt am Abend, als der polnische Vernehmungsrichter Litwinski und der Warschauer Staatsanwalt Bronislaw Wroblewski mit am Tisch sitzen, einen Toast „auf die Freundschaft unserer Völker" aus. Ein Verteidiger dagegen findet das empörend: „Das geht zu weit!" Ein anderer hört gar nicht mehr zu, er ist schon betrunken. Der Münchner Journalist Stefan Klein, der regelmäßig über den Majdanek-Prozeß berichtet und mit dem Gericht nach Polen geflogen ist, schildert in der *Süddeutschen Zeitung* vom 5. Dezember 1978, was er dort in der Bar des Hotels „Unia" in Lublin erlebte: „Gut gelaunte Leute stehen beieinander. Sie lachen und scherzen und werden nur einmal ganz unwirsch, als sich herausstellt, daß die Barfrau kein ‚piwo' (Bier) auf Lager hat. Aber die Damen und Herren wissen sich zu helfen und bestellen stattdessen ‚Gelbe Lümmel', wie sie das Gemsich aus Wodka und Orangensaft nennen . . . Die Teilnehmer der fröhlichen Gesellschaft sind allesamt beteiligt an einem NS-Verfahren, in dem es um die Ermordung von 250000 Menschen geht . . . Die Bar im ‚Unia' ist schnell in deutscher Hand . . . Gegen Mitternacht muß die polnische Putzfrau ‚Gelbe Lümmel' vom Boden aufwischen. Die Mädchen an der Reception müssen sich zweier betrunkener Anwälte erwehren . . . Einer sagt zum anderen: ‚Natürlich ist das ein Mords-Zirkus hier . . .'"

Der Vorsitzende Richter, der an diesem 300. Tag protokollartig über das Ergebnis der Majdanek-Reise berichtet, teilt mit, in zwei Tagen werde das Gericht nach Tel Aviv fliegen. Es ist die dritte Reise des Gerichts nach Israel. Siebenmal war es schon in Polen, einmal in den USA, einmal in der Sowjetunion, einmal in Kanada, zweimal in Österreich. Die Herren wissen inzwischen, wo man günstig Korallen einkaufen kann, wo das interessanteste Musical läuft und welcher Nachtclub zu empfehlen ist.

294. Tag. 21. Dezember 1978. Das Verfahren gegen den angeklagten SS-Unterscharführer Wilhelm Reinartz aus Langenfeld wird wegen seiner Herzkrankheit abgetrennt und vorläufig eingestellt. Es ist unwahrscheinlich, daß es jemals wiederaufgenommen wird. Der Mann ist praktisch freigesprochen.

In der Anklageschrift wird ihm vorgeworfen, bei einer Erschießungsaktion 1942 im alten Krematorium „auf die ihm zugeführte Jüdin mehrere Schüsse in die Brustgegend" abgefeuert zu haben, „die die Frau jedoch nicht sofort töteten. Ein anderer SS-Angehöriger gab ihr daraufhin den tödlichen Schuß." Außerdem habe er zwischen Januar und Mai 1943 „in der Häftlingsbaracke des Lagers unter ca. 100 neu eingetroffenen jüdischen Frauen eine Selektion" durchgeführt, „bei der er mindestens 60 Frauen zur Vergasung in einem vor der Badebaracke bereitstehenden Gaswagen aussonderte". Drittens habe er im März 1943 „in der Revierbaracke des Feldes III in Anwesenheit von Häftlingsärzten und Funktionshäftlingen" eine Selektion vorgenommen, „bei der er mindestens zwei der in dieser Baracke untergebrachten kranken Häftlinge zur Vergasung aussonderte". Viertens habe er an verschiedenen Selektionen und am „Erntefest" teilgenommen und dabei mindestens 20115 KZ-Gefangene umgebracht. Andererseits weiß man, daß dieser SS-Sanitäter Reinartz sich in Majdanek relativ menschlich verhalten hat.

Nun sind es noch dreizehn Angeklagte.

313. Tag. 5. Februar 1979. Janina Rawska-Bot aus Warschau sagt aus: „Wir waren im Gärtnereikommando. Die ‚Blutige Brygida' hat ihren Schäferhund auf eine polnische Gefangene gehetzt, die Wladka hieß." Die Wladka habe als Stubenmädchen bei einem SS-Mann gearbeitet. Er habe sie vergewaltigt, und sie sei von ihm schwanger gewesen, habe man erzählt. Und man habe auch erzählt, daß die „Blutige Brygida" mit diesem SS-Mann ein Verhältnis habe: „Der Hund hat die Wladka zu Boden gerissen und zerfleischt. Die ‚Brygida' hat ihn immer wieder auf die Frau gehetzt, bis er ihr den Bauch aufgerissen hat und blutige Fleischstücken aus ihr herausgerissen hat. Als Wladka tot war, hetzte die ‚Brygida' den Hund auch auf mich. Ich hielt die Arme vor mein Gesicht." Der Vorsitzende will wissen, wo sie gestanden hat, links oder rechts neben der Wladka. Die Verteidiger wollen etwas wissen. Da streift Janina Rawska die Ärmel ihrer Bluse hoch. Ihre Arme sind dick vernarbt von den Bissen des Hundes. Weitere Fragen gibt es nicht.

318. Tag. 16. Februar 1979. Eine Schneekatastrophe ist über das Land hereingebrochen. Straßen sind blockiert, Züge haben Verspätung, in einigen Orten Norddeutschlands gibt es keinen

Strom. So hart, noch härter muß der Stalingrad-Winter gewesen sein. Die Zeugin Shejmberg aus Tel Aviv berichtet, wie sie in diesem Winter in einem offenen Viehwagen von Auschwitz nach Ravensbrück transportiert wurde. Viele, viele starben. Ihr waren die Zehen abgefroren, und sie wurden ihr ohne Betäubung abgeschnitten. Als ihre Aussage beendet ist, bittet der Angeklagte Thomas Ellwanger aus Eyershausen, 61 Jahre alt, um Beendigung der Verhandlung. Er sei, wegen der Schneekatastrophe, erst mitten in der Nacht um 1 Uhr 30 in Düsseldorf angekommen und jetzt, um elf Uhr, so erschöpft, daß er der Verhandlung nicht mehr folgen könne.

Wieder werden auf dem Gerichtsflur Flugblätter des *Kampfbundes Deutscher Soldaten* verteilt: „Nur total verblödete Vollidioten oder aber Agenten des Kriegsverbrecherstaates Israel können heute noch die Vergasungslügen verbreiten."

325. Tag. 20. März 1979. Die Staatsanwälte Wolfgang Weber und Dieter Ambach beantragen vier Freisprüche gegen die drei SS-Aufseherinnen Rosa Süss, 58, Charlotte Mayer, 61, und Hermine Böttcher, 60, und den SS-Hauptsturmführer und Lagerarzt Dr. med. Heinrich Schmidt, 66.

Rosa Süss aus Neureichenau, 1942 vom Arbeitsamt ins KZ Ravensbrück vermittelt und vom Januar 1943 bis zum April 1944 als SS-Aufseherin in Majdanek (später in den KZs Auschwitz, Groß-Rosen und wieder Ravensbrück), wird in der Anklageschrift die Ermordung von mindestens 102 KZ-Gefangenen vorgeworfen. Zum Beispiel habe sie im Herbst 1943 bei der Ermordung von mindestens 100 Kindern mitgewirkt und „Kinder, die wegzulaufen versuchten . . . wieder eingefangen . . . und in das Innere der Fahrzeuge gebracht. Dort wurden die Kinder dann freundlich behandelt. Ihnen wurde dabei vorgespiegelt, sie würden lediglich einen Ausflug machen. Nach Anbruch der Dunkelheit wurden die mindestens 100 Kinder zu den Gaskammern gefahren und vergast."

Charlotte Mayer aus Köln, 1941 vom Arbeitsamt in das KZ Ravensbrück geschickt, genau wie Rosa Süss, „arbeitete" vom 16. Oktober 1942 bis zum 22. April 1944 als SS-Aufseherin in Majdanek (später im KZ Auschwitz). Dort heiratete sie auch einen SS-Mann. Nach der Anklage soll sie mindestens zweimal bei Selektionen „einzelne Jüdinnen aus den Reihen herausgeholt" und zum Vergasen gebracht haben.

Hermine Böttcher aus Hannover, 1942 als dienstverpflichtete Fabrikarbeiterin nach Majdanek „versetzt", wird in der Anklage vorgeworfen, im Mai/Juni 1943 „an zwei Aktionen" teilgenommen zu haben, „bei denen jeweils mindestens 100 Kinder, die in einem abgetrennten Teil des V. Feldes untergebracht waren, sowie in einem Fall einige ihrer Mütter gewaltsam auf Lastkraftwagen verladen wurden. Mit diesem Lastkraftwagen wurden sie dann zur Gaskammer transportiert und vergast."

Dr. med. Heinrich Schmidt aus Uetze-Burgdorf, als Sohn eines Landgerichtspräsidenten von kleinster Jugend auf nationalistisch-militaristisch erzogen, schon seit 1928 bei den Nazis organisiert und seit 1931 bei der SS, war als Lagerarzt in vielen Konzentrationslagern (Buchenwald, Warschau, Groß-Rosen, Dachau, Nordhausen) tätig, von Mai 1942 bis Anfang 1944 in Majdanek. Ihm wird von der Anklage Mord in mindestens acht Fällen vorgeworfen, weil er „unter Angehörigen eines im Lager eingetroffenen Transportes von Juden" vier Selektionen durchführte, wobei er „insgesamt jeweils mindestens zwei Häftlinge aussonderte, die anschließend vergast wurden".

Die Staatsanwälte beantragten nun „trotz schwerster Bedenken" Freispruch gegen die vier, weil viele Belastungszeugen inzwischen gestorben oder ihre Aussagen ungenauer geworden sind. Und die Zeugen, die nun noch aussagen werden, seien „nach Lage der Sache für die Urteilsfindung hinsichtlich der Angeklagten bedeutungslos". Staatsanwalt Dieter Ambach erwähnt einige für die Angeklagten positive Aussagen und nennt sie „ein erschütterndes Beispiel dafür, daß bereits geringste Anzeichen von Menschlichkeit bei den unter ständiger Todesangst lebenden Häftlingen ein Gefühl von Dankbarkeit hervorgerufen haben".

Das gelte zum Beispiel für die SS-Aufseherin Hermine Böttcher, für die eine KZ-Gefangene das Wort fand, sie sei „wie eine Perle im Schmutz" gewesen und „manchmal wie ein richtiger Mensch".

329. Tag. 19. April 1979. Der Vorsitzende Richter Günter

Bogen verkündet die Urteile gegen Schmidt, Böttcher, Mayer und Süss. Er kann nicht einmal das Wort „freigesprochen" vollenden, da bricht im Gerichtssaal ein ungeheurer Tumult aus: „Pfui", „Nazimörder hinter Gitter!", „Völkermord bestrafen!", „Skandal", „Schande" rufen die Zuhörer. Die Angeklagten flüchten unter dem Schutz der Richter ins Beratungszimmer.

Über hundert Demonstranten dringen in den Saal ein. Sie singen das Lied, das in den vergangenen Jahren immer deutlicher zur Internationale der Antifaschisten in allen Ländern geworden ist, die „Moorsoldaten". Dann ziehen sie gemeinsam zu dem Platz, an dem ehemals die Düsseldorfer Synagoge stand. Dort legen sie einen Kranz „Für die Opfer der Freigesprochenen" nieder. Die Straßenschilder vor dem Gerichtsgebäude werden mit neuen Namensschildern überklebt. Die „Mühlenstraße" heißt jetzt „Majdanek-Straße".

Der Protest geht weit über das Gerichtsgebäude und über Düsseldorf hinaus. Die Vereinigung der Verfolgten des Naziregimes (VVN) erklärt, die bundesdeutsche Justiz habe sich „unfähig oder unwillig gezeigt, den Opfern des Naziterrors Gerechtigkeit widerfahren zu lassen". Der Vorsitzende der Berliner Jüdischen Gemeinde, Heinz Galinski, nennt die Freisprüche eine „Verhöhnung der vom Naziregime Ermordeten und eine Beleidigung der überlebenden Naziverfolgten". In allen Ländern der Welt setzt dieses Urteil das Ansehen der bundesdeutschen Justiz herab. Aber besonders stark ist die Reaktion in der Bundesrepublik selbst. Man hatte wohl geglaubt, die lange Dauer des Prozesses habe das interesse der Bevölkerung gelähmt. Und nun stellt man fest, das Interesse und die Empörung steigen. Das Vertrauen in den Rechtsstaat, der schon alles richtig machen und Nazimörder nicht schonen werde, weicht dem Zweifel, ob dieser Staat wirklich Gerechtigkeit übt gegen jedermann.

330. Tag. 24. April 1979. Der Prozeß geht scheinbar ohne Einschnitt weiter. Aber das scheint nur so. Von jetzt an wird die Zahl der Schulklassen zunehmen, die im Zuhörerraum sitzen und denen der Staatsanwalt Dieter Ambach einmal empfohlen hat: „Ein halber Tag in diesem Prozeß ersetzt ein

SS-Aufseherin Hildegard Lächert vor dem Düsseldorfer Gericht. »Bei ihr hat man immer Blut gesehen, wenn sie schlug«, erklärte die KZ-Gefangene Maria Kaufmann-Krasowski. Hildegard Lächert wurde wegen Beihilfe zum Mord an 100 Menschen zu zwölf Jahren Gefängnis verurteilt

SS-Aufseherin Hermine Ryan-Braunsteiner mit ihren Anwälten Mundorf (links) und Pannenbecker. Sie hat mehr als hundert kleine Kinder zur Vergasung gebracht. Hermine Ryan-Braunsteiner wurde wegen Mordes in zwei Fällen zu zweimal lebenslanger Haft verurteilt

SS-Obersturmführer Arnold Strippel, zweiter Schutzhaftlagerführer von Majdanek. Er hat bei der »Russenaktion« mindestens 41 sowjetische Kriegsgefangene erschossen. Dafür erhielt er eine Gefängnisstrafe von dreieinhalb Jahren. Strippel hat auch heute noch Haftverschonung, lebt in Frankfurt

SS-Unterscharführer Heinrich Groffmann. »Feld III hieß das ›Todeslager‹. Es hat Groffmann diesen Namen zu verdanken«, sagte der KZ-Gefangene Andrzej Stanislawski aus. Das Düsseldorfer Gericht sprach Groffmann frei

SS-Rottenführer Emil Laurich, der »Todesengel« von Majdanek. »Er schlug so, daß sich der Peitschenriemen um den Kopf drehte. Dann zog er die Peitsche kurz an, dadurch wurden die Augen herausgeschlagen«, sagte der Zeuge Andrzej Stanislawski. Laurich wurde zu acht Jahren Haft verurteilt

Die Landesliste der NPD in Hessen

Die von den Delegierten am 30. 8. in Gießen gewählten Kandidaten

Dr. HERMANN STOLTING II
Rechtsanwalt und Notar

Dr. Hermann Stolting II, Verteidiger der SS-Aufseherin Hermine Böttcher, während des Krieges an zahlreichen Hinrichtungen beteiligt, erklärte, er werde unter gleichen Umständen wieder Todesurteile beantragen

Linke Seite: SS-Hauptsturmführer Heinrich Hackmann, unter den Angeklagten der Ranghöchste. Er wurde wegen Beihilfe zum Mord an 41 sowjetischen Kriegsgefangenen zu zehn Jahren Gefängnis verurteilt

Rechte Seite:
Danuta Kawecka, fünfzehnjährig nach Majdanek verschleppt, heute Zahnärztin in Radom, sagte in Düsseldorf aus, daß der »Todesengel« Emil Laurich mit einem Knüppel ihren Vater zu Tode geschlagen habe

Irina Marszalek aus Zakopane (im Gespräch mit Günther Schwarberg) schilderte dem Gericht, wie die »Blutige Brygida«, Hildegard Lächert, ihren Hund auf die schwangere Polin Wladka hetzte und sie zerreißen ließ

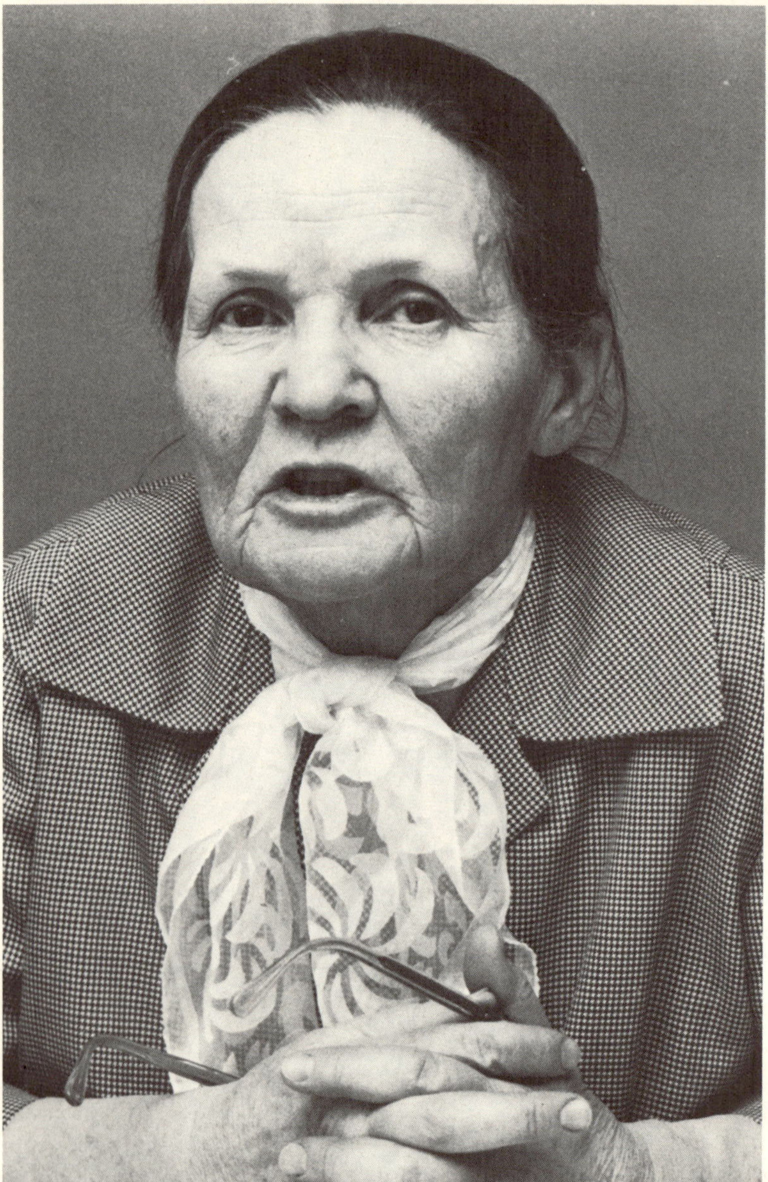

Die Hausfrau Gerta Beckert stand mit sechs anderen Zeugenbetreuern vom Roten Kreuz und der Gesellschaft für Christlich-Jüdische Zusammenarbeit den ehemaligen KZ-Gefangenen bei der Konfrontation mit den SS-Mördern zur Seite. Die sieben wurden vom Bundespräsidenten nicht ausgezeichnet

Linke Seite:
Josefine Jürgens betreute die »Blutige Brygida« und die »Stute«, beschuldigte den Vorsitzenden, er lasse sich von »Kommunisten und Juden« beeinflussen und erhielt aus der Hand des Bundespräsidenten Carstens für ihre »aufopferungsvolle Arbeit« den Verdienstorden der Bundesrepublik

Urteilverkündung im Majdanek-Prozeß. Die ganze Nacht haben viele Jugendliche zusammen mit ehemaligen KZ-Gefangenen eine Mahnwache gehalten. Als sie von den milden Urteilen erfahren, protestieren sie und mit ihnen viele hundert andere: »In unserm Namen ist das Urteil nicht gesprochen.«

wieder Krieg
Maydanek
FASCISME!
GUERRE!
mahnen: Neonazis
KEIN NEUER RASSISM
UND ANTISEMITISM!

halbes Jahr Geschichtsunterricht." Die Zahl der Besucher überhaupt, die Zahl der Presseberichte, die Zahl der Kritiker nimmt zu. Man begreift, daß der Majdanek-Prozeß in Düsseldorf Ausdruck ist für die Nichtbewältigung des Faschismus in der Bundesrepublik, in der ein gefährlicher Neofaschismus heranwächst.

Man erfährt, daß die Angeklagte Hermine Lächert von einer neofaschistischen Partei, der „Aktionsgruppe Nationaler Sozialisten", als Kandidatin für die Wahlen zum Europa-Parlament aufgestellt wird.

Die Zeugin Rahel Murmann aus New York, 53 Jahre alt – mit sechzehn war sie nach Majdanek gekommen –, sagt aus: „Von Lublin bis Majdanek gingen wir zu Fuß. Wir mußten uns nackt ausziehen. Es war sehr kalt. Sie schnitten uns die Haare. Dann wurden wir aufgeteilt nach rechts oder nach links. Die SS sagte: ‚Du bist gut für die Arbeit, du bist gut für den Himmel.' An diesem ersten Tag habe ich noch nicht geahnt, daß der Himmel gleich nebenan hinter Feld V war."

Der Vorsitzende fragt, wen sie damit meine, wenn sie „die SS" sagt. Für ihn ist es wichtig, einzelne aus „der SS" herauszupicken. Die Richter in den sogenannten Terroristenprozessen gegen die Baader-Meinhof-Bande haben es einfacher. Für sie ist die ganze Bande schuld, weil sie eine terroristische Organisation ist, und jeder einzelne muß sich die Taten der Organisation vom Banküberfall bis zum Mord „zurechnen" lassen. Die SS wird vor Gericht besser behandelt. Nur wem nachgewiesen, und zwar durch mehrere Zeugen nachgewiesen wird, daß er selbst geschossen, zur Gaskammer selektiert oder zu Tode geprügelt hat, der wird – möglicherweise – verurteilt.

Die Zeugin Rahel Murmann ist selbst in diesem Punkte präzise: „Aber hier sitzen sie doch, die beiden Aufseherinnen von damals, hier vorn die Ryan-Braunsteiner und hinten die ‚Blutige Brygida'! Es war die ‚Blutige Brygida', die uns sagte, auch für uns werde die Zeit noch kommen, daß wir in den Himmel gingen."

Die Zeugin Murmann schildert die Ankunft eines Kindertransports: „Vierhundert Kinder waren es wohl. Die Kinder wurden von den Müttern getrennt und kamen in eine einzelne

Baracke. Es gab nichts, kein Wasser, kein Brot, keine Toiletten. Nach drei Tagen fuhren Lastwagen vor. Alle Kinder mußten hinauf. Sie schrien nach der Mutter und weinten. Sie waren am ganzen Körper mit Kot beschmiert. Die SS-Aufseherinnen warfen die Kleinsten mit den Händen auf die Lastwagen. ‚Hopp-hopp', riefen sie, ‚schneller, schneller!' Dann fuhren sie los, die Aufseherinnen mit einem Rot-Kreuz-Wagen hinterher." Auch der zehnjährige Bruder von Rahel Murmann ist in dieser Kinderfuhre zur Gaskammer gewesen.

Die Zeugin schildert einen Einzelfall: „Die ‚Brygida' hat ein Kind geschlagen mit der Pistole, sie ging nicht weg, bevor das Kind tot war." Der Vorsitzende will wissen, welchen Grund die „Brygida" gehabt habe. Sie müsse doch irgendeinen Grund gehabt haben. „Keinen. Nichts. Sie hat nur so geschlagen. Sie mochte das kleine Mädchen nicht." Der Vorsitzende will wissen, ob es wirklich die „Blutige Brygida" war und woran die Zeugin sie wiedererkannt habe. „Ich kenne doch ihr Gesicht, die dicken Backenknochen. Sie war damals schön und sehr stark. Sie konnte mit einem Stiefeltritt einen Menschen töten." Ob sie sich wirklich ihrer Erinnerung so sicher sei, fragt der Vorsitzende. „Ja", antwortet Rahel Murmann, „ich kenne sie ja auch von den Schlägen, die ich von ihr bekam. Ich kenne ihren Hund, den sie auf mich hetzte."

Vor jedem Gericht reicht diese eine bestimmte Aussage zu einer Verurteilung wegen Mordes. Geht es nach dem Strafgesetzbuch, dann wird Hildegard Lächert schon wegen dieser einen Tat, die heute so genau beschrieben wurde, zu lebenslanger Haft verurteilt.

Aus der Anklageschrift der Staatsanwaltschaft: „Die Angeschuldigte Hildegard Martha Luise Lächert wurde am 19. März 1920 in Berlin . . . geboren. Nach dem Besuch der Volksschule erlernte sie das Nähen. In der Folgezeit war die Angeschuldigte im Reichsarbeitsdienst, auf einem Büro, bei der NSV, bei der Deutschen Waffen- und Munitionsfabrik in Berlin-Tegel, bei der Flugzeugfabrik Heinkel sowie als Krankenschwester im Luftwaffenlazarett Berlin-Tegel tätig. Zum 1.4.1942 wurde sie als Aufseherin zum Frauen-Konzentrationslager Ravensbrück verpflichtet. Dort wurde sie zunächst ausgebildet und dann als Aufseherin über Außenkommandos eingesetzt. Am 15. Oktober 1942 wurde die Angeschuldigte zusammen mit neun weiteren Aufseherinnen zum Konzentrationslager Lublin-Majdanek versetzt. Am 3.9.1943 wurde sie bis auf weiteres beurlaubt und am 30.9.1943 wegen Schwangerschaft entlassen.

Im April 1944 wurde die Angeschuldigte erneut als SS-Aufseherin eingestellt und in Nebenlagern des Konzentrationslagers Auschwitz eingesetzt. Dort war sie bis zu ihrer erneuten Entlassung im Herbst 1944 tätig. Im Januar 1945 wurde sie nochmals als Aufseherin eingesetzt, und zwar im polizeilichen Durchgangslager Bozen-Gries/Südtirol, in dem italienische Widerstandskämpfer und deren Familienangehörige sowie rassisch Verfolgte inhaftiert waren.

Das Kriegsende erlebte die Angeschuldigte in der Heimat ihres damaligen Verlobten in Kärnten/Österreich . . . wurde sie am 16.3.1946 in Klagenfurt von der österreichischen Polizei verhaftet. Nach etwa einjähriger Internierungshaft wurde sie nach Polen ausgeliefert und im Jahre 1947 in Krakau zu 15 und 5 Jahren Gefängtnis wegen Zugehörigkeit zur SS und Mißhandlung von Häftlingen verurteilt. Im Dezember 1956 kehrte sie, nachdem ihr von den polnischen Behörden fünf Jahre ihrer Freiheitsstrafe im Wege der Amnestie erlassen worden waren, nach Deutschland* zurück . . .

Fast alle Zeugen . . . haben berichtet, daß sie in besonderem Maße die Häftlinge geschlagen, getreten und auf andere Weise mißhandelt habe. Zum Schlagen der Häftlinge bediente sie sich häufig einer Peitsche, an deren Spitze sich nach Aussage einiger Zeuginnen eine Metallkugel befand. Auch wurde sie mehrfach in Begleitung eines Schäferhundes gesehen, den sie auch gegen die Häftlinge einsetzte . . . Den Zeuginnen ist die Angeschuldigte Lächert als die schlimmste, schrecklichste, grausamste Aufseherin in Erinnerung, als Sadistin, Bestie und Schrecken der Häftlinge. Selbst unter den übrigen Aufseherinnen erregte ihr Verhalten gegenüber den Häftlingen Aufsehen und Unwillen. Die Oberaufseherin Elsa Ehrich schrieb in einem Bericht an die Kommandantur des KL vom 22.7.1943: ‚Aufseherin Lächert macht in ihrer furchtbar überspannten und nervösen Art auf die Häftlinge keinen guten Eindruck.

* Gemeint ist die BRD.

Sobald sie die Kommandokontrolle wahrnimmt, beginnt sie mit den Häftlingen herumzutoben.'

In ihrer richterlichen Vernehmung vom 28.8.1973 hat die Angeschuldigte angegeben, sie habe während ihres Aufenthaltes in Majdanek zwei- oder dreimal eine Peitsche gehabt, an deren Spitze jedoch keine Kugel befestigt gewesen sei. Von einem Hund sei sie niemals begleitet worden. In der Vernehmung vom 30.8.1975 hat sie eingeräumt, möglicherweise kein Engel gewesen zu sein; sie sei damals jung und nervös gewesen . . . Es besteht der hinreichende Verdacht, daß . . . die Angeschuldigte Lächert als Aufseherin allein oder zusammen mit anderen wenigstens 1196 Konzentrationslagerhäftlinge ermordet sowie an der Ermordung von mindestens weiteren 203 Häftlingen mitgewirkt hat."*

Merkwürdigerweise wird die sonst so genaue Anklageschrift in einem bestimmten Lebensabschnitt der Hildegard Lächert sehr ungenau und unkonkret. Das ist jene Zeit, die von Frau Lächert selbst als „Tätigkeit für den amerikanischen Nachrichtendienst" bezeichnet wird. Deshalb sei ihr der Mund verschlossen, deshalb müsse sie hier eine Strafe auf sich nehmen, die sie gar nicht verdiene.

Die Wahrheit sieht etwas anders aus. Sie war Hausmädchen bei dem amerikanischen General Tucker und betreute als „Schwester Hildegard" seine Kinder. Mit ihm fuhr sie auch von Heidelberg nach Berlin. Dort wurde sie als KZ-Aufseherin identifiziert und verhaftet.

Später zog sie dann in die Gemeinde Reichartshausen bei Heidelberg und bezieht eine Rente. Sie sagt von sich selbst, sie sei beliebt dort und brauche ihr Häuschen nicht einmal abzuschließen, weil sie so viele Freunde habe. Zu ihren beiden Kindern allerdings, Sohn und Tochter, hat sie keinen Kontakt. Merkwürdig ist, daß sie sich trotz des außerordentlich geringen Verdienstes in den Nachkriegsjahren eine Sammlung Meißner Porzellan zulegen konnte, die sie selbst als sehr wertvoll ansieht. Die hat sie der Gemeinde Reichartshausen vermacht. „Dafür haben sie mir zugesichert, 80 Jahre lang mein Grab zu pflegen."

* Anklageschrift Hackmann u.a., a.a.O., S. 136 ff u. S. 10

Sie ist Vegetarierin geworden. „Ich esse nämlich schon lange kein Fleisch mehr. Ich habe einmal gesehen, wie Schweine zum Schlachten getrieben wurden. Die armen Tiere fühlten, daß etwas mit ihnen geschehen sollte."

Ihre Zeit als SS-Aufseherin von Majdanek sieht sie heute so: „Ich war eingeteilt, eine Kolonne von Arbeiterinnen beim Sammeln von Wildpflanzen zu bewachen. Wir haben viel Spaß an der frischen Luft gehabt. Wir haben viel gelacht. Ja, wir hatten wirklich ein herzliches Verhältnis. Ich habe vielen von ihnen eine Extraportion Weißbrot mit Butter zukommen lassen. Aber wenn eine aufsässig wurde, hab ich schon mal zugelangt. Die hat dann was auf den Hintern gekriegt."

337. Tag. 6. Juni 1979. An diesem Tage wird der Prozeß wieder gestört werden. Im Zuhörerraum sitzen elf Franzosen, Mitglieder der Vereinigung „Söhne und Töchter deportierter Juden aus Frankreich". Unter ihnen der Pariser Zahnarzt Henri Morgenstern. Sein deportierter Vater ist in Dachau ermordet worden. Seine Cousine Jacqueline Morgenstern ist am 20. April 1945 als zwölfjähriges Kind mit neunzehn anderen Kindern im Keller der Hamburger Volksschule am Bullenhuser Damm aufgehängt worden. Vorher hatte der SS-Arzt Heissmeyer diese Kinder zu schrecklichen medizinischen Versuchen mißbraucht.* Kommandoführer der Mordaktion war der SS-Obersturmführer Arnold Strippel. Einer der übelsten Henkersknechte des deutschen Faschismus, der von Buchenwald über Natzweiler, Majdanek, Peenemünde, Vught in Holland bis Hamburg eine Blutspur hinterlassen hat.

Henri Morgenstern schildert die Begegnung: „Wenige Meter von mir entfernt, mit dem Rücken zu mir, sitzt Arnold Strippel. Ich erkenne ihn an seinem Profil. Meine Hände werden feucht und kalt, eine ungeheure Erregung packt mich. So drückt sich das Grausen aus, das ich vor diesem Mörder empfinde, der meine kleine Cousine aufgehängt hat."

Plötzlich springen die Franzosen auf und rufen „Nazimörder" und „Keine Verjährung!" und „Kein Freispruch für die Mörder unserer Eltern!".

* Günther Schwarberg, „Der SS-Arzt und die Kinder", Hamburg 1979 · Fritz Bringmann, „Der Kindermord am Bullenhuser Damm", Frankfurt 1978

Die Richter stehen auf, verlassen den Saal. Auch einige Angeklagte gehen, aber drei von ihnen bleiben, auch Arnold Strippel. Er dreht den Franzosen den Rücken zu.

Da beginnt Henri Morgenstern zu reden, in deutscher Sprache:

„Wir sind hier, weil wir die Kinder der Opfer sind, die Sie hingerichtet haben. Daß wir heute noch leben, haben wir einem wahren Wunder zu verdanken. Es ist fast unglaublich, daß heute überhaupt noch jemand von uns diesen Protest erheben kann, weil nahezu alle Juden hingerichtet wurden.

Ich sehe hier an der Mauer ein Kreuz. Ist dieses Deutschland kein demokratisches Land, in dem alle Religionen erlaubt sind? Warum hängt dann kein Davidstern neben diesem Kreuz? Wenn ich eines Tages vor diesem Gericht angeklagt wäre, müßte ich dann auch vor diesem Kreuz schwören? In Wahrheit, die Sie sehr gut kennen, ist es so, daß dieses Deutschland heute judenrein ist oder zumindest nahezu. Dieses saubere Land mit seinen wunderbaren Wiesen, Feldern und Wäldern hat auch den Judenmord als Sauberkeit angesehen. Bevor man uns Juden in die Gaskammer brachte, haben sie uns mit einem kleinen Lächeln gesagt: ‚Man muß sauber sein. Nehmen Sie eine gute Dusche!'

Sie wollen, daß wir schweigen, damit Sie Ihre Art Gerechtigkeit weiterführen können. Aber welch ein Beispiel Ihrer Gerechtigkeit haben Sie der Welt gegeben, als Sie aus diesem Saal vier Mörder des Lagers Majdanek freigesprochen haben, deren Hände rot vom Blut unserer Brüder und unserer Eltern waren! Welch ein Skandal für Ihre Justiz, und welche Scham fühlt die ganze Welt für Sie, die Sie auf diese Art Gerechtigkeit ausüben! Wer sind die wahren Opfer: Diese Mörder hier oder die Unglücklichen, die sie hingerichtet haben? Wir schämen uns, und Sie sollten sich schämen!

Und er dort! Seht Strippel an, diesen Mörder, der es nicht wagt, mir ins Gesicht zu sehen, ein Feigling, ein Kindermörder! Mein Name ist Henri Morgenstern. Er hat meine kleine Cousine Jacqueline Morgenstern aufgehängt, die zwölf Jahre alt war, zusammen mit neunzehn anderen Kindern im Keller der Schule am Bullenhuser Damm in Hamburg, 1945.

Sehen Sie diesen Mörder an, wie er seinen Kopf senkt! Was

lehrt uns sein Beispiel? Hat sein Sohn von seinem Vater eine Lehre bekommen? Ja! Er ist Mitglied einer Neonazibewegung geworden. Diese Leute sind gefährlich, schrecklich gefährlich. Ich spreche hier nicht, um an eine schmerzhafte Vergangenheit zu erinnern, die uns wehtut. Ich spreche hier, um meine Kinder vor der Gefahr zu schützen, die wir erlebt haben.

Verurteilen Sie die Mörder so, daß solche Verbrechen sich niemals wiederholen können! Wenn das Gericht diese Mörder verteidigt, macht es sich zu ihrem Komplicen. Das ist für uns ein Skandal. Deshalb schreien wir es hier hinaus, und wir werden es so lange schreien, wie wir leben: Verurteilt die Nazimörder!

Dieser Tag ist der schönste meines Lebens, und ich danke Gott, der mir diese Gnade geschenkt hat, mit meinen eigenen Augen den Mörder meiner Cousine zu sehen. Meine ganze Familie ist von solchen Leuten wie Strippel ermordet worden, und ich habe mir nie vorstellen können, daß ich die Freude haben werde, mit meinen eigenen Augen den Mörder eines meiner Familienmitglieder vor Gericht zu sehen. Den Mörder eines kleinen Kindes, schwach und unfähig, sich zu verteidigen. Hier sehen Sie ihn: diesen Mörder! Diese Leute haben noch unser Blut an den Händen, und kein Gericht und kein Richter kann etwas anderes tun, als diese gefährlichen Wesen für ihr ganzes Leben hinter Gitter zu sperren, denn sie können jeden Augenblick neu anfangen.

Wir werden so lange unsere Forderung hinausschreien, wie die deutsche Justiz nichts tut, um unser Vertrauen zu gewinnen. Wir wollen keine Rache, wir wollen Gerechtigkeit."

Es ist wie eine Szene aus dem Alten Testament: Auge in Auge stehen sie sich gegenüber. Strippel schweigt. Die Anwälte rufen: „Aufhören! Wir kennen das schon!" Dann kommt die Polizei, räumt den Saal. Zwei Demonstranten werden verletzt.

339. Tag. 13. Juni 1979. Der Vorsitzende Richter Bogen verkündet Haftbefehl gegen Hermann Hackmann, Hildegard Lächert, Hermine Ryan-Braunsteiner und Emil Laurich. Die Aufmerksamkeit der Welt hat den Skandal, daß die Mörder von Majdanek frei sind, beendet – zumindest für vier der SS-

Leute. Arnold Strippel, Heinz Villain, Thomas Ellwanger, Heinrich Groffmann und Fritz Heinrich Petrick bleiben weiter in Freiheit.

342. Tag. 27. Juni 1979. Die drei bereits am 19. April 1979 freigesprochenen SS-Aufseherinnen Mayer, Süß und Böttcher erscheinen nun als Entlastungszeugen für ihre immer noch nicht freigesprochenen Kameraden. Gaskammer? Nie gehört. Kinderaktion? Naja, sie sind weggekommen, aber wohin, wissen wir nicht. Typisch die Aussage der SS-Aufseherin Charlotte Mayer: „Ich kannte nur eine einzige Kammer in Majdanek. Jene kleine Kammer, wo die verlauste Wäsche der Häftlinge hineinkam. Von anderen Kammern habe ich damals nie etwas gehört, schon gar nicht von Gaskammern." Der Vorsitzende Richter Bogen kann sich nur noch schwer beherrschen: „Was glauben Sie eigentlich dem Gericht noch alles weismachen zu können? Ich verzichte auf Ihre weitere Aussage."

369. Tag. 28. November 1979. Rechtsanwalt Mieczyslaw Jerzy Stankiewicz aus Olsztyn sagt aus: „Mein Vater lag im Sterben, als ich ausgesucht wurde, um am 31. März 1943 nach Buchenwald transportiert zu werden. Am Tag vorher gab es einen Zählappell. Dabei wandte ich mich, weil ich ganz gut Deutsch sprach, aus der Reihe an den Schutzhaftlagerführer Thumann und bat ihn, in Majdanek bleiben zu dürfen, weil mein Vater mich braucht. Er hat geantwortet . . ."

Bis zu diesem Augenblick hat der polnische Rechtsanwalt leise und in seiner Muttersprache geredet. Der Dolmetscher hat übersetzt. Jetzt plötzlich brüllt der Zeuge in deutscher Sprache: „Du Sauhund, du bist jung, du kannst arbeiten, und dein alter Vater-Krüppel kann krepieren."

Jetzt ist es ganz still. Dann kommen wieder die langsamen und leisen polnischen Sätze: „Ich ging in die Baracke, wo mein Vater auf der Erde saß. Mein Vater sagte: ‚Mein Sohn, ich sterbe jetzt. Solltest du das überleben, grüß die Mutter und die Brüder.' Am nächsten Tag ist er gestorben. Die Mutter hat am 26. Mai 1943 die Nachricht erhalten, daß ihr Mann am 31. März 1943 an allgemeiner Gefäßverkalkung im Lager gestorben sei."

Die Angeklagten haben erstaunt aufgesehen, als die deutschen Sätze durch den Gerichtssaal dröhnten. Dann lesen sie weiter in der BILD-Zeitung, dem Lieblingsblatt der SS-Leute von Majdanek. Was geht sie der Vater von diesem Polen an? Der Thumann ist schon lange tot, 1946 von den Engländern hingerichtet.

373. Tag. 17. Dezember 1979. Die Verteidiger versuchen, wie schon seit vier Jahren, den Vortrag des Gutachters Wolfgang Scheffler aus Berlin über die Ausrottungspolitik der Nazis zu verhindern. Vergeblich. Ein ganz anderes Argument hat Professor Friedrich Karl Kaul aus Berlin (DDR), der den Frankfurter Nebenkläger Max Oppenheimer vertritt, gegen das Gutachten vorzubringen. Oppenheimers Vater war als kriegsversehrter Regierungsbaurat der Deutschen Reichsbahn 1943 in Majdanek ermordet worden. Kauls Argument: Nach all den vielen Zeugenaussagen und dem umfassenden Wissen, das sich das Gericht dadurch über die Judenausrottung verschafft habe, sei das Gutachten Schefflers „prozessual überhaupt nicht mehr notwendig". Ein kluges Argument. Mehr als das Gericht kann niemand, auch nicht der Gutachter Scheffler, über die Morde in den Konzentrationslagern wissen. Der Prozeß hätte wenigstens hier einmal verkürzt werden können. Aber die Richter wollen nicht, sie wollen Scheffler hören. Er wird nun bis zum 14. Februar 1980 vortragen.

380. Tag. 16. Januar 1980. Die Zeugin Helena Kurczius aus Warschau, 65 Jahre alt, ist zum zweitenmal nach Düsseldorf gekommen, um über Braunsteiner und Lächert auszusagen. Am Abend vor der Aussage hat sie in ihrem Hotel einen Nervenzusammenbruch. Jetzt steht sie trotzdem vor dem Gericht, und der Vorsitzende Richter Bogen macht ihr klar, daß sie wegen eines Unwohlseins der Angeklagten Lächert leider nicht gehört werden könne und zu einem späteren Zeitpunkt ein drittes Mal nach Düsseldorf geladen werde.

383. Tag. 31. Januar 1980. Das Gericht schlägt sich mit prozessualem Kleinkram herum. Dann kommen wieder die berühmten Verschleppungsanträge der Verteidiger. Heute beantragen die Anwälte Birkelbach und Henke, Verteidiger des „Todesengels" Emil Laurich, zur Auffrischung alter Zeugenaussagen aus den Jahren 1976 bis 1978 diese noch einmal zu vernehmen. Sie beantragen weiter die Erstellung eines Gutachtens von einem „Sachverständigen für Aussagepsychologie". Die Verteidiger von Frau Lächert beantragen ebenfalls die Wiederholung von zwei Zeugenaussagen aus dem Jahre 1977; sie beantragen das Armenrecht für Frau Lächert, damit sie auf diese vom Staat finanzierte Weise noch weitere Entlastungszeugen beibringen könne; sie beantragen, eine alte Vernehmung von Frau Lächert in Klagenfurt beizuziehen; sie beantragen, die Verteidigerin von Frau Lächert aus dem Verfahren 1947 in Krakau als Zeugin zu hören. Wieder ein verlorener Tag, außer für das Honorarkonto der Verteidiger, die wie an jedem Tag jeder 500 Mark einstreichen.

385. Tag. 27. Februar 1980. Krystyna Tarasiewicz schildert, wie sie nach Majdanek gekommen ist: „Ich war Schülerin der dritten Klasse Gymnasium, ein sechzehnjähriges Mädchen mit Schleifen in den langen Zöpfen, im dunkelblauen Schulkleid mit weißem Kragen, als die Gestapo mich, spät am Abend, vom Lateinbuch Puer Romanus weg, aus meinem Elternhaus geholt hat. Ich wurde wegen meiner Tätigkeit in den Grauhen Reihen, einer geheimen Pfadfinderorganisation, verhaftet und in dem Warschauer Pawiak-Gefängnis in einer Zelle für Minderjährige eingesperrt, wo ich am 17. Januar 1943, zu meinem siebzehnten Geburtstag, zusammen mit 311 Frauen und 1500 Männern in Viehwaggons bei 25 Grad Kälte in Richtung Lublin transportiert wurde. Nach 24 Stunden hielt der Zug auf einem Nebengleis. Die Waggontüren wurden aufgeriegelt. Wir sahen einen Kordon SS-Männer mit Hunden, man hieß uns einzeln aus den Waggons aussteigen, zählte, formierte und trieb uns dann, es war schon dunkel, durch Lublin und aus der Stadt hinaus. Plötzlich sahen wir Stacheldrahtzäune, Wachttürme und Barackenreihen. Das war Majdanek.

Man trieb uns in die Baracken, in denen die Fensterscheiben eingeschlagen waren. Es gab darin keine Strohsäcke, kein Stroh, kein Licht. Es folgte eine schreckliche, gespensterhafte Nacht. Und nachdem man uns am nächsten Tag, eigentlich noch vor Morgengrauen, auf den Appellplatz getrieben, in

Reihen aufgestellt und gezählt hatte, zerstreuten wir uns, noch in unseren Zivilkleidern über das Feld, um festzustellen, wo wir waren und wie es aussah. Mein erster Eindruck, das erste Bild, das mir sehr genau in Erinnerung geblieben ist, war dieses, daß auf einem glimmenden Müllhaufen ein ausgemergelter Häftling in gestreiftem Anzug, mit schwarzen, vor Hunger glühenden Augen saß, und man sah ihm an, daß er nicht mehr bei Bewußtsein war. Ich gab ihm eine vom Pawiak mitgebrachte Schnitte, ich drückte sie ihm in die Hand und sah, wie er dieses Stück Brot anstarrte, aber nicht mehr die Kraft hatte, es zum Mund zu heben. Er aß dieses Brot, sterbensmatt, nur noch mit den Augen . . . Ich arbeitete in der Gärtnerei und ging mit einer großen Kanne Wasser holen. In der Mitte des Weges blieb ich stehen, um die schmerzenden Glieder zu recken. Die Blutige Brygida muß von weitem gesehen haben, daß ich stehengeblieben war, plötzlich war sie da. Sobald ich die Kanne abgesetzt hatte, fiel sie mit einem Schrei über mich her, sie griff mich buchstäblich an, wie ein wildes Tier, warf mich zu Boden, ergriff ein Brett, in dem rostige Nägel staken, und begann damit auf mich einzuschlagen. Sie schlug mich solange, bis sie keine Kraft mehr hatte . . . Ich kann mich erinnern, daß es vor Ostern war, denn etwas später, am Gründonnerstag, wurde nach dem Appell ein großes Prügeln angeordnet . . . Damals wurde auch meine Freundin, Wiesia Grzegorzewska, eine Minderjährige, ausgerufen durch einen Irrtum, wie sich später herausstellte, anstelle einer anderen Frau, deren Nummer auf der Liste stand. Sie erhielt 25 Peitschenhiebe. Als ich dort auf dem Appellplatz stand, spürte ich jeden dieser Schläge, die sie bekam, mit meinen eigenen, noch nicht ausgeheilten Wunden. Zu Ostern lagen wir dann, Wiesia und ich, nebeneinander auf den Pritschen, mit furchtbaren Schmerzen und gedachten weinend des Osterfestes in unseren Elternhäusern, der Marzipanhasen und der Schokoladeneier."

389. Tag. 6. März 1980. Das Zeugen-Protokoll der verstorbenen Ärztin Dr. med. Stefania Perzanowska aus Radom wird verlesen: Sie habe mitangesehen, wie ein SS-Lagerarzt schießen lernen wollte und dazu eine jüdische Frau aus dem Frauenfeld als Zielscheibe benutzt habe. Ein anderer SS-Arzt habe einer Gebärenden beruhigend zugeredet, sie werde nun bald ein gesundes Kind haben. Nach der Geburt habe er den Säugling in eine Zeitung gewickelt, in seine Aktentasche gepackt und das wimmernde Kind zur Gaskammer gebracht.

393. Tag. 31. März 1980. Der Vorsitzende Richter Bogen verliest das Protokoll der Vernehmung des ehemaligen Majdanek-Häftlings Kasimir Wdziecznny. Der Mann ist nicht mehr reisefähig. Im Mai 1943 hat er die Ankunft eines Judentransports auf dem „Rosenfeld" beobachtet. Dabei war auch eine junge Mutter, die gerade ein Kind geboren hatte. Sie lag mit dem Säugling auf einer Trage. Ein SS-Mann nahm das Kind und warf es mit aller Kraft an die Außenwand eines freistehenden Verbrennungsofens.

Am Dienstag letzter Woche hat die 24. Strafkammer des Landgerichts München unter dem Vorsitz von Richter Claus Müller zwei Stabsoffiziere der Bundeswehr von dem Vorwurf freigesprochen, Straftaten Untergebener nicht der Justiz gemeldet zu haben. Die Untergebenen waren Bundeswehr-Offiziere, die vor zwei Jahren bei einem Kameradschaftsabend in der Bundeswehrhochschule Neubiberg das Horst-Wessel-Lied der Nazis gesungen, „Sieg Heil!" gebrüllt und „Juden verbrennen" gespielt hatten. Objektiv hätten sie sich zwar strafbar gemacht, begründete Richter Müller den Freispruch, subjektiv jedoch sei ihr Verhalten entschuldbar, weil es „einer in der Bundeswehr gängigen Praxis entsprach".

397. Tag. 22. April 1980. Neue Verzögerung. Das Gericht läßt weitere acht Zeugen der Verteidigung aus Polen und Israel zu. Am 4. Mai 1980 wird das Gericht wieder einmal zur Vernehmung nach Polen fliegen. Dann nach Australien. Dann nach Israel. Und in die USA.

419. Tag. 2. September 1980. Die Verteidigung hat durchgesetzt, daß Frau Sarah Hecht aus Tel Aviv als Entlastungszeugin für die SS-Aufseherin Lächert gehört wird. Sie soll aussagen, daß sie nicht mit der Peitsche geschlagen wurde. Das bestätigt Sarah Hecht, 65 Jahre. Sie nicht, aber andere. Sie sei von der

„Blutigen Brygida" nur mit der Faust zwischen die Augen geschlagen worden. Sie habe auch gesehen, wie die „Blutige Brygida" einem 16jährigen Mädchen den Strick um den Hals gelegt und den Stuhl weggetreten habe. Sie habe auch gesehen, wie die „Blutige Brygida" die Kinder auf den Lastwagen zur Gaskammer getrieben habe. Sie habe auch gesehen, wie die „Blutige Brygida" einer Frau, die durch den Drahtzaun mit ihrem fünfzehnjährigen Sohn auf dem anderen Feld sprach, zur Strafe alle Finger gebrochen habe.

War Sarah Hecht eine Entlastungszeugin für Hildegard Lächert? Oder war sie nur ein weiterer Zeitgewinn für die Mörder von Majdanek?

421. Tag. 16. September 1980. Auf diesen Tag hat Danuta Kawecka 37 Jahre lang gewartet und sich zugleich vor ihm gefürchtet. Vor dem Tag, an dem sie vor dem Mörder ihres Vaters stehen würde. Heute ist es soweit. Heute steht sie vor einem Mann, der es gewesen sein kann. Er wendet sein Gesicht ab. Man befiehlt ihm, der Frau in die Augen zu sehen. Da nickt sie: „Ja, er ist es." Und dann beginnt sie zu weinen. Als sie sich wieder fassen kann, sagt sie: „Entschuldigen Sie bitte."

Hundert Zuschauer haben die Szene miterlebt im Schwurgerichtssaal des Düsseldorfer Landgerichts. Fiele eine Nadel zu Boden, könnte man sie fallen hören. Aber es fällt keine Nadel. Es fällt scheppernd ein Fünfmarkstück auf den Tisch. Ein Verteidiger hat es scheinbar achtlos fallen lassen, sein Mandant – einer der neun im Prozeß verbliebenen Angeklagten – hat mit diesem Mord nichts zu tun. Ein anderer Verteidiger geht hinaus, läßt die Tür laut ins Schloß fallen, lästert später auf dem Gang vor seinen Kollegen: „Heute geht es ja mal wieder hoch her."

Heute ist der Tag, an dem Danuta Kawecka aus Radom in Polen den angeklagten Kaufmann Emil Laurich aus Neu-Wulmstorf als den „Todesengel von Majdanek" identifiziert. Die Frau ist groß und schlank. Sie hat ein schmales, schönes Gesicht. Zahnärztin ist sie in einem Dorf bei Radom. Eine Welle ihrer grauen Haare fällt ihr in die Stirn. Das steht ihr gut.

Was die Frau erzählt, ist genau: „Ich bin am 7. Januar 1943 in

Radom nach Majdanek verladen worden, zusammen mit meiner Mutter und meinem Vater. Der Transport wurde unterwegs immer größer, es war ein riesengroßer Transport. Am 8. Januar kamen wir in Majdanek an. Wir kamen in ein Lager, das durch die vorhergegangenen Vergasungen fast menschenleer geworden war. Meine Mutter und ich kamen auf das Feld V, mein Vater auf das Feld III. Mein Vater war damals 45, meine Mutter 36, ich war 15. Zuerst mußte ich mit meiner Mutter in der Wäscherei arbeiten. Sie lag zwischen Feld I und II, hinter dem alten Krematorium. Die Baracke war kalt. Wir mußten die Häftlingskleider mit kaltem Wasser auf Tischen waschen. Es war ein schwerer Winter. Ich habe sehr gefroren und war immer hungrig. Meine Mutter hat mir zwei kleine Kissen, die ihr auf dem Transport nicht weggenommen worden waren, auf Rücken und Brust zusammengebunden, damit ich nicht so fror. Eines Tages war am Eingangstor Revision durch die Oberaufseherin."

Der Vorsitzende Richter Günter Bogen fragt: „Wie hieß sie?" Danuta Kawecka antwortet: „Oberaufseherin Ehrich. Mit dem Schrei ‚Was hast du da, du blöde Kuh?' stürzte sie sich mit ihrem Stock auf mich. Ich fiel zu Boden, sie schlug mich furchtbar zusammen. Ich hatte tiefe Wunden und habe bis heute zwei Löcher am Körper zurückbehalten, am Bein und an der Stirn." Die Zeugin bewegt ihren Kopf nicht. Die Welle ihres grauen Haares fällt ihr nicht aus modischen Gründen in die Stirn und auch nicht, weil es ihr gut steht.

Nachdem ihr die Kissen weggenommen worden waren, fror das dünne Mädchen entsetzlich. Da hat ihr die Mutter Papier unter die Kleider gestopft. Immer hat ihre Mutter sie beschützt, so gut es in einem Konzentrationslager eben ging. Ihre Mutter war es auch, die ihr die Nachrichten aus dem Lager vermittelte. „Einmal hat sie mir erzählt, daß die ‚Blutige Brygida' ihren Hund auf eine schwangere Frau gehetzt hat. Der Hund hat sie totgebissen und ihr den Fötus aus dem Leib geholt."

Richter Bogen fragt, von wem dieser Bericht über die SS-Aufseherin Hildegard Lächert stammt, die bei den Häftlingen nur die „Blutige Brygida" hieß. „Meine Mutter hat es von einer Mitgefangenen gehört, von Frau Irina Marszalek." Ob diese

Irina Marszalek noch lebt, erkundigt sich der Richter, und wo. Die Staatsanwälte schreiben die Adresse auf.

Dann will der Richter wissen, warum die „Brygida" „blutig" genannt wurde. „Weil sie", antwortet Danuta Kawecka, „die Menschen so lange schlug, bis sie blutig waren." Der Richter fragt, wer damals im Krematorium gearbeitet hat. Danuta Kawecka: „Außer Mussfeldt, dem Krematoriumsleiter, sah ich durch das Fenster der Wäscherei oft einen jungen SS-Mann mit einem so schönen Gesicht, daß es überhaupt nicht zu dem paßte, was er tat, ein Cherub. Später hörte ich, daß er den Namen ‚Todesengel' hatte."

Danuta Kawecka sagt nicht „Todesengel". Sie sagt es polnisch: „Aniol smierci". Den Namen kannten Zehntausende in Majdanek. Und selbst wenn heute die Verteidiger dieses Mannes Beweisanträge stellen, mit denen sie die Identität ihres Mandanten mit dem Todesengel von Majdanek anzweifeln, dann sprechen und schreiben sie es in Polnisch: „Aniol smierci".

Danuta Kawecka erzählt von ihrem Vater: „Zwei Tage nachdem wir die Häftlingskleidung erhalten hatten, kamen Männer, die waren ganz schwarz. Sie trugen Kohlen. Darunter war mein Vater. Er hatte ein ausgeschlagenes Auge und ausgeschlagene Zähne. Das Auge war mit einem schmutzigen Lappen verbunden, der war blutig. Er sagte zu mir: ‚Gib der Mutter einen Kuß von mir.' Ich wollte weinen, aber ich wußte, daß ich das nicht durfte. Ich habe ihn die ganze Zeit angelächelt. Bevor er ging, hat er mich gesegnet. Das letzte Mal sah ihn meine Mutter zwischen Feld IV und Feld V. Sie lief an den Zaun, weil sie sah, daß dort Häftlinge zu Tode geschlagen wurden. Auch mein Vater war dabei. Meine Mutter hat das alles mit angesehen. Aber sie hat es mir nicht erzählt. Sie hat mir immer gesagt, mein Vater lebt noch. Er schickt kleine Zettel, daß es ihm besser geht. Aber sie hat die Zettel immer gleich wegtun müssen, weil es zu gefährlich war."

Der Richter unterbricht sie: „Ich sehe, Sie können nicht weiter. Wollen Sie, daß wir eine Pause machen?"

„Nein", sagt Danuta Kawecka, „nachher. Später bin ich dann eines Tages auf der Latrine gewesen, wo auf der einen Seite die Männer hineingehen können und auf der anderen

Seite die Frauen. Dort konnte man vorsichtig miteinander sprechen. Da war ein Mann aus Radom, den ich kannte. Ich fragte ihn: ‚Haben Sie nicht meinen Vater gesehen?' Er antwortete: ‚Weinen Sie nicht, Ihr Vater ist tot.' Ich bin zu meiner Mutter gelaufen und habe sie gefragt, ob sie das wisse. ‚Ja', hat sie gesagt, ‚das weiß ich, er wurde ermordet.' Einige Tage später fuhr dieser junge SS-Mann, der Cherub, auf einem Rad an uns vorbei. Da sagte meine Mutter zu mir: ‚Das ist der Mörder deines Vaters.' Und eine andere Gefangene sagte: ‚Ach ja, das ist der „Aniol smierci". Danach hat mir meine Mutter ein einziges Mal erzählt, wie es geschehen ist. Er ist von hinten mit einem Knüppel auf meinen Vater zugegangen und hat geschlagen. Mein Vater hat mit seinen beiden Händen versucht, den Kopf zu schützen. Aber irgendwann ist er hingefallen, und dann hat er so viele Schläge auf den Kopf bekommen, bis er tot war."

Nun weint Danuta Kawecka. 52 Jahre ist sie alt. 16 war sie, als sie befreit wurde. Seither hat sie immer wieder vom Mord an ihrem Vater geträumt. Der Richter sagt, sie möge aufstehen, mit dem Dolmetscher durch die Reihen der angeklagten SS-Leute gehen und ihm sagen, wer der „Aniol smierci" ist.

Sie sieht sich die Gesichter an. Sie erkennt die „Blutige Brygida", die mit ihrem bürgerlichen Namen Hildegard Lächert heißt. Sie erkennt „die Stute", Hermine Ryan-Braunsteiner, aber den „Todesengel" erkennt sie nicht: „Er ist sicher da. Aber er sieht nicht mehr so aus wie ein Engel." – „Sie kriegen ihn noch zu sehen", sagt Richter Bogen.

Er läßt ihr Fotos vorlegen. Sie erkennt den Schutzhaftlagerführer Thumann, der sie zusammengeschlagen hat, als sie ihn beim Aufsammeln von jüdischem Geld beobachtet hatte. Sie erkennt den Krematoriumsleiter Mussfeldt, der von einem polnischen Gericht zum Tode verurteilt wurde. Sie erkennt die Lächert, die Braunsteiner, die Ehrich. Und sie erkennt den „Aniol smierci".

Nun sagt der Richter: „Sehen Sie sich den Angeklagten Laurich an, und sagen Sie mir, ob er der ‚Aniol smierci' ist. Sie können auch nahe an ihn herantreten."

„Nein", wehrt Danuta Kawecka ab, „das könnte ich nicht aushalten." Laurich muß aufstehen, nach vorn kommen. Er muß sich so drehen, daß sein Gesicht vom Licht beleuchtet wird. Es ist kein Engel, der da steht, sondern ein 59jähriger dicker Mann. Seine Hose hängt unter dem Bauch. Das Gesicht ist fleischig, die Nase schwer. Eine grobe Figur. Das soll einmal ein Engel gewesen sein?

Die Frau aus Radom sieht in sein Gesicht. Und plötzlich bricht es aus ihr heraus. Sie ruft in den Saal: „Das ist doch kein Held! Unschuldige Menschen umbringen, das konnten sie. Augen ausstechen. Quälen und schlagen. Ich möchte wissen, ob er auch ein Held gewesen wäre, wenn man ihn mit einem Karabiner an die Ostfront geschickt hätte? Oder ob er nur ein Held war bei Menschen, die sich nicht wehren konnten und die man nur totzuschlagen brauchte."

Der Richter ermahnt sie. Sie dürfe hier keine Reden an die Zuhörer halten. Sie weint. Und als sie wieder reden kann, sagt sie: „Das steckte so viele Jahre in mir. Jetzt ist es herausgekommen."

Der Richter fragt: „Ist er es denn? Erkennen Sie ihn wieder?"

Sie sagt: „Ja, er ist es."

Nun werden die Anwälte von Laurich aktiv. Der Rechtsanwalt Birkelbach will wissen: „Wie weit standen Sie denn mit Ihrer Frau Mutter von dem Angeklagten entfernt, als Ihre Frau Mutter ihn zeigte?" Der Rechtsanwalt Birkelbach hat kein Gefühl dafür, daß solch eine Floskel wie „Frau Mutter" zynisch klingt, wenn es um Verbrechen im Konzentrationslager Majdanek geht. Danuta Kawecka antwortet. „Er kam auf mich zugefahren. Ich konnte ihn ganz nah sehen."

Der Rechtsanwalt Birkelbach fragt weiter: „Wissen Sie noch, welche Farbe das Fahrrad hatte?" Die Zeugin Kawecka weiß es nicht: „Es fiel mir nicht auf. Als meine Mutter sagte, das ist der Mörder deines Vaters, habe ich nicht auf das Fahrrad gesehen, sondern auf ihn."

Die Zeugin Danuta Kawecka wird vereidigt. Sie spricht den Eid in religiöser Form: „So wahr mir Gott helfe." Der Richter dankt ihr. Sie antwortet, er habe den Prozeß taktvoll geführt. Dann geht sie.

Der Angeklagte Laurich ist von vielen Zeugen als „Aniol smierci" identifiziert worden. Für den Mord an Danuta Kaweckas Vater kann er nicht verurteilt werden. Diese Tat ist nicht bekannt gewesen, als die Anklage erhoben wurde. Sie ist nicht mitangeklagt. Eine Nachtragsanklage ist nicht möglich, sonst müßte der ganze Prozeß, der nun schon über fünf Jahre dauert, noch einmal aufgerollt werden. Der Mord an dem Häftling Bogdan Kawecka bleibt ungesühnt.

Kein Verhandlungstag. 26. November 1980. Die Mörder haben heute frei. Ein trauriges Jubiläum in der traurigen Geschichte der deutschen Justiz: Der Majdanek-Prozeß wird fünf Jahre alt. Mußte er so alt werden?

Keineswegs, sagt der Nebenkläger-Vertreter Professor Friedrich Karl Kaul in einem Interview: „Die Staatsanwaltschaft hat die Voraussetzungen für die lange Dauer des Verfahrens dadurch geschaffen, daß sie, obwohl die Majdaneker Massenmorde von vornherein nahezu offenkundig waren, fast zwanzig Jahre durch Vernehmung von Zeugen in zahlreichen Ländern ermitteln ließ, bevor sie im Jahre 1974 endlich Anklage gegen 17 ehemalige SS-Angehörige der Besatzung des Lagers Majdanek, darunter fünf weibliche, erhob. Anstatt nun aber – wie es rechtlich zulässig und angesichts des so breit gestreuten Tatgeschehens sachlich geboten war – die Anklage global auf die Beschuldigung der vorsätzlichen, grausam und heimtükkisch, in bewußt gewolltem Zusammenwirken begangenen Tötung einer Vielzahl von Menschen zu konzentrieren, zerhackstückte die Anklagevertretung die Verbrechen von Majdanek in eine Unzahl von einzelnen Deliktshandlungen, die jede für sich jedem Angeklagten in der Hauptverhandlung nachgewiesen werden mußte . . . Auf diese Weise wurde die Beweisaufnahme im Majdanek-Prozeß zu Weltreise-Rundfahrten umfunktioniert . . . Das Gericht ließ – insbesondere in der ersten Zeit der Hauptverhandlung – von zwei ehemals der Nazipartei angehörenden Verteidigern sachwidrige, die Naziideologie nicht verleugnende Anträge zu, die die Hauptverhandlung systematisch auf lange Strecken sabotierten, anstatt diese Anträge unmißverständlich dorthin zu befördern, wohin sie gehörten: in den Papierkorb.

Als ich am 2. Mai 1978 . . . den Antrag stellte, diese beiden Verteidiger von ihrer Beiordnung zu entpflichten, weil sie sich nahezu mit den Nazimördern identifizierten, kam es unter den rund 20 Verteidigern zu tumultartigen Szenen, die dazu führten, daß die Verteidiger den Saal verließen und die Angeklagten ohne Beistand blieben.

Nach einer dadurch notwendigen Zwangspause gab einer der Verteidiger als von seinen Kollegen gewählter Sprecher eine Erklärung ab, in der er den von mir gestellten Antrag als ‚Exzeß' bezeichnete, gegen den es sich aus ‚rechtsstaatlicher' Sicht zur Wehr zu setzen gelte. Einem seiner Kollegen, gegen den gerade ein Ermittlungsverfahren wegen Begünstigung eines flüchtigen SS-Mörders schwebte*, genügte diese Erklärung nicht. Er gab eine zusätzliche Erklärung ab, die wörtlich begann: ‚Der Antrag des Vertreters eines kommunistischen, bolschewistischen Zwangsregimes, eines verbrecherischen Regimes, einer Diktatur ist eine einmalige Anmaßung auf dem Boden der Bundesrepublik . . .'

Der Vorsitzende dachte nicht daran, diese Beschimpfung der DDR** auch nur zu rügen, geschweige denn, sie zurückzuweisen; dafür wies das Gericht meinen Antrag als unzulässig ab."***

Aus Anlaß des fünften Jahrestages halten Antifaschisten vor dem Düsseldorfer Landgericht eine Mahnwache. Auf Transparenten steht: „Die Opfer mahnen" und „Sofortige Bestrafung der Mörder von Majdanek" und „Verbot aller Nazigruppen". Martin Budich, der Vorsitzende der Jungdemokraten in Nordrhein-Westfalen klagt, „daß dieses gewollte oder ungewollte Unvermögen der Justiz typisch dafür ist, wie in unserem Lande der braune Terror behandelt wird."

Und der Nebenkläger Max Oppenheimer fragt im Gedenken an seinen in Majdanek ermordeten Vater: „Wen wundert es, daß unter diesen Bedingungen Zeugen, die jahrelang das Grauen der Hölle von Majdanek ertragen mußten, im Gerichtssaal zusammenbrachen oder entsetzt die Frage stellten, wer nun eigentlich die Angeklagten in diesem Prozeß seien?

* Es handelte sich um den Rechtsanwalt Fritz Steinacker aus Frankfurt, der verdächtigt wurde, den SS-Arzt Aribert Heim begünstigt zu haben.

** Prof. Kaul behauptet, der Gerichtsvorsitzende Bogen habe ihn ermahnt, nicht die Abkürzung „BRD" zu gebrauchen. Er, Kaul, habe dies versprochen mit dem Zusatz, daß er andererseits gern damit einverstanden sei, „wenn im Interesse einer Beschleunigung des Verfahrens mein Vaterland als DDR bezeichnet wird".

*** *Neues Deutschland*, 19.11.1980

Sicherlich hätte man sich gegenüber dem skandalösen Verhalten der Verteidiger von seiten des Gerichts deutliche und klare Worte gewünscht. Doch ist wohl auch seine falschverstandene Fairneß nur eine Widerspiegelung der konkreten Machtverhältnisse und des damit verbundenen konservativen und rechtsorientierten Denkens, das weithin in Verwaltung und Justiz zu finden ist. Dort ist man auf dem rechten Auge blind, NS-Prozesse sind unangenehm und peinlich.

Vergessen wir niemals: Majdanek hatte eine Vorgeschichte. Am Anfang stand Dachau als Symbol der Verfolgung der Repräsentanten der deutschen Arbeiterbewegung. Friedhofsruhe im eigenen Land war die Voraussetzung für die Herren der Schwerindustrie und der Banken, um den Revanchekrieg vorbereiten zu können. Dieser wiederum hatte das Ziel, das Eigenleben der Völker Europas zu zerschlagen und an seine Stelle das Sklavenreich der SS zu setzen, das alles in den Schatten stellen sollte, was wir aus der Geschichte des Altertums kennen. Wer sich zur Wehr setzte oder als ‚rassisch minderwertig' eingestuft wurde, war des Todes. Für ihn standen die Henker in braunen und schwarzen Uniformen bereit, auf ihn warteten die Gaskammern von Auschwitz, Treblinka und Majdanek. Ich selbst bin als Nebenkläger zum Majdanek-Prozeß zugelassen. Mein Vater – mehrfach verwundeter Frontoffizier des Ersten Weltkrieges und Oberregierungsbaurat der Deutschen Reichsbahn – wurde in Majdanek zusammen mit 18000 Leidensgenossen aus vielen Ländern Europas am 3. November 1943 von einem Kommando der Waffen-SS erschossen. Ihn haben weder Eiserne Kreuze noch Verwundeten-Abzeichen, noch der Bau von Bahnhöfen im Schwarzwald und die Konstruktion von Sicherheitseinrichtungen für Personenzüge retten können. Profitiert haben nur zwei Gruppen vom KZ Majdanek: die Industrie, vor allem die Rüstungsindustriellen, für die Häftlinge zur Zwangsarbeit getrieben wurden. Und die SS, die sich an den Gefangenen bereicherte. So wurden zum Beispiel allein von Herbst 1942 bis April 1943 vierzehn Kisten mit Gold, Juwelen und anderen Wertsachen gesammelt. Wenn wir an diesem tristen Jahrestag über die Verbrechen im ehemaligen KZ Majdanek und generell über die des deutschen Faschismus sprechen, dann nicht in falsch verstandener Vergangenheitsbewältigung, sondern aus Sorge um die Gegenwart und die Zukunft. Ein Tag wie der heutige sollte uns veranlassen, darüber nachzudenken, daß die Mörder noch immer unter uns sind, daß neue sich formieren und daß das Wort des ehemaligen Reichskanzlers Wirth, ‚Der Feind steht rechts', noch nichts an Aktualität verloren hat. Setzen wir unsere Empörung in konkretes Handeln um, damit nie wieder Faschismus und Krieg, Rassismus und Völkerhetze die Menschheit bedrohen!"

436. Tag. 17. Dezember 1980. Heute steht Irina Marszalek im Zeugenstand des Düsseldorfer Gerichts. Die Frau, die über ihre ersten Tage in Majdanek so genaue Tagebuch-Aufzeichnungen gemacht hat: das Bad in der Gaskammer, die Entstehung des Namens „Blutige Brygida" und wie der „Hahn" seinen Spaß hatte. Sie ist eine 66jährige Frau, abgearbeitet und mit einem gutmütigen Gesicht. Gewerbelehrerin aus Zakopane in der Tatra. Danuta Kawecka hat sie als Zeugin genannt. Auch sie soll gesehen haben, wie der Hund der SS-Aufseherin Hildegard Lächert die schwangere Polin Wladka zu Tode gebissen hat.

Frau Marszalek sieht krank aus. Richter Bogen dankt ihr, daß sie trotz ihrer Schwäche gekommen ist und obwohl sie sich von ihrer Krankheit immer noch nicht erholt hat. Für eine kranke Frau ist es eine weite Reise von Zakopane nach Düsseldorf. Zuerst mußte sie nach Krakow fahren, dann einen halben Tag nach Warschau, dort übernachten, um nach Frankfurt zu fliegen und von dort nach Düsseldorf. Zwei lange Tage für eine Frau, die nie wieder etwas von Majdanek hören wollte und die nun einen ganzen Tag lang einigen von denen gegenübersteht, die sie geschlagen haben, die ihren Vater ermordeten, vor denen sie bis heute Todesangst hat. Nun soll sie aussagen, ob sie mit denen verwandt oder verschwägert ist. Es nützt wenig, daß Richter Bogen routinemäßig zufügt: „Ich weiß, daß das eine ziemlich theoretische Frage ist." Irina Marszalek sieht von ihm weg, von den Angeklagten weg, sieht am Dolmetscher vorbei und sagt leise: „Nein."

Richter Bogen erklärt ihr, warum sie hier vorgeladen ist: „Frau Kawecka hat sie als Zeugin für ein bestimmtes Ereignis angegeben." Sie erklärt ihm, woher sie die Frau Kawecka kennt: „Aus dem Gestapogefängnis in Radom. Wir sind am 11. November 1942 verhaftet worden. Ich habe damals auch von ihrem Vater gehört, den man ebenfalls verhaftet und gefoltert hatte. Wir kamen in einem großen Transport am 7. Januar 1943 nach Majdanek, wir waren 124 Frauen. Man erzählte uns, daß wir dort die ersten politischen Gefangenen aus Polen waren." Der Vorsitzende will wissen, ob das Feld V, auf das sie kamen, leer gewesen sei.

Ja, sagt sie, es sei leer gewesen, es seien keine Frauen dort auf diesem Frauenfeld V gewesen. „Aber es gab Spuren. Unter dem Schnee fanden wir Reste von Kleidungsstücken und irgendwelche leeren Büchsen, so daß schon Frauen vor uns dagewesen sein müssen."

Sie wurden in eine große, leere Baracke eingeschlossen. Ohne Heizung, ohne Strohsäcke. Wer sich noch erinnern kann an den Winter 1942/43, vielleicht Stalingrad, weiß, daß es ein sehr schwerer Winter war. Nicht einmal Decken hatten die Frauen zuerst, die wurden später herbeigeschafft. Es gab kein Wasser zum Waschen oder zum Trinken. Es gab einen kleinen Ofen, aber kein Heizmaterial.

Die Schilderung wird dem Gericht zu lang. Der Vorsitzende unterbricht Frau Marszalek: „Daß die Verhältnisse im Frauenfeld unter aller Menschenwürde waren, ist uns von vielen, vielen Zeugen schon berichtet worden." Er will wissen, wo Frau Marszalek gearbeitet hat.

In der Wäscherei, mit Danuta Kawecka und ihrer Mutter. Viele Frauen aus Radom waren dort in der Wäscherei.

Wer dort Aufseherin war.

„Die ‚Blutige Brygida'. Einige Zeit später habe ich erfahren, daß sie Lächert heißt."

Richter Bogen will wissen, ob sie die „Kinderaktion" gesehen hat.

„Vom Lastwagen wurden die Leichen von Kindern ausgeladen. Woher sie gekommen sind, weiß ich nicht."

Ob die „Brygida" einen Hund hatte und ob sie sich an ein bestimmtes Ereignis mit diesem Hund erinnert?

„Ja. Leider. Ich wurde eines Tages zur Arbeit in der Gärtnerei abkommandiert. Es war eine ziemlich große Gruppe

Frauen, ich kannte sie nicht. Ich hatte Angst, weil ich sah, daß die Gruppe von der ‚Brygida' angeführt wurde. Wir sollten den Boden bearbeiten. Er war noch sehr hart, es lag auch noch etwas Schnee, es war ja ein starker Winter gewesen. Plötzlich hörte ich die Stimme der ‚Brygida', wie sie den Hund hetzte. Ich sah, daß sich eine Frau auf das Feld hingesetzt hatte. Es war eine schwangere Frau, und sie hatte einen vorstehenden Bauch. In dem Augenblick, als der Hund sie ansprang, habe ich die Hände vor die Augen geschlagen, weil ich das nicht mitansehen konnte. Die anderen Frauen sagten, daß der Hund ihr den Bauch auseinanderriß. Ich vermute, daß er ihr das Kind herausgeholt hat, aber ich habe es selbst nicht gesehen. Andere Häftlinge brachten die verwundete Frau weg. Ich weiß nicht, was mit ihr geschehen ist. Die Frau kam nie wieder auf unser Feld."

Immer stockender hat Irina Marszalek gesprochen. Auf ihrer blassen Stirn stehen Schweißtropfen. Sie greift nach dem Wasserglas. Der Dolmetscher sieht den Richter an. Der unterbricht die Vernehmung. Der Arzt kümmert sich um die Zeugin aus Polen.

Eine Viertelstunde Pause. Frau Marszalek wird weggebracht, um sich zu erholen. Die Angeklagten rauchen mit ihren Verteidigern Zigaretten. Der SS-Obersturmführer Arnold Strippel löst sein Kreuzworträtsel, das in der *BILD-Zeitung* liegt.

Dann kommt Irina Marszalek zurück. In welchem Monat es war, als der Hund die Frau zerfleischte, will Richter Bogen wissen. Irina Marszalek weiß nur, daß es Frühjahr war, vielleicht Ende April. „Ich weiß, da war noch nicht viel gemacht im Garten, und der Winter war sehr hart."

Ob es vor den großen jüdischen Transporten war?

„Ja, nicht besonders lange davor."

Was das für ein Hund war? Ein deutscher Schäferhund?

„Ein großer schwarzer Hund. Bis zum heutigen Tage kann ich diese Art Hunde nicht leiden."

Wie alt die junge Polin war?

„Vielleicht zwanzig, vielleicht dreißig. Ich war so entsetzt, daß die Häftlingsfrauen mich beruhigen mußten."

Wie weit sie entfernt war?

„Ziemlich weit. Vielleicht zweihundert Meter. Als ich gesehen habe, daß die ‚Brygida' das Kommando führte, habe ich mich so weit wie möglich entfernt gehalten."

Ob sie gesehen habe, wie die Frau weggetragen wurde?

„Sie wurde nicht weggetragen, sondern irgendwohin aufs Feld gelegt. Da war so ein kleines Häuschen, da wurde sie danebengelegt."

Ob die Frau denn schon tot war?

„Ich nehme an, ja. Wie könnte sie noch weitergelebt haben danach? Sie war ganz blutüberströmt."

Ob sie die „Blutige Brygida" hier im Saal erkennt?

„Ja", sagt sie, zeigt auf die zweite Reihe: „Die dort!"

Woran sie sie erkennt?

„An den Augen."

Nun wollen die beiden Verteidiger der „Blutigen Brygida" die Zeugin unsicher machen.

„Können Sie die Frau näher beschreiben, die von einem Hund angefallen wurde?" fragt Frau Lächerts Rechtsanwalt Dr. Horst Bauer.

„Nein", antwortet Irina Marszalek. „Es ist so schwer, Menschen zu beschreiben, die die gleiche Häftlingskleidung tragen und deren Haare geschoren sind."

Der Anwalt will wissen, ob es vorher Auseinandersetzungen gegeben hat und ob sie, Frau Marszalek, den Hund schon vorher beobachtet hat.

„Nein. Ich sah plötzlich, daß die Frau saß, und da es verboten war, bei der Arbeit zu sitzen, war das vielleicht ihr einziges Vergehen."

Mit welchen Worten denn die „Brygida" den Hund auf die Frau gehetzt habe?

„Ich weiß nicht, wie man das auf deutsch sagt."

Der Anwalt sagt, er wolle wissen, ob Frau Marszalek die Stimme der „Brygida" erkannt habe.

„Ja, natürlich. Auf eine andere Stimme hörte der Hund nicht."

Es ist ganz, ganz still im Gerichtssaal. Eine Zeitlang fragt niemand etwas, sagt niemand etwas.

Dann will Frau Lächerts zweiter Verteidiger Hohl von Irina Marszalek wissen, was sie sonst noch observiert habe. Er sagt tatsächlich „observiert", wie es die Geheimdienstler von ihren Spitzeln sagen.

„Observiert?" fragt Irina Marszalek. „Es war doch ein Konzentrationslager." Und dann wird sie zum ersten Male an diesem Tag bitter und böse. Sie sagt: „Observiert – es war doch keine Modenschau."

Noch einmal wird sie gefragt, ob der Hund der „Blutigen Brygida" auch andere Gefangene gebissen habe.

Sie sagt fast obenhin: „Daß man von einem Hund gebissen wurde, das war im Lager nichts Ungewöhnliches."

Sie wird gefragt, ob sie auch jüdische Kinder im Lager gesehen habe.

„Ja, ich habe gesehen, wie Leute aus dem Getto gebracht wurden, und die Kinder wurden von ihren Müttern getrennt. Ich erinnere mich ganz genau: Wir kamen von der Näherei zurück von der Nachtschicht. Ich ging zur Latrine und sah unter dem Galgen, an dem früher eine Jüdin erhängt worden war, da stand ein Lastwagen. Dabei waren SS-Männer und eine Aufseherin. Einer Mutter wurde das Kind weggenommen. Sie schrie entsetzlich, das Kind weinte auch. Da nahm ein SS-Mann das Kind bei den Füßen und schlug den Kopf gegen den Mast vom Galgen. Die Mutter schrie fürchterlich. Ein SS-Mann hat sie mit seinem Gewehrkolben auf den Boden geschlagen, aber sie klammerte sich immer noch an das Auto fest. Dann haben sie die Frau auf das Auto gezerrt, und es ist weggefahren. Ich habe vorher auch schon gesehen, wie Kinder an den Beinen genommen und auf den Lastwagen geworfen wurden, aber dieses Ereignis habe ich deshalb so fest in Erinnerung, weil die Mutter so entsetzlich schrie. Sie wurde dann wohl in die Gaskammer gebracht."

Ob sie einen SS-Aufseher gekannt habe, den die Häftlinge den „Hahn" nannten?

Sie schildert, wie der „Hahn" mit ihnen „Selektion" gespielt hat. Sie berichtet mehr und mehr über diesen Mann. „Er hat in der Baracke der Lemberger Frauen auf eine Jüdin geschossen. Er hat auf die Kinderbaracke geschossen, weil dort ein Kind aus dem Fenster gesehen hat."

Irina Marszalek soll sich die Angeklagten ansehen, ob sie den „Hahn" unter ihnen entdeckt. „Gehen Sie ruhig nah ran", fordert Richter Bogen sie auf. Es ist unheimlich, wie diese Frau da steht und Angst hat, nah ranzugehen an die, denen sie damals entkommen ist. „Versuchen Sie sich vorzustellen, wie die vor 35 Jahren ausgesehen haben", sagt Richter Bogen. Er hätte 37 Jahre sagen müssen, 1943 ist Irina Marszalek von Majdanek nach Ravensbrück transportiert worden, „aus der Hölle in den Himmel", sagt sie – sie nennt ein Konzentrationslager den Himmel!

Sie geht nah heran. Der Angeklagte Thomas Ellwanger drückt sich nieder. Alle im Saal wissen, daß er verdächtigt wird, der „Hahn" zu sein. Aber Irina Marszalek kann den Mann nicht wiedererkennen. Der „Hahn" bleibt unentdeckt und unbestraft. „Nein", schüttelt sie den Kopf und sagt noch etwas, ganz leise. „Was sagt sie?" ruft dröhnend einer der Verteidiger, und dann mit Kommandostimme: „Bißchen lauter!"

Irina Marszalek ist ganz leise geworden. Sie wird vereidigt. „So wahr mir Gott helfe", murmelt sie.

Richter Bogen dankt ihr noch einmal. Die beschwerliche Reise, ihr schlechter Gesundheitszustand, wünsche noch angenehme Tage. Die Frau geht. Die SS-Aufseherin Hildegard Lächert verfolgt sie mit ihrem Blick.

439. Tag. 7. Januar 1981. Weiter und weiter verzögert der Vorsitzende Richter den Schluß dieses Prozesses, indem er sich auf die unsinnigsten Beweisanträge der Verteidiger einläßt. Obwohl er prozessuale Möglichkeiten hätte, sie zu unterbinden.

Jetzt verlangen die Verteidiger der SS-Führer Arnold Strippel, Hermann Hackmann und Fritz Heinrich Petrick einen neuen Ortstermin im KZ Majdanek. Die drei Angeklagten werden beschuldigt, in der Nacht vom 14. zum 15. Juni 1942 einen gemeinschaftlichen Mord an mindestens 45 Menschen begangen zu haben. Aus Rache für einen Ausbruch sowjetischer Kriegsgefangener wurden die zurückgebliebenen 45 gefangenen Sowjetsoldaten „mittels Genickschuß getötet".

Jetzt behaupten die Verteidiger, daß „unter den damals herrschenden Beleuchtungs- und Lichtverhältnissen" die Mordschützen gar nicht zu identifizieren gewesen seien. Also Lokaltermin zur selben Zeit, Mitte Juni 1981. Das wäre eine Prozeßverzögerung um fünf Monate.

Dieser Antrag wird allerdings abgelehnt. Weitere Anträge kommen: Zeugen sollen gehört werden dafür, daß die SS-Aufseherin Lächert „wegen ihrer tiefreligiösen Erziehung und Einstellung" gar nicht in der Lage gewesen sei, Menschen sadistisch zu Tode zu quälen.

Dieselbe Hildegard Lächert erklärt, polnische Behörden hätten die Belastungszeugen gegen sie manipuliert, „ein Komplott von Presse, Rundfunk und Fernsehen" habe sich gegen sie verschworen, der amerikanische Geheimdienst verbiete ihr die Benutzung von Entlastungsmaterial, sie werde jetzt von Gefängnisärzten „unter Drogen gehalten" und müsse heute „genauso leiden wie einst die Häftlinge von Majdanek". Zufällig stößt das Gericht auf eine alte Entschädigungsakte: 1958 hat die Bundesrepublik Deutschland der aus polnischer Haft zurückgekehrten SS-Aufseherin von Majdanek eine „Haftentschädigung" von 6480 Mark gezahlt.

Relativ wenig im Vergleich zu der Haftentschädigung, die ihr Mitangeklagter Arnold Strippel für seine Haft wegen 21fachen Mordes an Buchenwald-Häftlingen erhalten hat: 121500 Mark.

447. Tag. 17. Februar 1981. Staatsanwalt Wolfgang Weber beginnt mit den Plädoyers: „Majdanek war ein Schlachthof", obwohl es ursprünglich ein SS-Arbeitslager hatte werden sollen, in dem ein riesiges Heer von Sklaven rastlos für die SS arbeiten und produzieren sollte. Für alle Angeklagten gelte das, was eine Zeugin über die SS-Aufseherin Lächert gesagt habe: „Sie lief über die Leute, als seien sie Vieh." Sie töteten, schlugen, raubten. Viele von ihnen wurden selbst von der SS wegen der ständigen Betrügereien und Unterschlagungen bestraft wie etwa der Angeklagte Petrick, der wegen seiner fortgesetzten Diebstähle in ein Straflager kam.

450. Tag. 25. Februar 1981. Die Staatsanwälte stellen die Strafanträge. Sie beantragen nur gegen fünf der Angeklagten lebenslange Haftstrafen: Hermann Hackmann, Emil Laurich, Hildegard Lächert, Hermine Ryan-Braunsteiner und Fritz Heinrich Petrick. Gegen die übrigen vier wollen sie eine Milde angewendet wissen, die angesichts der Beteiligung aller Angeklagter an der Mordmaschine Majdanek mit ihren mindestens 250000 Ermordeten unfaßbar ist: für Arnold Strippel sechs Jahre Haft, für Thomas Ellwanger fünf Jahre, für Heinz Villain zehn Jahre. Und für Heinrich Groffmann beantragen sie Freispruch. Obwohl es feststehe, daß er in Majdanek als Feldführer von Feld III Menschen zu Boden geboxt und getötet habe, obwohl er Häftlinge durch eine Gasse steinewerfender SS-Leute getrieben habe, obwohl sich „viele Zeugen an ihn gut erinnern konnten", müsse er „wegen nicht ausreichender Beweise der ihm zur Last gelegten Vorwürfe freigesprochen werden". Als hätte es die Zeugen nie gegeben, die wie der Danziger Andrzej Stanislawski gesehen und geschildert haben, wie Groffmann die Gefangenen zu Boden geschlagen und gerissen habe, um sie dann von zwei anderen SS-Männern tottrampeln zu lassen.

Mindestens für ihn hat das Schlußwort des Staatsanwalts Dieter Ambach also schon gar keine Geltung mehr: „Die unermeßliche Größe des Leides der Opfer verpflichtet uns zu einer Bestrafung der hier Angeklagten. Sie dürfen nicht ein normales Leben als Rentner führen können."

452. Tag. 5. März 1981. Friedrich Karl Kaul, Professor der Rechtswissenschaft, selbst Opfer der Faschisten, spricht als Vertreter des Nebenklägers Max Oppenheimer: „Die Opfer wurden vergast und erschossen, erschlagen und zertreten, erhängt und ertränkt, von gehetzten Hunden zerrissen und im Kot erstickt. So steht Majdanek schlechthin als kriminologischer Inbegriff für Massenmord. Auch die Tatsache, daß ich in Erfüllung meiner Pflicht als Nebenklagevertreter in diesem Saal unter den Angeklagten die Nähe eines Menschen ertragen mußte, der, heute wieder in Freiheit, am 10. November 1939 im KZ Buchenwald meinen guten Freund und Genossen Arthur Maschke meuchelte*, brachte mich noch nicht vollends an die Grenze des Erträglichen. Es war der Verfahrensablauf, der mich . . . überwältigte."

Das einheitliche, durch den Begriff „Majdanek" kriminologisch umrissene Verbrechen sei durch die Anklage in einzelne

* SS-Obersturmführer Arnold Strippel

Deliktshandlungen aufgelöst „und so die gerichtliche Sühne des verbrecherischen Geschehens nahezu unmöglich gemacht worden . . . Die freiwillige Eingliederung aller Angeklagten in die Mordmaschinerie Majdanek ist strafrechtlich als ein bewußtes und gewolltes Zusammenwirken zu bewerten, dessen Zielsetzung die gewaltsame aus niedrigen Beweggründen heimtückisch und grausam erfolgte Tötung einer Vielzahl von Menschen war. Die Strafe für die Angeklagten kann insofern gemäß Paragraph 211 des Strafgesetzbuches nur in lebenslangem Freiheitsentzug bestehen."

473. Tag. 26. Juni 1981. Alle Verteidiger haben plädiert. Alle haben Freispruch für ihre Mandanten gefordert. Alle haben sich auf einen angeblichen Befehlsnotstand berufen. Alle behaupten auch, daß ihre Mandanten nie etwas von Vergasung gehört haben. Einige, wie der Rechtsanwalt Stratmann, suchen Entlastungsgründe darin, daß auch in anderen Ländern und auch heute noch Verbrechen begangen werden: „Krieg ist Krieg, und es ist keineswegs ungewöhnlich, daß unschuldige Zivilisten wie die Opfer von My Lai getötet werden." Dort hatte eine amerikanische Einheit unter dem Befehl des Offiziers Kelly die vietnamesischen Dorfbewohner ermordet. Kelly war von einem oberen US-Gericht freigesprochen worden. In ähnlicher Situation habe sich der SS-Hauptsturmführer Hackmann in Majdanek befunden, meint Stratmann. Einige Anwälte identifizierten sich nicht nur mit ihren Mandanten, sondern auch mit deren Mordtaten. Höhepunkt die Erklärung von Rechtsanwalt Rolf Hussels aus Düsseldorf: „Auch ich hätte in Majdanek wie Villain den Befehl ausgeführt und die Juden ausgesondert. Auch wenn ich, wie Villain, gewußt hätte, daß die Häftlinge umgelegt werden sollten. Wir haben für eine gerechte, gute Sache gekämpft, dessen waren wir sicher. Wie hätte da dem Angeklagten der Gedanke der Rechtswidrigkeit seines Handelns kommen können? Wer hat sich schon im Krieg über Rechtswidrigkeit Gedanken gemacht?"

Natürlich bezweifelten alle Verteidiger die Glaubwürdigkeit der ehemaligen Majdanek-Gefangenen, die in Düsseldorf als Zeugen ausgesagt hatten. „Gleich null" sei deren Beweiswert, behauptete Anwalt Stratmann. Sie hätten „falsche Aussagen' gemacht, behauptete Anwalt Selas. Sie hätten sich „durch besonders belastende Aussagen KZ-Entschädigungen verdienen wollen", behauptete Rechtsanwalt Eimer. Diese infame Diffamierung übernahm auch die *Frankfurter Allgemeine Zeitung* in einem Bericht von Lothar Bewerunge: „Natürlich haben einige Zeugen, soweit ihr Entschädigungsverfahren noch läuft, ein Interesse daran, möglichst viele konkrete Exzeßtaten in Majdanek aus eigenem Erleben zu bekunden. Oft können sie nur so beweisen, daß sie tatsächlich als Häftling in Majdanek waren, und davon wiederum hängt die Höhe der Entschädigung ab. Die Frage aber ist, ob ein solches verständliches Interesse von Zeugen an ihrem Entschädigungsanspruch die Aussage, die sie dann über die SS-Leute machen, nicht von vornherein entwerten muß."* Das hätte in der nazistischen *Deutschen National-Zeitung* stehen können. Und da stand es auch: „Beeindruckten ‚präparierte Zeugen' das Gericht?" fragte das Blatt wenige Tage vor der Urteilsverkündung** und berief sich auf genau diese Passage der FAZ, um zu beklagen, daß „mehrere Millionen Steuermark aufgewendet wurden, um eine Gruppe meist kranker alter Männer und Frauen über drei Jahrzehnte nach Kriegsende auf dem Altar einer nicht nur wegen ihrer Einseitigkeit umstrittenen ‚Vergangenheitsbewältigung' zu opfern".

Schlußwort des angeklagten SS-Obersturmführers Arnold Strippel: „Ich bin völlig unschuldig im Sinne der Anklage . . . Ich habe in meinem Leben immer für alles das, was ich getan habe, eingestanden."

Das sieht so aus: In Hamburg hat er zwanzig Kinder und 28 Erwachsene erhängt – keine Strafe. In Vught sind zehn Frauen von ihm in eine kleine Zelle gepreßt worden und

* FAZ, 8.5.1981. Dieses Blatt machte in seiner kommentierenden Berichterstattung zum Majdanek-Urteil (FAZ 1.7.81) auch ganz deutlich, ebenfalls durch den Korrespondenten Lothar Bewerunge, daß er die Majdanek-Mörder lieber nie vor Gericht gesehen hätte und die Aufhebung der Verjährung für Mord aus diesem Grunde verurteilt: „Die Düsseldorfer Richter werden sich schweren Anschuldigungen ausgesetzt sehen. Zumindest ein Teil der deutschen und auch der internationalen Öffentlichkeit wird ihnen das Problem zuordnen, daß durch die Aufhebung jeglicher Verjährung der *sogenannten* NS-Morde entstanden ist, ein Problem, das in erster Linie politisch vom Deutschen Bundestag verantwortet werden muß."

** *National-Zeitung*, 22.5.1981

erstickt – keine Strafe. In Natzweiler, in Peenemünde, in der Spaldingstraße in Hamburg, überall ließ Strippel Tote zurück – keine Strafe. Und die 21 Morde in Buchenwald, für die er bestraft wurde, sind später juristisch anders bewertet und ihm mit 121500 Mark Entschädigung vergütet worden. Ein aufrechter SS-Mann.

474. Tag. 30. Juni 1981. Heute wird das Urteil gesprochen. Die ganze Nacht haben Demonstranten eine Mahnwache vor dem Landgericht gehalten. Es ist eine mehrhundertköpfige Menge, die vom Heinrich-Heine-Denkmal schweigend und mit Fackeln bis zum Gericht zieht. Die Demonstranten tragen Spruchbänder „Urteil im Majdanek-Prozeß – Schwarzer Tag für die Justiz". Und „DKP: Nie wieder Krieg! Nie wieder Majdanek!" und „Faschismus ist Terrorismus" und „KZ-Schergen schuldig, schuldig, schuldig" und „Wir gedenken der sechs Millionen ermordeten jüdischen Schwestern und Brüder". Angeführt wird der eindrucksvolle Zug von einem ehemaligen KZ-Gefangenen in Häftlingskleidung und einem Bundeswehrsoldaten in Heeresuniform.

Totenbleich und so stark zitternd, daß er kaum seine Aufzeichnungen halten kann, gibt Richter Günter Bogen das Urteil bekannt:

Hermine Ryan-Braunsteiner, Mord in zwei Fällen: lebenslange Haft. Hildegard Lächert, Beihilfe zum Mord an 100 Menschen: zwölf Jahre Haft. Hermann Hackmann, Beihilfe zum Mord an 141 Menschen und Exekution von 200 bis 400 Seuchenkranken: zehn Jahre Haft. Emil Laurich, Beihilfe zum Mord in fünf Fällen: acht Jahre Haft. Heinz Villain, Beihilfe zum Mord in zwei Fällen, Beihilfe zum Mord bei der Aktion „Erntefest" in 18000 Fällen und Teilnahme an der Selektion von 1500 Menschen: sechs Jahre Haft. Fritz Heinrich Petrick, Beihilfe zum Mord in 41 Fällen: vier Jahre Haft. Arnold Strippel, Beihilfe zum Mord in 41 Fällen: drei Jahre und sechs Monate Haft. Thomas Ellwanger, Beihilfe zum Mord in 100 Fällen: drei Jahre Haft. Heinrich Groffmann: Freispruch.

Menschen im Zuhörerraum springen auf: „Skandal", rufen sie. „Ein Schandurteil", „Nazimörder hinter Gitter". Ein alter Mann ruft laut: „In meinem Namen wurde das Urteil nicht gesprochen." Mehrere Frauen beginnen zu weinen. Ein Zuhörer fragt den Richter: „Haben Sie denn in den fünf Jahren nichts dazugelernt?" Ein anderer ruft ihm ins Gesicht: „Das ist eine Beleidigung der Opfer im Namen des deutschen Volkes." Dann ziehen einige protestierend aus dem Zuhörerraum hinaus, und draußen vor dem Gericht bildet sich eine spontane Protestkundgebung. Der polnische Arzt Dr. Jan Nowak, der als Zeuge ausgesagt und zur Urteilsverkündung wiedergekommen war, erklärt: „Wir sind nicht einverstanden mit solch geringen Strafen. Sie waren doch alle Mitglieder einer einheitlichen Mörderorganisation." Und die polnische Zeugin Dr. Danuta Medryk* sagt: „Ich hatte keine Rache erwartet, aber ein Exempel für Gerichtigkeit, vergeblich."

Elf Stunden lang begründet Richter Bogen dies Urteil. Überall findet er Entschuldigungsgründe: Lächert sei „nicht mit letzter Sicherheit als Täterin einzuordnen". Hackmann habe „weder den Befehl zur Erschießung gegeben noch die Tötung gutgeheißen". Bei Laurich gebe es keinen Beweis, „daß er selbst geschossen hat". Über Strippel seien „keine Exzesse berichtet" worden. Für Petrick spreche „sein Geständnis in der Voruntersuchung". Die eigentlichen Täter seien nicht die Angeklagten, sondern vor allem der Reichsführer der SS, Heinrich Himmler.

Und obwohl Strippel, Petrik und Ellwanger zu mehrjährigen Haftstrafen verurteilt werden, wird kein Haftbefehl gegen sie vollstreckt. Abends um zehn können sie als freie Leute nach Hause fahren. Majdanek ist für sie erledigt. Sie gehen zurück „in das normale Leben als Rentner".

Der Kraftfahrer Walter K., 36 Jahre alt, wird an diesem selben 30. Juni 1981 von einer Großen Strafkammer des Kölner Landgerichts zur gleichen Strafe verurteilt wie Heinz Villain, sechs Jahre, ist allerdings im Gegensatz zu ihm in Haft. Er hat nicht Beihilfe zum Mord an 19502 Menschen geleistet, sondern Widerstand gegen die Staatsgewalt und dabei einen Polizisten in den Fuß geschossen. Auch dieses Urteil wird, wie das im Majdanek-Prozeß, „im Namen des Volkes" gesprochen.

* Autorin des Buches „Niebo bez ptakow" (Himmel ohne Vögel), Warschau 1968 – Berichte aus Majdanek

7. Juli 1981. Eine Woche nach dem Majdanek-Urteil läßt der Bayrische Innenminister Gerold Tandler auf dem Gelände des Konzentrationslagers Dachau ein neues Gas zum Einsatz gegen Menschen erproben, das sogenannte CS. Die ehemaligen Häftlinge des Lagers, zusammengeschlossen in der „Lagergemeinschaft Dachau" protestieren. Sie weisen auf „die geschichtliche Kontinuität, die sich an diesem Ort offenbart" hin. Der Sprecher des Innenministeriums, Hans-Joachim Frieling, weist die Vorwürfe zurück: „Irgendwann muß man auch in Dachau normal werden."

An diesem Ort sind zu den normalen Zeiten des deutschen Faschismus die SS-Mörder für ihre Arbeit in den Konzentrationslagern ausgebildet worden, zum Beispiel der Adjutant des Lagerkommandanten von Majdanek, Karl Friedrich Höcker. Ausgebildet wurde hier auch Adolf Eichmann, der später die Judentransporte in die Gaskammern organisierte.

KAPITEL IV

Die Mörder sind immer noch unter uns

IM NAMEN DES VOLKES?

Was ist das für ein Volk, in dessen Namen die Düsseldorfer Richter angeblich gesprochen haben? Ist es wirklich das Volk, in dessen Namen „nicht einmal im Ansatz eine gerechte Sühne gefunden wurde", wie Heinz Galinski dieses „Fehlurteil von Düsseldorf" nennt? Ist es das Volk, in dessen Namen gegen die Majdanek-Mörder „Haftstrafen verhängt wurden, wie sie etwa für Diebstahl üblich sind", so Gideon Hausner über das „Skandalurteil", der israelische Eichmann-Ankläger? Ist es das Volk, in dessen Namen diese „Ohrfeige für alle Bürger, die die Menschlichkeit verteidigen wollen", ausgeteilt wurde, wie der Vizepräsident des Westberliner Abgeordnetenhauses, Alexander Longius, urteilt? Hat das Volk dieses Urteil gesprochen, das „für die Taten von Majdanek keine angemessene Strafe gefunden hat" (Günter Verheugen, FDP-Generalsekretär)? Hat das Volk diese „Verharmlosung der Verbrechen des Hitlerfaschismus" zu verantworten (Vereinigung der Verfolgten des Naziregimes)? Hat das Volk diese „skandalöse Prozeßführung" gemacht, und ist das Volk „auf dem rechten Auge blind wie die Justiz" (Die Falken)?

Und war es das Volk oder war es Richter Bogen, der im Urteil solch menschenverachtende Sätze sagt: „Es ist nicht mit Sicherheit festzustellen, ob die Tötung der russischen Kriegsgefangenen grausam war, da ihnen über die Tötung hinaus kein Leid zugefügt wurde." Und: „Ihre Tötung war auch nicht heimtückisch, weil die Russen nicht arglos gewesen sein konnten und jederzeit mit einem solchen Schicksal rechnen mußten." Und: „Bei 100 der 200 getöteten Häftlinge war die Tötung deshalb nicht grausam, weil letztere bereits halb tot waren."*

Oder ist es das Volk, das im Saal protestiert? Das draußen Mahnwache hält, das von einer „Mafia der Neofaschisten"

* Daß der Richter am Landgericht Günter Bogen während des Majdanek-Prozesses auch an seine eigene Karriere dachte, geht aus einer Äußerung hervor, die er während eines Erster-Klasse-Fluges nach Toronto gegenüber dem Journalisten Arne Boyer tat, zitiert in *Quick* 51/78 vom 14.12.1978: „Ich habe schon an Treblinka- und anderen NS-Prozessen teilgenommen. Die Vorsitzenden Richter dieser Verfahren wurden Bundesrichter oder Senatspräsidenten. Bei mir wird das nicht sein. Heute befördert man Richter, die schwierigen Terroristenprozessen vorsitzen. Mit dieser NS-Materie bin ich nicht mehr ‚in'."

spricht, das Scham und Wut über dieses Majdanek-Urteil empfindet?

Es hat sich nicht bewahrheitet, was der Lächert-Verteidiger Ludwig Bock am ersten Tag des Majdanek-Prozesses gesagt hat: „In zwei Tagen sind wir hier ganz unter uns." Im Gegenteil, das Interesse der Bevölkerung an diesem Prozeß ist immer größer geworden. Nicht nur, weil „das Volk" verstanden hat, daß hier ein historischer Prozeß vor sich ging, der mit einer Verurteilung oder einer Verharmlosung des Faschismus enden mußte. Sondern auch, weil in den fünfeinhalb Jahren des Majdanek-Prozesses die neuen Faschisten immer mehr an Boden gewannen: Der Nazi-Bombenanschlag auf die Besucher des Oktoberfestes 1980 in München und die Verharmlosung des angeblichen „Einzeltäters". Die angebliche Gefahrlosigkeit der „Wehrsportgruppe Hoffmann", aus der auch der Bombenleger von München kam. Bombenanschläge und Morde, an denen die „Aktion Nationaler Sozialisten" (ANS) beteiligt war, die Hildegard Lächert als Europa-Kandidatin aufgestellt hatte. Die Tatsache, daß diese ANS bis heute ebensowenig verboten ist wie die SS-Nachfolgeverbände und daß sie sogar steuerlich gefördert wurde.

„Im Namen des Volkes" sollen die Majdanek-Mörder jetzt wieder unter uns sein?

Manche Kommentatoren haben gesagt, wenigstens sei durch diesen Prozeß die notwendige historische Dokumentationsarbeit geleistet worden, und die „furchtbaren Verbrechen jener Jahre werden erst durch die gerichtliche Zeugenaussage für die Nachwelt aktenkundig" (*Frankfurter Rundschau*).

Nicht einmal das ist richtig. Vom Majdanek-Prozeß gibt es keine protokollierten Zeugenaussagen, von wenigen Tonbändern der ersten Zeit abgesehen. Selbst diese werden wohl nie verwertet werden können, weil die Verteidiger nachträglich Einwände dagegen erhoben haben.

Daran, daß ein umfassendes Protokoll nicht vorhanden ist, trägt allerdings nicht der Vorsitzende Richter Günter Bogen die Schuld. Das ist die Auswirkung der „Kleinen Justizreform", die seit dem 1. Januar 1975 in Kraft ist. Sie schaffte für alle Strafprozesse vor den Land- und Obergerichten das Wortprotokoll ab. Bei den Amtsgerichten wird auch heute noch solch ein Protokoll geführt, das in der nächsten Instanz verwendet werden kann.

Nach Strafverhandlungen vor den Landgerichten gibt es keine weitere „Tatsacheninstanz" – die Obergerichte prüfen in den Revisionsverhandlungen nur noch auf rein formale Rechtsfehler. Seither schreibt der Protokollführer in der schwarzen Robe selbst in Monsterprozessen nur noch Beginn und Ende der Sitzung auf, er notiert Namen von Richtern, Angeklagten, Staatsanwälten und Verteidigern. Anträge werden zu Papier gebracht und Vereidigungen. Das alles geschieht so formelhaft, daß manche Gerichte sogar Stempel eingeführt haben: „Der Zeuge sagte zur Sache aus."

Dabei dachten die Justizreformer ursprünglich ganz rationell: Sie wollten überflüssige Schreibarbeit abschaffen. Im Urteil stehe ohnehin alles Wichtige, die Gründe für Schuld und Unschuld. Doch die Juristen hatten nicht daran gedacht, daß Gerichte auch Geschichte schreiben, wenn es um spektakuläre Strafsachen wie den Baader-Meinhof-Prozeß geht, um die Contergan-Katastrophe, vor allem aber, wenn die Richter über Judenmörder zu Gericht sitzen.

Das Protokoll des „Nürnberger Prozesses" gegen die Hauptkriegsverbrecher wurde von der amerikanischen Besatzungsbehörde in einer großen Auflage gedruckt und den Gerichten in die Bibliothek gestellt – als „Muster". Vom großen Auschwitz-Prozeß in Frankfurt 1963 bis 1965 existiert ein vielbändiges Protokoll, das für Historiker von unschätzbarem Wert ist. Doch vom Majdanek-Prozeß wie vom Lischka-Prozeß in Köln gibt es nur rein formelhafte Blätter – ohne historischen Wert. Geschichtsschreibung ist für Juristen „justizfremd".

Beispiele aus dem Lischka-Prozeß: Am elften Verhandlungstag sagte die 75jährige Marie Husson aus: „Unter den Deportierten waren viele sehr kleine Kinder, manche erst zwei Jahre alt. Wir mußten sie auf den Arm nehmen und zu den Transporten tragen, weil sie noch nicht allein die Treppe hinuntergehen konnten. Regelmäßig war Heinrichsohn dabei. Er trug eine Reithose, und mit der Reitpeitsche terrorisierte er die Kinder." Einige Zuhörer im Saal 133 weinten bei dieser Aussage. Im Gerichtsprotokoll dieses Tages steht: „Die Zeugin sagte zur Sache aus", nichts sonst.

Am selben Verhandlungstag erschien die Zeugin Odette Daltoff-Batick: „Tausende Kinder kamen mit den Transporten an, ohne ihre Eltern. Sie waren in erschreckendem Zustand. Schwärme von Insekten hüllten sie ein. Sie hatten keine Koffer bei sich, nur kleine Bündel. Viele von ihnen hatten die Krätze und waren ausgehungert. Sie waren alle unbeschreiblich niedergeschlagen . . ." Das Protokoll verzeichnet nur: „Die Zeugin sagte zur Sache aus."

Auch von den Strafmilderungsgründen, die Oberstaatsanwalt Johann Cohnen dem SS-Staffelführer und späteren CSU-Bürgermeister Heinrichsohn zugute hielt, bleibt der Nachwelt nichts erhalten. Der Ankläger: Heinrichsohn habe zwar aus dem Pariser Rothschild-Hospital persönlich die jüdischen Greise herausgeholt und auf die Fahrt nach Auschwitz geschickt, „aber es muß strafmildernd berücksichtigt werden, daß er sich zeitweilig anständig verhalten hat". Über solche Wertungen bei der juristischen Vergangenheitsbewältigung werden Geschichtsforscher im Kölner Protokoll nichts finden. Da steht nur der Satz: „Gegen den Angeklagten Heinrichsohn beantragte der Vertreter der Staatsanwaltschaft eine Freiheitsstrafe von fünf Jahren."

Auch im Düsseldorfer Majdanek-Prozeß wurde nicht ins Protokoll aufgenommen, was die Polin Helena Kurciusz über die „Blutige Brygida" aussagte: „Sie ist immer erst zufrieden gewesen, wenn bei ihren Schlägen und Tritten Blut floß." Und als sie gefragt wurde, ob diese „Blutige Brygida" im Saal sei, da zeigte sie auf die Angeklagte Hildegard Lächert: „Die war es." Im Protokoll steht stereotyp: „Die Zeugin sagte zur Sache aus." Zu Prozeßbeginn hatte der Vorsitzende Richter Günter Bogen eine Tonbandanlage installieren und zwei Jahre lang alle Aussagen mitschneiden lassen. Doch dann verweigerten die Verteidiger ihre weitere Zustimmung zu Tonbandaufnahmen. Bogen ließ das Gerät wieder abschalten.

Dabei ist das Tonband die Idealform eines exakten Protokolls. „Bei einem komplizierten Sachverhalt und langer Verfahrensdauer ist kein Verfahrensbeteiligter in der Lage, alles richtig aufzunehmen und sich exakt daran zu erinnern", begründete der Verdener Landgerichtspräsident Heinrich Beckmann seine Anordnung, den Mordprozeß gegen den Berliner Polizeibeamten und Rauschgifthändler Detlev Riese vollständig auf Tonband aufzunehmen. Der Richter bat jeden einzelnen Zeugen um Einverständnis für die Aufnahme.

Im Majdanek-Prozeß dagegen stellten zwei Verteidiger gleich acht Anträge, Zeugen aus Polen noch einmal nach Düsseldorf vorzuladen – Zeugen, die vor Jahren in dieser Hauptverhandlung schon einmal gehört worden waren.

In der DDR werden schon seit 20 Jahren größere Verfahren von staatlichen Tontechnikern auf Band genommen und den Prozeßbeteiligten zur Verfügung gestellt. Und eines der bedeutendsten Dokumente der Zeitgeschichte ist 1961 in Israel aufgezeichnet worden: der Prozeß gegen den Judenmörder Adolf Eichmann.

Die Furcht vieler bundesdeutscher Strafrichter, durch Tonbandaufnahme das „Recht am eigenen Wort" zu verletzen, ist rechtlich nicht haltbar. Es gibt kein Urheberrecht an einer Zeugenaussage in einem öffentlichen Strafprozeß.

Im Baader-Meinhof-Prozeß in Stuttgart-Stammheim war dies wohl der einzige Punkt, in dem alle Prozeßbeteiligten von den Angeklagten bis zum Bundesanwalt, von den Richtern bis zu tatverdächtigen Zeugen einig waren: Das ganze Verfahren wurde mitgeschnitten.

Die moderne Technik der Tonbandaufnahme, vor deren Anwendung sich viele Strafrichter noch scheuen, hat sich bei Zivilprozessen längst bewährt: Die meisten Einzelrichter haben keine Protokollführer mehr – sie diktieren während der Verhandlung alles Wichtige in die „Stenorette".

MÖRDER UND GEHILFEN

Mörder werden in der Bundesrepublik mit lebenslanger Haft bestraft. Das weiß jeder. Weiß auch jeder, daß es bei uns einen Unterschied gibt, ob jemand heute seine Frau vergiftet oder ob jemand vor vierzig Jahren tausend Juden umgebracht hat? Weiß jeder, daß unsere Justiz sehr genau zwischen Mördern und Nazimördern unterscheidet?

Vor dem Gericht sind alle Mörder gleich. Es gibt den Paragraphen 211 im Strafgesetzbuch, der zwingend vorschreibt:

„Der Mörder wird mit lebenslanger Freiheitsstrafe bestraft."

Aber in der Praxis gibt es einen Unterschied. Wie soll man sonst erklären, daß im Majdanek-Prozeß nur 15 SS-Leute angeklagt wurden und nach fünfeinhalb Jahren Verhandlung nur ein einziges „Lebenslänglich" gesprochen wurde, obwohl es doch etwa 1500 SS-Henkersknechte waren, die im KZ Majdanek 330000 Menschen ermordet haben?

Die Wahrheit ist, daß es bei uns selbst in der Justiz mächtige Kräfte gab und gibt, die solche KZ-Prozesse nicht wollen. Bundesdeutsche Staatsanwälte konnten erst seit 1965 nach Warschau und Moskau fahren, um Belastungsmaterial abzuholen – Zeugenaussagen und alte deutsche Akten, die am Tatort zurückgeblieben waren. „Mit Bedauern" haben 1966 die Justizminister der Bundesländer nach ihrer 34. Konferenz dazu Stellung genommen, daß in der BRD die Nazimörder zu einem großen Teil nicht bestraft wurden und erklärt, daß „wegen der außerordentlichen Schwierigkeiten bei der Sammlung von Materialien, mit denen . . . in seiner alltäglichen Arbeit jeder Staatsanwalt und Richter zu tun hat, nicht alle Verbrechen auf dieser Erde gerecht bestraft werden." (Deutsche Juristenzeitung 1966, S. 411.) Außerdem brauchte die Staatsanwaltschaft meist unerträglich lange, bis sie Material gesichtet, Zeugen gehört und Anklage erhoben hatte – im Fall Majdanek 13 Jahre. Da waren alle Verbrechen außer Mord verjährt, und die Mörder hatten längst juristische Schützenhilfe bekommen.

Am 19. Oktober 1962 hatte der Bundesgerichtshof nämlich ein bemerkenswertes Urteil gefällt. Bogdan Staschynskij, ein übergelaufener Agent des sowjetischen Geheimdienstes, der in München zwei Menschen getötet hatte, wurde nicht wegen Mordes, sondern nur wegen Beihilfe zum Mord zu acht Jahren Gefängnis* verurteilt. Der wahre Mörder und „Taturheber" – so der BGH – sei der Chef des sowjetischen Geheimdienstes gewesen, der Staschynskij den doppelten Mordbefehl gegeben habe. Und die Bundesrichter mußten wissen, welche Auswirkungen dieses heftig umstrittene Urteil für Nazimörder haben würde – für solche, die (so die BGH-Begründung) nur „aus

* Unter größter Geheimhaltung wurde er nach fünf Jahren Haft entlassen und von CIA-Agenten in die USA gebracht (*Stern* Nr. 8, 23.2.1969).

menschlicher Schwäche" getötet hätten, „weil sie der Übermacht der Staatsgewalt nicht gewachsen gewesen" seien und „keinen Mut zum Widerstand" gehabt hätten.

Das war der erste Streich. Der zweite folgte sieben Jahre später. Am 4. Juli 1969 änderte der Bundestag den Beihilfe-Paragraphen 27 im Strafgesetz. Während bis dahin die Mordgehilfen wie die Mörder grundsätzlich mit lebenslanger Haft bedroht waren und die Strafe der Gehilfen nur gemildert werden *konnte*, hieß die neue Bestimmung nun: „Die Strafe für den Gehilfen richtet sich nach der Strafandrohung für den Täter. Sie ist nach § 49 Abs. 1 zu mildern." Sie *ist* zu mildern. Sieben Jahre vorher hatten die Bundesrichter ihre aufsehenerregende Staschynskij-Milde in der Auswirkung auf Nazimörder noch mit dem entschuldigenden Nachsatz beschönigt: „. . . zumal das Gesetz auch dem Tatgehilfen die volle Täterstrafe androht und nur eine Kannmilderung der Strafe vorsieht." Aus dem „Kann" der Milderung war nun ein „Muß" geworden. Mordgehilfen *mußten* nun milder bestraft werden, bis hinunter zu drei Jahren.*

Seit damals gelten vor bundesdeutschen Gerichten, von Ausnahmen abgesehen, nur noch Hitler, Himmler und Eichmann als „Taturheber" und Mörder. Diejenigen aber, die wie die Majdanek-Mörder eigenhändig lebende Kinder in die Öfen des Krematoriums geworfen und eine schwangere Frau von einem Schäferhund zerreißen ließen, gelten als Gehilfen.

Oft wurden Nazitäter überhaupt nicht bestraft. So blieben „im Namen des Volkes" die 600 000 Morde im Vernichtungslager Belzec in Polen ungesühnt. Das Oberlandesgericht München hielt der SS-Mannschaft zugute, sie sei von dem als besonders scharf geltenden KZ-Kommandanten Christian

* Selbstverständlich läßt sich niemals nachweisen, ob die Nazivergangenheit einiger Bundesrichter sich auf die Rechtsprechung dieses höchsten Gerichts ausgewirkt hat. Nachdem der Bundesverfassungsrichter Martin Hirsch am 3. Juni 1981 in einer Fernsehsendung erklärt hatte, zwölf Bundesrichter hätten früher an Unrechtsurteilen der Nazizeit mitgewirkt, fragte der Autor beim BGH nach. Die Antwort des BGH-Pressesprechers Franz Merz vom 3.7.1981: Diese Zahl sei „überzogen". Die BGH-Richter seien ja „vom Richterwahlausschuß gewählt, in dem sämtliche im Bundestag vertretenen Parteien und alle Länderjustizminister vertreten sind". Zur Frage, ob der BGH von sich aus eigene Untersuchungen darüber angestellt habe, ob etwa BGH-Richter in der Nazizeit an Todesurteilen mitgewirkt haben, hieß die Antwort: „Eigene Untersuchungen darüber, ob unter den Gewählten auch Richter waren, die in der Nazizeit an Todesurteilen mitgewirkt haben, hat der BGH nicht angestellt."

Wirth drangsaliert worden, der von Partisanen erschossen wurde. Die SS-Leute hätten deshalb in einem „entschuldigenden Notstand" gehandelt. Die Hauptverhandlung wurde gar nicht erst eröffnet.

Nicht in jedem Fall ist die Justiz so milde gestimmt. Nicht immer wird ein Täter so schnell zum Gehilfen heruntergestuft. Manchmal geht es auch andersrum: „Auf Grund seiner Stellung und seiner Aktivität innerhalb der Bande und im Hinblick darauf, daß er in alle wesentlichen Aktivitäten eingeweiht wurde und diese mitgetragen hat, ist der Angeschuldigte Mittäter aller von der Bande verübten Straftaten, und zwar unabhängig davon, ob er sich im Einzelfall an einer unmittelbaren Tatausführung selbst beteiligt oder dies anderen Bandenmitgliedern bzw. willfährigen Helfershelfern überlassen hat." So steht es in einem Haftbefehl der Bundesanwaltschaft. Es ging um Holger Meins, Mitglied der RAF.

Würden diese Grundsätze auch auf die KZ-Verbrechen angewendet, dann hätte der Majdanek-Prozeß nur einige Monate gedauert, und die Angeklagten wären als Mörder verurteilt worden.

Aber die SS gilt in der Bundesrepublik nicht als kriminelle Vereinigung. Sie gilt, verglichen mit der Baader-Meinhof-Bande, als weniger gefährlich. Ein Hamburger Richter hat das gegenüber dem DDR-Anwalt Kaul in schlichter Offenheit ausgesprochen: „Die NS-Täter bilden für die gesellschaftliche Ordnung der Bundesrepublik keine Gefahr."*

EIN ORDEN AUS BONN, EINER AUS WARSCHAU

Als Gerta Beckert aus Erkrath bei Düsseldorf zum erstenmal mit einem Rotkreuzkalender als Erkennungszeichen in der Hand auf dem Düsseldorfer Flugplatz stand, um zwei Zeuginnen abzuholen, hatte sie ein wenig Angst. Sie konnte kein Wort Polnisch, wußte nichts von den persönlichen KZ-Erlebnissen der Ankommenden. Allerdings hatte sie viel über die Verbrechen der Deutschen in Polen gelesen, sie hatte die

* *die tat*, 21.11.1980

Gedenkstätte im ehemaligen KZ Buchenwald besucht und war über die Greuel in den Konzentrationslagern informiert.

„Die beiden Damen kamen zuerst sehr reserviert auf mich zu, aber freundlich. Als ich sie dann ins Hotel brachte, sprachen wir schon über unsere Familien und vor allem über unsere Kinder. Das Eis war gebrochen", erinnert sich Gerta Beckert. Die ganze Woche lang war sie dann mit den beiden Frauen zusammen. Sie begleitete sie ins Gericht, zeigte ihnen Düsseldorf, ging mit ihnen ins Kino, aß mit ihnen zu Mittag und lud sie schließlich nach Hause zum Essen ein, damit sie auch ihren Mann und ihre drei erwachsenen Kinder kennenlernten. Die ganze Familie Beckert wurde so in die Zeugenbetreuung einbezogen. Manchmal sprangen der Sohn oder die Tochter ein, wenn die Mutter mit der einen Zeugin zum Gericht ging und die andere noch nicht an der Reihe war.

Bei aller Vertrautheit, die allmählich entstand, durfte sie jedoch auf keinen Fall mit den Zeugen, deren Vernehmung durch das Gericht noch nicht abgeschlossen war, über das Lager und die Angeklagten reden.

„Ist das nicht die ‚Blutige Brygida'?" wollten ein paarmal Zeuginnen von Gerta Beckert wissen, als die Angeklagte Hildegard Lächert auf dem Gerichtsflur vorbeiging. Und Frau Beckert mußte antworten: „Das darf ich Ihnen nicht sagen, fragen Sie mich bitte nicht!" Und trotzdem sind Gerta Beckert und sechs andere Zeugenbetreuer immer wieder von den Verteidigern verdächtigt worden, sie hätten mit den Zeugen über die Angeklagten gesprochen: „Dann wurden wir selbst vor Gericht gerufen und mußten unter Eid aussagen, worüber wir uns unterhalten hatten."

Nicht nur von den Majdanek-Verteidigern bekamen die Helfer Böses zu hören, auch von manchen Zuhörern. „Ich habe gestaunt, wie viele Menschen mit unverbesserlicher Nazieinstellung den Prozeß verfolgt haben", registrierte die Zeugenbetreuerin Brigitte Luz. Und einer anderen, der Hausfrau Dorothea Schneyer, schlug eine Zuschauerin mit der Zeitung ins Gesicht.

Allerdings hatte Frau Schneyer auch andere Erlebnisse: Als die polnische Zeugin Anna Biel ihre erschütternde Aussage über die Ermordung von Frauen und Kindern in Majdanek gemacht hatte, sammelten die Schüler einer Klasse des Erkrather Gymnasiums für einen großen Blumenstrauß und überreichten ihn der ehemaligen KZ-Gefangenen mit einer von allen unterschriebenen Karte, auf der stand: „Nie wieder!"

Ähnliche Betroffenheit erlebten alle Zeugenbetreuer, die Hausfrauen Gertrud Kahrmann und Marita Hoffmann, der ehemalige Bauingenieur Erich Weichelt, alle vom Roten Kreuz, und die Hausfrau Elisabeth Adler-Cremers von der Gesellschaft für Christlich-Jüdische Zusammenarbeit.

Sie erlebten auch, „wie die Zeit für die Angeklagten arbeitet" (so Brigitte Luz), weil die Belastungszeugen immer älter werden und immer mehr vergessen. Beispiel: die Vergeßlichkeit des 82jährigen Herrn Kwiatkowsky. Er war aus den USA angereist und machte morgens, ehe er sich auf die Zeitverschiebung eingestellt hatte, seine Aussage. Nachmittags, weiter befragt, erklärte er: „Wie ich gestern schon ausgesagt habe . . ." – und galt von diesem Augenblick an als unglaubwürdig.

Die sieben Zeugenbetreuer bekommen keinen Pfennig für ihren Dienst; er ist in der deutschen Strafprozeßordnung nicht vorgesehen. Daß sie auch die Blumen bei der Ankunft, die Geschenke, das Kaffeetrinken und selbst Weihnachtspakete aus der eigenen Tasche bezahlten, erwähnt keiner von ihnen. Bescheiden sagt Gerta Beckert, die während des Prozesses – auf eigene Kosten – nach Majdanek gefahren ist, sie habe manche Nacht nicht schlafen können, aber für ihr Leben viel dazugelernt.

Ob man das auch von der Frau Josefine Jürgens sagen kann, die auf der anderen Seite des Saales die Angeklagten Hildegard Lächert („Blutige Brygida") und Hermine Ryan-Braunsteiner („Stute") betreut, ist fraglich.

Josefine Jürgens beschuldigte in einem Brief an den Landgerichtspräsidenten von Düsseldorf den Vorsitzenden Richter Bogen, er habe sich „von Terroristen zwingen lassen", die vier Hauptangeklagten Ryan-Braunsteiner, Lächert, Laurich und Hackmann einzusperren. Wen sie mit „Terroristen" meint, das sagt Frau Jürgens deutlich: „Frau Klarsfeld mit Kommunisten und Juden."

Die Angeklagten sind für sie dagegen „treue und brave

Bürger", die mit „entsetzlichen Greuellügen" belastet werden. Und weiter findet Frau Jürgens: „Wenn wir im Majdanek-Stil weiterarbeiten wollen mit Haß und Lügen und Meineiden, was hat dann das Kruzifix dort an der Wand noch zu tun? Dieser elende Majdanek-Prozeß zwingt doch nur zum Judenhaß." Das Gericht spreche sein Recht „im Namen der Kommunisten und Juden".

Die Josefine Jürgens, die sich vor dem Majdanek-Prozeß schon um viele Strafgefangene gekümmert hat, wurde von Bundespräsident Carstens am „Verfassungstag" 1981 empfangen, und aus seiner Hand empfing sie auf Vorschlag des Düsseldorfer Ministerpräsidenten für ihre „aufopferungsvolle Arbeit" am 22. Mai den Verdienstorden der Bundesrepublik Deutschland: Es sei schwierig, sagte Carstens, „die etwa 5000 Auszeichnungen, die im Jahr an Deutsche verliehen werden, denen zukommen zu lassen, die sie wirklich verdient haben. Sie, die Sie heute hier eingeladen worden sind, gehören unzweifelhaft dazu."

Die Betreuer der Zeugen sind bisher vom Bundespräsidenten nicht ausgezeichnet worden.

Gerta Beckert ist allerdings für die polnische Verdienstmedaille vorgeschlagen worden.

KOMMT DAS NOCH EINMAL WIEDER?

Alles, was in Düsseldorf geschehen ist, hat Samuel Antmann verfolgt. Manches hat er nicht glauben können. Als die vier SS-Leute Süss, Mayer, Böttcher und Schmidt freigesprochen wurden und als auch der SS-Sanitäter Reinartz unbestraft davonkam, da nahm sich Samuel Antmann einen Anwalt. Er wolle ihn beauftragen, in seinem eigenen Namen eine besondere Mordanzeige gegen die SS-Leute zu machen und dafür zu sorgen, daß zumindest Hackmann als Mörder lebenslang eingesperrt werde. Aber der Anwalt machte ihm klar, daß so etwas gar nicht geht und daß er, Samuel Antmann, kein Recht auf einen besonderen Strafanspruch habe.

Damals hat er einen leichten Schlaganfall bekommen und war monatelang rechtsseitig gelähmt, konnte auch nicht mehr schreiben. Er übte Wochen und Wochen, bis seine Hand ihm wieder gehorchte. Sein Gedächtnis ist schlecht geworden. Er weiß die Namen nicht mehr, er wiederholt sich oft, er ist sehr alt geworden.

Richter Bogen hat einmal gesagt, in fünf Jahren Majdanek-Prozeß sei er um fünfzehn Jahre gealtert. Samuel Antmann ist in zwei Jahren Majdanek um ein ganzes Leben älter geworden, obwohl er doch mit dem Leben davongekommen ist.

Wenn er in Zürich spazierengeht, sehr vorsichtig, den Stock in der Hand, dann bleibt er an den Zeitungskiosken stehen. Liest dies und jenes, Nachrichten aus Prag interessieren ihn am meisten. Aus Nitra steht nie etwas in den Blättern. Aber aus Deutschland sehr viel, vor allem aus Westdeutschland. Das liest er, ist niedergedrückt, geht heim ins jüdische Altersheim und spricht mit seinen Gefährten darüber, ob das alles noch einmal wiederkommt.

Aber er hat in all seiner liebenswerten Naivität nicht begriffen, was das ist: Faschismus. So viel hat er erleiden müssen, seine ganze Familie hat er verloren, und glaubt doch immer noch, nun sei wieder alles in Ordnung: „Eine neue Judenvernichtung wird es nicht mehr geben. Selbst wenn es eines Tages wieder einen starken Antisemitismus gibt, können doch die Juden überall aufs Amt gehen und sich einen Paß geben lassen und abreisen, wohin sie wollen."

Personenregister